Peter Pantuček-Eisenbacher

# Grundlagen der Einzelfallhilfe

## Soziale Arbeit mit Methode

Vandenhoeck & Ruprecht

Mit 10 Abbildungen und 2 Tabellen

Bibliografische Information der Deutschen Nationalbibliothek:
Die Deutsche Nationalbibliothek verzeichnet diese Publikation in der
Deutschen Nationalbibliografie; detaillierte bibliografische Daten sind
im Internet über https://dnb.de abrufbar.

© 2022 Vandenhoeck & Ruprecht, Theaterstraße 13, D-37073 Göttingen,
ein Imprint der Brill-Gruppe
(Koninklijke Brill NV, Leiden, Niederlande; Brill USA Inc., Boston MA, USA;
Brill Asia Pte Ltd, Singapore; Brill Deutschland GmbH, Paderborn, Deutschland;
Brill Österreich GmbH, Wien, Österreich)
Koninklijke Brill NV umfasst die Imprints Brill, Brill Nijhoff, Brill Hotei, Brill Schöningh,
Brill Fink, Brill mentis, Vandenhoeck & Ruprecht, Böhlau, V&R unipress.

Alle Rechte vorbehalten. Das Werk und seine Teile sind urheberrechtlich
geschützt. Jede Verwertung in anderen als den gesetzlich zugelassenen Fällen
bedarf der vorherigen schriftlichen Einwilligung des Verlages.

Umschlagabbildung: © Andrii Yalanskyi/Adobe Stock

Satz: SchwabScantechnik, Göttingen
Druck und Bindung: ⊕ Hubert & Co. BuchPartner, Göttingen
Printed in the EU

**Vandenhoeck & Ruprecht Verlage | www.vandenhoeck-ruprecht-verlage.com**

ISBN 978-3-525-70309-0

# Inhalt

Vorwort .................................................... 7

## Einzelfallhilfe – Grundlagen und Bedingungen     11

Individualhilfe oder Einzelfallhilfe? Die Frage der Bezeichnung ..... 12
Hilfe ........................................................ 13
Wieso Einzelfall? Ein erster kleiner Ausflug in die Geschichte ....... 19
Individualisieren ............................................. 21
Sozialarbeitende und Klientin/Klient ........................... 22
Die Organisation ............................................. 30
Der Körper ................................................... 35
Gefühle ...................................................... 38
Familie und nahes soziales Umfeld ............................. 40
Die Gesellschaft und der Staat ................................. 43
Prinzipien der Einzelfallhilfe ................................... 47
Was ändern die digitalen Medien? .............................. 49
Und was ist nun der »Fall«? .................................... 52
Der Kern der Einzelfallhilfe: Das KSI ........................... 55

## How to do it: Einzelfallhilfe in der Praxis     61

Die Varianten der Einzelfallhilfe ............................... 62
Ein zweiter kleiner Ausflug in die Geschichte. ................... 67
Was ist eine Sitzung? ......................................... 68
Die Eintrittskarte und das präsentierte Problem ................. 75
Zielplanung in der Einzelfallhilfe ............................... 82
Gespräche führen ............................................. 88
Motivation und »Widerstand« .................................. 100

Alltag, Gewohnheit, Selbstschädigung . . . . . . . . . . . . . . . . . . . . . . . . . . 106
Soziale Diagnostik . . . . . . . . . . . . . . . . . . . . . . . . . . . . . . . . . . . . . . . . . . 118
Ziele der Einzelfallhilfe . . . . . . . . . . . . . . . . . . . . . . . . . . . . . . . . . . . . . 122
Mit dem Umfeld arbeiten . . . . . . . . . . . . . . . . . . . . . . . . . . . . . . . . . . . 126
Fallübergreifende und fallunspezifische Interventionen . . . . . . . . . . . 136
Dokumentieren, einschätzen und berichten . . . . . . . . . . . . . . . . . . . . 138
Über Fälle nachdenken und sie analysieren . . . . . . . . . . . . . . . . . . . . . 143
Katastrophen und Fehler: Vom Misslingen . . . . . . . . . . . . . . . . . . . . . 145
Unsere Arbeit und unser Verhältnis zur Welt . . . . . . . . . . . . . . . . . . . 148

**Literatur** . . . . . . . . . . . . . . . . . . . . . . . . . . . . . . . . . . . . . . . . . . . . . . . . . . . 151

**Glossar** . . . . . . . . . . . . . . . . . . . . . . . . . . . . . . . . . . . . . . . . . . . . . . . . . . . . 159

**Register** . . . . . . . . . . . . . . . . . . . . . . . . . . . . . . . . . . . . . . . . . . . . . . . . . . . 169

## Vorwort

Vor Jahren erzählte mir eine Schweizer Kollegin, sie verwende Auszüge aus meinem 1998 erschienenen Buch »Lebensweltorientiere Individualhilfe« in ihrer Lehre, und zwar als Zeitdokument. Es habe »so den Sound von damals«. Als Kompliment konnte ich das nicht verstehen. Ich habe es erneut gelesen, und ja, manches würde ich heute anders schreiben, aber der Inhalt und die zentralen Botschaften sind, so meine ich, keineswegs veraltet. Einem Ansinnen meines damaligen Verlages, es zu aktualisieren, wollte ich nicht folgen. Vor der Arbeit, die das mit sich gebracht hätte, schreckte ich zurück.

Jetzt aber ist es doch an der Zeit, ein neues Buch der Individualhilfe zu schreiben. Es ist nötig, weil seit längerem kaum mehr etwas Ähnliches erschienen ist, obwohl die Einzelfallhilfe immer noch die wichtigste und häufigste Arbeitsform der Sozialarbeit ist.

Dieses Buch sollte ein Lehrbuch und ein Handbuch für ein Handwerk im Sinne von Richard Sennett (2008) werden. Ein sehr anspruchsvolles Handwerk, das – wie jedes Handwerk – erlernt werden muss, das auch Kenntnisse der neuen Entwicklungen der Technik und der Wissenschaft erfordert. Ein sehr komplexes Handwerk, in dem man es auch zur Meisterschaft bringen, bei dem man aber auch scheitern kann. Schlechte Handwerker gibt es eben leider auch in unserem Metier.

Das besondere handwerkliche Wissen wird in der Profession weitergegeben. Es ist ein Wissen über das, was funktioniert, und über das, was nicht funktioniert. Ein Wissen über Wege und Irrwege. Ein großer Teil dieses Wissens entspringt der Praxis. Das hat Folgen: Viele der Aussagen in diesem Band mögen Ihnen seltsam vage oder unsicher vorkommen. So verwende ich häufig Wörter wie »oft« oder »manchmal« oder »kann es vorkommen, dass …«. Das klingt nicht sehr wissenschaftlich, vor allem nicht für Menschen, die nur das für gesichertes Wissen halten, was sich in Zahlen ausdrücken lässt. Die genannten Wendungen sind zwar auch quantitative Aussagen, zugegebenermaßen bleiben sie aber sehr vage. Sie beschreiben Varianten von Entwicklungen, die nicht nur vereinzelt aufgetreten sind.

Eines ist dieses Buch nicht: Es ist keine vollständige Darstellung der Diskussionen um Sozialarbeit, Soziale Arbeit und Sozialpädagogik, wie sie in Deutschland, der Schweiz und Österreich in den letzten Jahrzehnten geführt wurden. Ich fühle mich nicht verpflichtet, auf alle Schulen und im akademischen Feld geläufigen Sichtweisen einzugehen. Mir ist wichtiger, dass Sie ein einigermaßen konsistentes Bild des Handwerks bekommen, das Sie zu einer kompetenten und reflektierten Tätigkeit befähigt.

Dieses Buch kann man auch als eine Streitschrift gegen die Pädagogisierung der Sozialarbeit, gegen ihre Psychologisierung, ihre Managerialisierung und ihre Bürokratisierung verstehen. Dagegen, dass der sozialarbeiterische Kern ganz einfach ignoriert oder geringgeschätzt wird. Jede dieser Vereinseitigungen führt zu Verschlechterungen. Das heißt aber nicht, dass die Beiträge der Pädagogik, der Psychologie, des Managements oder der Organisationslehre geringgeschätzt werden – ganz im Gegenteil. Sie werden Hinweise auf Erkenntnisse beziehungsweise Autorinnen und Autoren aus diesen Feldern finden. Die Sozialarbeit hat sich seit ihren Anfängen bei diesen Disziplinen und bei noch einigen weiteren (von der Volkswirtschaftslehre über die Soziologie, die Rechtswissenschaften bis zur Psychotherapie und der Sozialmedizin) bedient und sich für sie interessiert.

Wie bei jedem Handwerk braucht es Übung, um sich zu perfektionieren. Erst nach tausenden Stunden der (bewussten, reflektierten) Praxis hat man jenen Punkt der Meisterschaft erreicht, bei dem man zum Beispiel der eigenen – nun erfahrungsbasierten – Intuition einigermaßen trauen kann. Meister(in) wird man aber nur dann bleiben, wenn man mit dem Weiterlernen nicht aufhört.

Um zu verstehen, was man tut, braucht es wie in anderen Professionen auch eine spezielle Sprache. Eine Sprache, die man erlernen muss und die durch den regelmäßigen Gebrauch zu einer selbstverständlichen Sprachwelt werden sollte, in der man sich sicher bewegen kann. Ein Handwerk zu erlernen ist notwendigerweise mit Spracherwerb verbunden. Daher wird Ihnen in diesem Buch auch jene Fachsprache vorgestellt, die man zur Beschreibung und zum Verstehen dessen, was man in der Einzelfallhilfe tut, benötigt. Sie sollten beachten, dass im Fachkontext manche Wörter nicht die gleiche Bedeutung haben, wie in der Alltagssprache. Ein Glossar am Ende dieses Bandes bietet Ihnen eine Zusammenstellung der wichtigsten Vokabeln mit jeweils einer kurzen Erklärung, welche Bedeutung sie in der Fachsprache haben. Aber auch hier sollten Sie sich bewusst sein, dass es in der Sozialarbeit verschiedene »Schulen«, Sichtweisen und Traditionen des Nachdenkens und des Theoretisierens gibt. Das geht mit Unterschieden im »Wording« einher. Sie können sich also nicht darauf verlassen, dass immer und überall unter Fachbegriffen dasselbe verstanden wird. Die Medizin hat über Jahrzehnte umfangreiche Bemühungen in eine Standardisierung ihrer Begrifflichkeiten, ihrer Fachsprache investiert. Für die Sozialarbeit ist das nicht geschehen, der Grad der Standardisierung ist niedrig.

Dieses Buch hat nicht den Anspruch, die gesamte Breite der »Schulen«, der Theorie-, Praxis- und Sprachvarianten abzubilden, die es in der Fachliteratur, der Lehre und Forschung gibt. Es steht in der Tradition des Social Work, mit einer gewissen Distanz zu den oben angeführten Vereinnahmungsversuchen vonseiten der Pädagogik, Psychologie und anderen Nachbardisziplinen. Behalten Sie das beim Lesen bitte im Blick und bewahren Sie sich auch zu meinen Texten eine kritische Distanz.

# EINZELFALLHILFE –
## Grundlagen und Bedingungen

*Wenn Sie das folgende erste Hauptkapitel durchgearbeitet haben, können Sie die Einzelfallhilfe als Interventionsform der Sozialen Arbeit beschreiben und verstehen ihre Geschichte im Zusammenhang mit den gesellschaftlichen Entwicklungen des 20. und des beginnenden 21. Jahrhunderts. Sie kennen ihre Beziehungen zu Familie und Gesellschaft, ihre grundlegenden Prinzipien und das Klient-Sozialarbeitenden-Interaktionssystem als Steuerelement.*

## Individualhilfe oder Einzelfallhilfe? Die Frage der Bezeichnung

Das, wovon Sie hier lesen, hat keinen eindeutigen Namen – es gibt eine Reihe von Bezeichnungen dafür. Gebräuchlich sind oder waren: »Einzelfallhilfe«, »Soziale Einzelarbeit«, »Einzelfallarbeit«, »Soziale Einzelhilfe«, »Case Work«, »Social Case Work«, »Fallarbeit« und »Individualhilfe«. Die verschiedenen Bezeichnungen sind synonym, sie bezeichnen alle dasselbe. Naja, nicht ganz.

Nehmen wir zuerst den Begriff »Einzelfallhilfe«. Er ist der älteste und wurde als Übersetzung von »Case Work« verwendet. Wolf-Rainer Wendt hat im Wörterbuch Sozialer Arbeit von Kreft und Mielenz, das 2021 in seiner neunten Auflage erschienen ist, den Artikel zur Einzelfallhilfe geschrieben (Wendt 2021, 210–212). Er verweist dabei auf die Geschichte der Sozialen Arbeit und die Individualisierung der Hilfe. In den USA hat Mary Richmond mit ihrem Buch »Social Diagnosis« 1917 und dem Band »What is Social Casework« 1922 die methodischen Grundlagen für eine am Individuum orientierte Soziale Arbeit gelegt. In Österreich war es Ilse Arlt, die mit ihrem 1921 erschienenen Werk »Grundlagen der Fürsorge« eine Basis für die individuumzentrierte Soziale Arbeit geschaffen hat, in Deutschland tat dies Alice Salomon 1926 mit ihrem Buch »Soziale Diagnose« (Kuhlmann 2004).

*Case Work*

Case Work ist in den USA eine schon sehr früh vor der Mitte des 20. Jahrhunderts gebräuchlich gewordene Bezeichnung für jene Arbeitsform der Sozialarbeit (Social Work), die in der Zusammenarbeit mit einem individuellen Klienten oder einer Klientin[1] mit dem Ziel einer Verbesserung der individuellen Lebenssituation besteht. In Europa hatten diese ersten Ansätze einer professionellen Sozialarbeit allerdings nur eine kurze Lebensdauer. Sie wurden von der Reaktion überrollt, zahlreiche nicht nur jüdische Sozialarbeiterinnen und Pädagogen flohen nach Amerika. Die anderen überlebten das Nazi-Regime nicht oder konnten währenddessen die moderne Sozialarbeit nicht praktizieren. Erst in der Nachkriegszeit wurde diese wieder hervorgeholt, und zwar mit Hilfe aus den USA. Langsam fanden sie in den 1960er-Jahren ein Publikum und Social Case Work entwickelte sich zu einer zentralen Methode der Sozialen Arbeit, die sich allerdings gegen eine bloß verwaltungstechnisch organisierte Arbeit in den Behörden der Armutsverwaltung, des Jugendamtes und der Justiz durchsetzen musste.

*Gruppenarbeit und Gemeinwesenarbeit*

---

1 Ich verwende innerhalb dieses Buches männliche als auch weibliche Formen in einem ausgewogenen Verhältnis. Damit sind alle Menschen mitgemeint und angesprochen.

Wir wollten uns an dieser Stelle allerdings mit der Bezeichnung beschäftigen: Bleiben wir vorerst einmal bei der Wortschöpfung »Einzelfallhilfe«. Sie hat drei Bestandteile: »Einzel«, »Fall« und »Hilfe«. Offensichtlich ist das keine direkte Übersetzung von »Case Work«, diese würde »Fallarbeit« lauten. Das gemeinsame Element ist der »Fall«. Auch mit der Frage, was denn ein »Fall« ist, werden wir uns später ausführlicher beschäftigen. Vorerst aber scheint klar: Es ist ein von anderen »Fällen« abgrenzbares und abgegrenztes Paket an Aufgaben, mit denen sich Sozialarbeitende zu beschäftigen haben.

Der Wortteil »Einzel« weist darauf hin, dass der Fall seine Besonderheiten hat, dass er nicht wie andere Fälle ist. Und an dieser Stelle auch darauf, dass es sich um einzelne Personen handelt, mit denen man sich beschäftigt. Er macht eine Differenz zu Fällen auf, bei denen es um das Wohlergehen von Gruppen oder Gemeinwesen geht. Das sind – neben dem Case Work – die anderen klassischen Formen der Sozialarbeit: Gruppenarbeit (Freigang/Bräutigam/Müller 2018; Simon/Wendt 2019) und Gemeinwesenarbeit (Reutlinger 2021).

Abschließend haben wir noch den Wortteil »Hilfe«, der hier »Arbeit« (Work) ersetzt. Hilfe – das ist moralisch aufgeladen und wir haben dazu ganz andere Assoziationen als zum Begriff »Arbeit«, der moralisch eher neutral ist. »Hilfe« ist für sich ein sehr komplexes Konstrukt, wird moralisch zwar in der Regel positiv bewertet, aber es gibt dabei einige Fallen. Ich weiß, es nützt Ihnen jetzt auch nicht viel, wenn ich darauf verweise, dass Sie in diesem Buch zur Ambivalenz von Hilfe noch einiges lesen werden. Aber »Hilfe« und all ihre Widersprüchlichkeiten stehen im Zentrum der Sozialarbeit – darum dreht sich letztlich alles, was Sozialarbeit ausmacht: Wie kann professionelle Hilfe funktionieren, wann schlägt Hilfe in Bevormundung um, wie kann sie effektiv erbracht werden?

## Hilfe

Die Hilfe hat einen schwierigen Ruf. Einerseits wissen wir um die menschliche Fähigkeit zu altruistischem Handeln – eine Vorbedingung für die menschliche Gesellschaft. Auch das war übrigens nicht immer klar – lange hatte sich eine sozialdarwinistische Theorie durchgesetzt, die die individuelle Fitness bevorzugte und altruistisches Denken als Schwäche verurteilte. Heute weiß man allerdings, dass Menschen auf Zusammenarbeit trainiert sind und die Hilfe für andere Menschen ein wesentliches Merkmal war, das ihr Überleben sicherte.

Problematisch ist allerdings die Frage, wem man hilft. Wenn Menschen mit Menschen kooperieren, ihnen helfen wollen, dann muss es so etwas wie eine Eingrenzung geben. Bei aller Freude an der Kommunikation und Kooperation

*Hilfe ist eine Wahl*

mit anderen Menschen werden wir doch nicht mit allen Menschen kommunizieren, kooperieren und ihnen helfen wollen. Dafür fehlt uns schlicht die Zeit. Wir müssen eine Wahl treffen. Wir haben nur ein beschränktes Netzwerk, mit dem wir uns verständigen können. Yuval Noah Harari (2020) hat den Aufstieg des Homo Sapiens dargestellt. Dabei bezieht er sich zum Beispiel auf Robin Dunbar (1998), einen Experten für menschliche Kommunikation. Nach Dunbar können sich Menschen mit bis zu 150 anderen Menschen absprechen, indem sie zu ihnen eine persönliche Beziehung aufbauen und diese pflegen. Wenn eine Zusammenarbeit von mehr als diesen 150 Menschen nötig ist, und das ist bei der menschlichen Gesellschaft so, braucht es dafür gemeinsame Erzählungen.

Wir wissen nun, dass es Menschen gibt, die uns nahestehen, und solche, die weiter von uns entfernt sind. Letztlich, bei all unserem Humanismus, werden wir uns für Hilfe an jenen Menschen entscheiden, die uns nahestehen. Diese stehen uns vielleicht auch nur zufällig nahe, weil wir ihnen auf der Straße begegnet sind und sie offensichtlich Hilfe benötigen – aber dann kann man sich schon nicht mehr auf die anderen verlassen. Einige Menschen werden weitergehen, auch wenn eine hilfsbedürftige Person auf der Straße zusammenbricht. Andere Formen von Hilfe, insbesondere aber die professionelle Hilfe, benötigen nicht jene Nähe, die lebensweltliche Hilfe braucht.

*Hilfswissenschaften*

Einzelfallhilfe als Arbeitsform und Methode der Sozialarbeit hat pädagogische Anteile, so wie sie auch Anteile von Management und Organisation, von anwaltlicher Tätigkeit, von Verhandlungsführung und Beratung aufweist. In erster Linie ist sie eine problemlösende Arbeitsform. Die wissenschaftlichen Disziplinen, die für sie vor allem interessant sind, sind die Soziologie, die Psychologie, die Psychotherapie, die Politikwissenschaft, die Sozialanthropologie, die Rechtswissenschaften, die Medizin (davon besonders die Psychiatrie) und die Pädagogik. Und wie das so ist, wenn es um Menschen und deren Lebensführung geht, haben bestimmte Fragen und Antwortversuche der Wirtschaftswissenschaften, der Philosophie, der Sozialgeografie und der Kommunikationswissenschaften (um nur einige zu nennen) eine gewisse Relevanz. Für unser Menschen- und Weltbild wurden zuletzt auch die Biowissenschaften, speziell die Hirnforschung und die Genetik, interessant.

Sie mögen sich fragen, wie das funktionieren soll. Es ist ja kaum möglich, auch nur die Grundlagen all dieser Wissenschaften neben dem Studium der Sozialen Arbeit zu erlernen. Damit haben Sie natürlich recht. Deshalb ist es auch sinnvoll, die Sozialarbeit als eine eigene Sinnwelt zu begreifen, als einen Beruf, der aus seiner Handlungslogik heraus ganz spezielle Fragen an die wissenschaftlichen Disziplinen hat und sich dort pragmatisch bedient. Allein die Soziologie kann sie nicht begründen, allein die Pädagogik auch nicht.

Die Individualhilfe (IH), wie sie hier vorgestellt und möglichst genau beschrieben wird, steht in der Tradition des Social Case Work und grenzt sich von Ansätzen ab, die in erster Linie auf die Veränderung von Menschen abzielen und nicht auf die Veränderung von Situationen beziehungsweise Lebensverhältnissen. *Situationen beeinflussen*

Zur Gestaltung des Sozialen in der Gesellschaft gibt es meiner Einschätzung nach zwei große Linien oder Haltungen: Die einen finden, dass Armut, Ausschluss und prekäre Lebensverhältnisse vor allem Resultat dessen sind, dass manche Personen weniger für das Leben in unserer Gesellschaft geeignet sind – woran auch immer das liegen mag: an einer unglücklichen genetischen Ausstattung, an einer mangelnden Förderung in den ersten Lebensjahren oder an ihrer moralischen Unzulänglichkeit. Innerhalb der Vertreterinnen und Vertreter dieser Vorstellung gibt es dann noch viele Differenzierungen, die alles andere als unwesentlich sind.

Die Radikalsten sind jene, die sagen, dass das »eben so ist« und sich nie ändern werde. Es liege an der Verschiedenheit der Menschen, und alles, was daran etwas zu ändern versuche, sei Gleichmacherei, die zu Kollektivismus und Unfreiheit führe. Andere wiederum meinen, man müsse den Armen und Schwachen den Aufstieg ermöglichen, vorausgesetzt, sie wären bereit, zu lernen und sich dafür anzustrengen. Ein Problem des Sozialstaates sei es, dass diese Menschen sich eben nicht anstrengen müssten und trotzdem dessen Segnungen und ein passables Auskommen genießen könnten. Dadurch tue man ihnen letztlich nichts Gutes. Man müsse ihnen daher klar sagen, was man von ihnen erwarte. Wenn sie das dann nicht erfüllen, müssten ihnen die Leistungen gekürzt werden. Geschehe das nicht, belohne man jene Verhaltensweisen, die in die Exklusion führen. *Personen verändern*

Eine dritte, die »sanfteste« Form dieser Auffassung, nach der es an den persönlichen Merkmalen der Betroffenen liege, wenn sie arm oder in anderer Form von Exklusion betroffen sind, ist eine »pädagogische«: Die Betroffenen hätten ein Recht darauf, unterstützt zu werden, und man könne ihnen mithilfe von erzieherischen und bildenden Aktivitäten helfen, die Fähigkeiten zu erlangen, die ihnen ein befriedigendes Leben ermöglichen könnten. Diese Auffassung stellt die Zuwendung zu den betroffenen Menschen in den Vordergrund, betont die Chancen und hält Zwang für in der Regel kontraproduktiv.

Was alle drei Ansätzen gemeinsam haben, ist ihr Fokus darauf, dass sie an die bestimmende Funktion der Einstellungen und Fähigkeiten der Individuen glauben – und dass sie eine Änderung der Lebenssituation an einer Änderung der Personen festmachen. Die Anhängerinnen und Anhänger der zweiten und vor allem der dritten Version dieser Fokussierung auf eine Optimierung von Personen leugnen dabei nicht unbedingt, dass es auch gesellschaftliche Bedingungen gibt, die bestimmte Personen benachteiligen.

Hilfe | 15

**Gesellschaftliche Verhältnisse verändern**

Die zweite Haltung zur Gestaltung des Sozialen ist jene, die dabei vor allem die gesellschaftlichen Verhältnisse in den Blick nimmt. Auch hier gibt es eine Reihe von Varianten. Die Radikalste sieht die Ungleichheit der Lebenschancen ausschließlich in den gesellschaftlichen Verhältnissen begründet, zum Beispiel in der Herrschaft der kapitalistischen Produktionsweise. Eine Lösung besteht für sie im Aufstand der Benachteiligten, in einer Revolution und der Beseitigung des Kapitalismus.

Die zweite, reformistische Ausformung will kein völlig anderes System des Wirtschaftens und der staatlichen Organisation erreichen, sondern setzt auf die punktuelle Beseitigung von ausschließenden oder Ungleichheit fördernden Gesetzen und Regeln. Sozialpolitisch bevorzugt sie Maßnahmen der Umverteilung.

Die »sanfte« Ausprägung des zweiten Paradigmas konzentriert sich auf die kleineren Räume: Es gehe nicht um eine radikale Umformung der Gesellschaft, sondern um eine Stärkung der lokalen Beziehungen und des Umgangs der Menschen miteinander. Die sozialpolitische Entsprechung dieser Einstellung sind Formen der Gemeinwesenarbeit und des Empowerments.

Ich gebe zu, dass diese Kategorisierung ziemlich vereinfachend ist. Sie berücksichtigt eine Reihe von anderen Komponenten, die auch Einfluss auf die Stellung zu sozialpolitischen Maßnahmen und Personen, die von Armut oder anderen Formen von Exklusion betroffen sind, haben, nicht. Ich bitte Sie trotzdem, mir vorerst bei dieser holzschnittartigen Einteilung zu folgen, denn ich möchte an diesem Beispiel die Funktion des Social Case Work beziehungsweise der Individualhilfe erläutern. Wir können die soeben beschriebenen Haltungen in einer Tabelle darstellen, wobei die jeweiligen Randspalten den Extrempositionen vorbehalten sind:

Tab. 1: Auffassungen zum Sozialen (eigene Darstellung)

| A. Person | | | B. Gesellschaft | | |
|---|---|---|---|---|---|
| A.3 | A.2 | A.1 | B.1 | B.2 | B.3 |
| keine Umverteilung | Unterstützung auf »Bewährung« | Pädagogische Hilfe | Situative Hilfe | kompensatorische Umverteilung | staatliche Verteilung |
| keine Individualhilfe | Individualhilfe plus Zwang | Individualhilfe | Individualhilfe | Individualhilfe plus Reform | keine Individualhilfe |

Klassischerweise entspricht das dem politischen Spektrum, wobei A.3 eine »rechte« Position darstellt, B.3 eine »linke«. Aufmerksame Leserinnen und Leser werden einwenden, dass es so einfach nicht sei. Bei der politischen extremen

Rechten findet man zum Beispiel auch Strömungen, die für Sozialleistungen und staatliche Umverteilung eintreten – allerdings nur für einen Teil der Bevölkerung, während einem anderen Teil schlicht die Existenzberechtigung oder zumindest jeder Anspruch auf staatliche Unterstützung oder Gleichbehandlung abgesprochen wird. Und die zweifelsohne eher »linke« Gewerkschaftsbewegung hat lange Zeit kein Interesse am Schicksal jener Teile der Bevölkerung gezeigt, die nicht in einem »normalen« Beschäftigungsverhältnis waren. Also ja: So einfach ist das mit »links« und »rechts« nicht.

Fundamentale Kritik an der Sozialarbeit, speziell an der Einzelfallhilfe, kam bisher von den extremen Rändern. Die extreme Linke warf ihr vor, Teil des Zwangssystems des kapitalistischen Staates zu sein und die fatale Lebenssituation, die Resultat der fundamentalen Ungerechtigkeit des Systems sei, jenen betroffenen Personen über die Bearbeitung als eigene Schuld zuzuweisen. Ein Beispiel für diesen Argumentationsgang können Sie hier lesen:

> »[V]erhülfe ihm die soziologische Analyse zu der Erkenntnis, daß der zu behandelnde Einzelfall Wirkung allgemeiner sozialer Faktoren ist, käme er beispielsweise zu dem Schluß, daß das autoritäre Verhalten seines Handlungsadressaten, dessen Neigung etwa, Frau und Kinder zu schlagen, auf dessen Aggressivität zurückzuführen ist und daß diese Aggressivität Folge von Frustrationen ist, die der Handlungsadressat wegen seines unterprivilegierten Status erlitt, so würde ihm die auf das Individuum zielende Maßnahme nicht nur als falsch adressiert erscheinen. Seine Theorie müßte ihn auch zu der Annahme führen, so begründete Aggressivität sei weitverbreitet, viele Angehörige der Unterschichten seien zu Aggressivität disponiert.
>
> Die sich daraus und aus der Absicht, Aggressivität abbauen zu wollen, ergebenden Veränderungsvorschläge würden an der Struktur der Gesellschaft rühren. Unser – wohl nicht gerade aus der Luft gegriffenes – Beispiel würde etwa den Vorschlag einer radikalen Einkommensumverteilung, den Abbau von Verhaltenskontrollmöglichkeiten übergeordneter sozialer Positionen, die Herstellung größerer Verhaltensautonomie in allen Schichten rechtfertigen. Solche Vorschläge würden auf den Widerstand der jeweils privilegierten Personengruppen stoßen. Eine Sozialarbeit, die solche Vorschläge machte, würde die Basis verlassen, der sie ihre gegenwärtige Existenz verdankt. Sie würde wieder politische Funktionen übernehmen. Ihre Adressaten aber wären dann die politischen Instanzen. Die Sozialarbeit würde unter politischen Druck geraten, dem sie sich wegen ihrer Abhängigkeit von politischen Instanzen, die sie finanzieren, nur schwer entziehen kann.« (Peters 2010, S. 121)

*Kritik an der Einzelfallhilfe*

Von der anderen extremen Seite wird die alleinige Verantwortung der Personen für ihr Wohlergehen betont. Individuelle Unterstützung belohne die Faulheit, verschwende das Geld der Fleißigen, um anderen ein Leben auf Kosten der Allgemeinheit zu ermöglichen.

Betrachtet man die Geschichte und die Praxis der Einzelfallhilfe (des »Social Case Work«), so sehen wir, dass sie sowohl mit dem Kollektivismus der extremen Linken als auch mit dem Sozialdarwinismus (das Recht der »Fitten«) des radikalen Konservativismus, wie er etwa in den USA von der »Tea Party« und später von den Trump-Anhängern repräsentiert wurde, unvereinbar ist.

*Aktivierende Sozialpolitik*

In den letzten Jahrzehnten haben innerhalb der europäischen Sozialpolitik Programme der »Ertüchtigung« von Menschen in schwierigen Lebenslagen an Boden gewonnen. Sie verbinden Zwang beziehungsweise die Kürzung von Leistungen beim Nichterreichen von Zielen mit Angeboten der Erziehung und Bildung (s. dazu Bratić/Pantuček 2004). Der Sozialarbeit wird dabei die Aufgabe der Verbesserung von Personen, eingebettet in Drohungen mit Unterstützungsverlust, zugewiesen. In unserer Tabelle entspricht das der Variante A.2. Auch diese Variante bringt nicht nur die Klientinnen und Klienten, sondern auch die Sozialarbeit in eine schwierige Position, in der sie ihr Potenzial nicht ausschöpfen kann.

Doch nun zurück zur Frage der Benennung der Methode, der dieses Buch gewidmet ist. Wie Sie bereits erkannt haben werden, plädiere ich für »Individualhilfe«, bleibe allerdings weitgehend gern bei der gebräuchlichen »Einzelfallhilfe« – und verwende hin und wieder auch die englische Bezeichnung »Social Case Work«. Letzteres vor allem deswegen, weil die grundlegenden Diskussionen zur Methode Mitte des 20. Jahrhunderts in den USA geführt wurden. Diese bleiben eine wichtige Referenz.

Ein geläufiges Problem ist, dass die Einzelfallhilfe oder auch die »Einzelfallarbeit« als »sozialpädagogische« in einzelnen Gesetzestexten auftaucht und es dort nur eine geringe Übereinstimmung mit dem gibt, was die klassische Methode des Case Works in der Sozialarbeit darstellt. Sie sollten sich dadurch nicht verunsichern lassen. Wichtig ist, dass die Einzelfallhilfe in erster Linie nicht versucht, Menschen zu verändern, sondern die Situation zu verändern, in der die Menschen leben. Oder genauer versucht sie die Menschen dabei zu unterstützen, dass sie selbst ihre Situation verändern können. Die Einzelfallhilfe richtet den Blick auf die »person in environment« – also auf die Person in ihrer Umwelt.

In diesem Buch werden Sie manchmal auch der Bezeichnung »Individualhilfe« (IH) begegnen, die zwar weniger verbreitet ist, meines Erachtens die Sache aber eleganter und präziser beschreibt (auch wenn man darüber sicher diskutieren kann). Wir helfen schließlich nicht dem »Fall«, sondern dem Menschen.

## Wieso Einzelfall? Ein erster kleiner Ausflug in die Geschichte

Die Einzelfallhilfe ist schon allein deswegen eine der bedeutendsten und die am weitesten verbreitete Arbeitsform der Sozialen Arbeit, weil in modernen Rechtsstaaten Individuen eine Fülle von kodifizierten Rechten haben und rechtliche Ansprüche an Merkmale der Sozialen Adresse der Individuen gebunden sind. Es ist also nicht bloß eine jederzeit revidierbare Entscheidung der Sozialen Arbeit als Profession, individualisierend vorzugehen. Diese Vorgehensweise wurde als moderne Berufsausübung auf wissenschaftlicher Basis erst dadurch möglich, dass die Individualrechte im Zuge der Modernisierung massiv ausgebaut wurden und die Individualisierung als gesellschaftlicher Prozess der Freisetzung von Individuen aus Zwängen der Abstammung und der Familie in der zweiten Hälfte des 20. Jahrhunderts noch einmal Fahrt aufgenommen hat.

Dieser Prozess begann bereits im 17. Jahrhundert. Die Ideen der Aufklärung verbreiteten sich. Der Philosoph Immanuel Kant formulierte das Ziel der Aufklärung: Sie sei »der Ausgang des Menschen aus seiner selbst verschuldeten Unmündigkeit« (Kant 1784, S. 481). Die Declaration of Independence (Unabhängigkeitserklärung) der USA vom 4. Juli 1776 stellte fest: »all men are created equal, that they are endowed by their Creator with certain unalienable Rights, that among these are Life, Liberty and the pursuit of Happiness.« Unter »men« wurden damals allerdings weder Sklaven noch Frauen verstanden. Es benötigte viele Jahrzehnte, ja sogar fast zwei Jahrhunderte, bis es zu dem Verständnis kam, dass tatsächlich alle Menschen gleiche Rechte haben sollten. Wir sind auch heute noch nicht am Ziel dieses Prozesses angelangt, aber doch schon sehr weit gekommen.

Die Allgemeine Erklärung der Menschenrechte, die von der Vollversammlung der Vereinten Nationen 1948 verabschiedet wurde, war auf diesem Weg ein Meilenstein. Erstmals hatte die internationale Staatengemeinschaft einem Kodex der grundlegenden Individualrechte zugestimmt. Das allerdings ist vielen Regierungen leichtgefallen, weil die Menschenrechtserklärung keinen bindenden Charakter hat, also nur eine Empfehlung darstellt, auf deren Verletzung keine Sanktionen folgen.

Weitere Schritte waren die UN-Kinderrechtskonvention und die UN-Behindertenrechtskonvention. Sowohl Kinder als auch Menschen mit Behinderungen waren bisher nicht für »voll« genommen worden, ihr Mitspracherecht in Angelegenheiten, die sie selbst betreffen, war radikal eingeschränkt. Auch wenn es bis zur vollständigen Umsetzung dieser deklarierten neuen Rechte selbst hierzulande noch einiger Zeit bedarf, sind beide Dokumente doch ein historischer Fortschritt. Dazu kommt noch, dass in den letzten Jahrzehnten in vielen Staaten Schritt für Schritt die lange Zeit allgegenwärtige Diskriminierung von Frauen, Menschen mit nicht-weißer Hautfarbe (BIPOC) oder mit nicht-heterosexueller Orientierung (LGBT) teilweise abgebaut wurde.

Weil die Menschenrechte, die übrigens nicht nur individuelle Freiheiten und Selbstbestimmung, sondern auch soziale Rechte zum Inhalt haben, für die Soziale Arbeit so grundlegend sind, wird Soziale Arbeit von manchen (z. B. Silvia Staub-Bernasconi 2006) als die »Menschenrechtsprofession« gesehen. Darüber lässt sich streiten, weil Soziale Arbeit in ihrem Repertoire zwar einige Methoden hat, um Menschen den Zugang zu ihren Rechten zu ermöglichen, allerdings auch wenig Macht, um die Einhaltung der Menschenrechte zu gewährleisten. Da sind Politik, Justiz und die Polizei mächtiger, von ihnen ist die Gewährleistung der Menschenrechte zu fordern und zu erwarten.

Aber es sind nicht nur die großen Deklarationen der Rechte von Individuen, die zur Individualisierung und zu einem Aufschwung der Individualrechte beigetragen haben. Karl Marx hat im 19. Jahrhundert bereits darauf hingewiesen, dass der aufsteigende Kapitalismus Arbeitskräfte benötigte, die nicht an ihre Familien, an Standesfesseln oder an ihre »Scholle« gebunden waren, sondern ihre Arbeitskraft frei verkaufen und so dorthin ziehen konnten, wo die Fabriken erbaut worden waren. Der Kapitalismus war eine Triebkraft für die Individualisierung und je mehr er sich entwickelte, desto mehr Personen wurden »freigesetzt«. Als Ersatz für die Sicherung durch die Familie im Alter wurde die Sozialversicherung eingeführt, es wurden individuelle Anspruchsvoraussetzungen für Leistungen aus der Krankenversicherung, der Arbeitslosenversicherung und der Pensionsversicherung definiert. Als unterstes Netz wurde die Sozialhilfe installiert.

*Schwieriger Überblick*

In der zweiten Hälfte des 20. Jahrhunderts, als man auch Frauen als Arbeitskräfte benötigte, gab es einen Schub für die Gleichstellung der Frauen. Erst in den 1970er-Jahren erlangten sie in vielen europäischen Ländern die Freiheit, auch ohne Zustimmung ihrer Männer eine Arbeit anzunehmen, konnten gesetzliche Vertreterinnen ihrer Kinder werden und das Scheidungsrecht ermöglichte es ihnen, sich relativ leicht von ihren Männern zu trennen. Auch die Zahl der Gesetze und die Komplexität der Gesellschaften wuchsen enorm an – sodass es heute Einzelnen nur mehr schwer möglich ist, den Überblick über all ihre Möglichkeiten und Ansprüche zu behalten. Auch das Wissen über die Besonderheiten schwieriger Lebensphasen nahm zu und es wurden immer neue Organisationen gegründet und finanziert, die für Menschen in besonderen Lebenslagen da sein sollten: Schuldnerberatung, Familienberatung, Erziehungsberatung, offene Jugendarbeit und Jugendberatung, Sozialabteilungen in den Spitälern, Betreuungsbehörden, Straffälligenhilfe, Suchthilfe, Frauenhäuser und Frauenberatung, Migrantenberatungsstellen, Schulsozialarbeit, Beratungsstellen für Sexarbeiter und Sexarbeiterinnen, Einrichtungen der Seniorenhilfe, Psychosoziale Hilfe für Menschen mit Psychischen Erkrankungen, arbeitsmarktbezogene Hilfen, Wohnungslosenhilfe und so weiter und so fort.

Wie schon Ilse Arlt (2010) beschrieben hat, ist ein Großteil der Hilfe, die über den Staat oder über Versicherungen organisiert ist, »schematische Hilfe«. Sind die Voraussetzungen gegeben, bekommen Personen die jeweilige Leistung, ohne dass man sich weiter um ihre Lebenssituation kümmert. So ist es zum Beispiel bei den Altersrenten. Für die meisten Menschen und in den meisten Situationen von Hilfsbedürftigkeit funktioniert das auch gut. So gut, dass diese Situationen von den Betroffenen oft gar nicht mehr als solche wahrgenommen werden, in denen sie »hilfsbedürftig« sind. Eine Leistung wie die Altersrente ist schließlich zu erwarten, man kann mit ihr sicher rechnen und muss sie nicht erst erbetteln. Die meisten Menschen freuen sich inzwischen darauf, in die Rente gehen zu können. Früher haben sie sich davor gefürchtet, weil ihr Leben nicht abgesichert war und sie von der Mildtätigkeit oder dem guten Willen anderer abhängig wurden. Der bei weitem größte Teil der Gelder, die der Staat für Soziales ausgibt, fließt in Formen der »schematischen Hilfe«.

Schematische Hilfe

Soziale Arbeit, speziell die Soziale Einzelhilfe, wird dort gebraucht, wo die schematische Hilfe nicht ausreicht. Wo bei Menschen mehrere Schwierigkeiten, mehrere Formen von Hilfsbedürftigkeit (oder Exklusion) zusammenkommen. Wo sie die Orientierung in ihrem Alltag zumindest teilweise verloren haben. In der Regel geht das damit einher, dass sie zu einigen der Leistungen, die die Gesellschaft für die Bürgerinnen und Bürger bereitstellt, keinen Zugang haben, sie »exkludiert« sind. Diese Menschen haben einen größeren Bedarf an Unterstützung oder einen ungewöhnlichen Bedarf. Sie haben Schwierigkeiten, sich in ihrer Situation zurechtzufinden, sind vielleicht auch schon mehrmals mit ihren Versuchen gescheitert, ihre Probleme selbst zu lösen. Sie brauchen Fachleute, die sich mit ihrer Lebenssituation auseinandersetzen, die mit ihnen nach Lösungswegen suchen, ihnen vielleicht auch einen solchen Weg erst freimachen und die sie dabei unterstützen, diese Wege auch zu gehen. Die Soziale Einzelfallhilfe ist jene Methode, die sich genau damit beschäftigt und sich in ihrer mehr als hundertjährigen Geschichte weiterentwickelt hat.

## Individualisieren

Wir haben im vorigen Unterkapitel einen kleinen Gang durch die gesellschaftliche Entwicklung der letzten 250 Jahre unternommen und es ist wohl deutlich geworden, weshalb die Soziale Einzelfallhilfe an Bedeutung kontinuierlich gewonnen hat. Das hängt mit dem Prozess der Individualisierung zusammen, mit der Individualisierung von Rechten und mit der Komplexität einer Gesellschaft, in der es nicht nur einen Weg der (erlaubten) Gestaltung des eigenen Lebens gibt, sondern viele. Es unterscheiden sich nicht nur die Lebensgeschichten der Klientinnen und Klienten der Sozialen Arbeit, sondern auch ihre Fähigkeiten und Fertigkeiten, das soziale Umfeld, die Probleme und Notlagen, ihr Zugang zu den gesellschaftlichen Leistungen, ihr Selbstbild und ihre Handlungsbereitschaften. Daraus ergibt sich das wichtigste Prinzip der Sozialen Einzelhilfe: Es ist das Prinzip des Individualisierens. Die Lebenssituation jedes Klienten und jeder Klientin ist als eine einzigartige zu verstehen. Vergleichbar mit der Situation von (vielleicht sogar vielen) anderen, aber doch hochindividuell, eine Konstellation, die erst zu erkunden und die mit einer Kategorisierung wie »Arbeitslosigkeit« oder »psychische Erkrankung« noch lange nicht hinreichend beschrieben ist. Der Weg, diese Situation zu verstehen, führt nur über eine Auseinandersetzung mit den Menschen und er ist nicht leicht zu begehen. Die schematische Anwendung von vermeintlichen Patentrezepten wird meist keinen Erfolg bringen. Wenn diese ausreichen würden, dann wären die Personen nicht unsere Klienten oder Klientinnen.

Zu Beginn einer Fallbearbeitung stehen wir in der Regel vor einer abenteuerlichen Reise in eine Lebenswelt, die wir noch nicht kennen und von der wir noch nicht wissen, welche Möglichkeiten und Fallen, Chancen und Abgründe in ihr lauern. Es ist ein Abenteuer. Ehrlicherweise muss man aber sagen: Unsere Reise als Fachkraft unternehmen wir fast immer in einem geschützten, gepanzerten Fahrzeug. Wirklich ausgesetzt sind wir den Unwägbarkeiten der Lebenswelt unserer Klientinnen und Klienten nicht. Sie hingegen sind das schon, es ist die Welt, in der sie zurechtkommen müssen. Dafür verdienen sie unsere Anerkennung und keine besserwisserische Überheblichkeit.

## Sozialarbeitende und Klientin/Klient

Im Zentrum der Einzelfallhilfe steht die Interaktion zwischen der sozialarbeiterischen Fachkraft und der Klientin beziehungsweise dem Klienten. Man kann dies auch »Beziehung« nennen, aber das wäre möglicherweise missverständlich. »Ich habe mit jemandem eine Beziehung« beschreibt in der Alltagssprache etwas Besonderes, da geht es um Sympathie, vielleicht sogar um Liebe. Beides ist für das Verhältnis von Sozialarbeiterinnen und Klienten nicht unbedingt erforderlich, wenn man von Liebe spricht sogar eher ausgeschlossen. Die Klassiker des Case Work sprechen von einer »professionellen Beziehung« oder von der »helfenden Beziehung«. Soziologisch betrachtet ist es ein Interaktionssystem, eine Kommunikation zwischen zwei Personen, die nach bestimmten Regeln abläuft. Das Besondere am Interaktionssystem Sozialarbeiter/Klientin sind die Rollen, in denen die beiden Personen auftreten, und das Ziel der Kommunikation.

**Exkurs Rollentheorie**
In der Soziologie bezeichnet man eine Rolle als das Bündel von Erwartungen, mit dem eine Person konfrontiert ist, wenn sie eine bestimmte Funktion ausübt. Dazu kommen noch Erwartungserwartungen (meine Vorstellungen davon, was andere von mir wohl in dieser Rolle erwarten). Wir können uns diese Erwartungen nicht aussuchen, sie sind gegeben und wir müssen damit rechnen, dass wir in der Kommunikation mit anderen in Schwierigkeiten kommen, wenn unsere Performance wesentlich von dem abweicht, was sie von uns in unserer Position erwarten. Wir versuchen daher, diesen Erwartungen hinreichend gerecht zu werden. Wir können unsere Rolle individuell ausgestalten, müssen aber trotzdem zentrale Erwartungen erfüllen, da sonst die Kommunikation misslingen wird. Die anderen wüssten nicht mehr, wie sie sich uns gegenüber verhalten sollen.

Die Beziehung zwischen Klienten oder Klientinnen und Fachkraft ist notwendig asymmetrisch. Die Fachkraft agiert in einer beruflichen Rolle, in der Regel als angestellte Person einer Organisation. In vielen Fällen ist der soziale Status der Profis höher als jener der Klientinnen oder Klienten. Die Lebenssituation der Klienten oder Klientinnen ist das dominante Thema, die Lebenssituation der Fachkraft hingegen wird in der Regel nicht angesprochen. Es besteht eine professionelle, berufsethische Verpflichtung der Sozialarbeitenden, im Interesse der Klienten und Klientinnen zu agieren. Diese hingegen haben keine Verpflichtungen gegenüber den Sozialarbeitenden. Mögliche Verpflichtungen der Klienten und Klientinnen ergeben sich gegenüber der Organisation, beispielsweise bei einer Pflichtklientschaft (»Zwangskontext«). In diesem Sinne kann also nicht von einer Begegnung auf Augenhöhe gesprochen werden.

In manchen Organisationen wurde es üblich, nicht von »Klientinnen« oder »Klienten« zu sprechen, sondern von »Kundinnen« und »Kunden«. Möglicherweise haben die Verantwortlichen dabei an den Spruch »der Kunde ist König« gedacht. Die Klienten und Klientinnen der Sozialen Arbeit sind aber fast nie Kunden. Kundinnen wählen auf einem Markt ein Angebot aus, das ihnen geeignet erscheint, und bezahlen dafür. Damit, dass sie bezahlen, haben sie auch eine gewisse Macht gegenüber den Anbietern. Ein Produkt oder eine Dienstleistung, die keine zahlungswillige Nachfrage findet, wird vom Markt ver-

*Klientin oder Kunde?*

schwinden. Klienten und Klientinnen der Sozialarbeit haben oft keine Wahl und sie bezahlen nicht für die Dienstleistung. Bezahlt wird von anderen, vom Staat oder von Spendern, und die reden kräftig mit, wie die Dienstleistung aussehen soll und kann. Das Gleichgewicht, das bei einem »Geschäft« (Ware gegen Geld) grundsätzlich gegeben ist oder zumindest sein sollte, ist in der Sozialarbeit nicht zu finden. Es zahlt jemand anderes.

*Monopson* — Volkswirtschaftlich ist dort, wo der Staat nicht selbst die Soziale Arbeit als Dienstleistung anbietet, in den meisten Fällen ein sonderbarer Markt zu finden: Es gibt einen Abnehmer, den Staat, und einige Organisationen, die die Leistungen anbieten, teils NGOs, teils Betriebe. Es gibt nur einen einzigen Kunden. Man nennt so einen Markt »Monopson« (Christa, 2010, S. 33; Behncke 2021). Die eigentlichen Konsumenten und Konsumentinnen der Dienstleistung können nicht darüber bestimmen, bei wem sie die Dienstleistung buchen. Daher braucht es andere Mechanismen, um den Klientinnen und Klienten zu ihrem Recht zu verhelfen beziehungsweise ihre Position zu verbessern. Infolgedessen wird in der Literatur über die professionelle Einzelfallhilfe seit ihren Anfängen ein starker Wert auf die Betonung der berufsethischen Verpflichtungen der Fachkräfte gegenüber ihren Klienten und Klientinnen gelegt.

*Klient werden* — Wann und wodurch wird eine Person zu einer Klientin oder zu einem Klienten der Einzelfallhilfe? Nehmen wir als Beispiel einen Jugendtreff. Die Organisation stellt einen gesicherten Raum für die Freizeitgestaltung von Jugendlichen zur Verfügung. Die Sozialarbeitenden organisieren manche Freizeitaktivitäten, greifen bei Streit und drohenden Eskalationen ein, bieten ein Bildungsprogramm. All das ist pädagogische Arbeit. Wenn sich allerdings eine Jugendliche an die Jugendarbeiterin wendet, ihr von ihren Problemen zu Hause berichtet, zum Beispiel mit dem aggressiven Lebensgefährten ihrer Mutter, dann begibt sie sich in die Rolle einer Einzelfallhilfe-Klientin. Die Jugendarbeiterin, die dann mit ihr ins Büro geht, um eine geschütztere Gesprächssituation herzustellen, sie erzählen lässt und mit ihr bespricht, wie sie sich schützen kann, praktiziert Einzelfallhilfe, vorerst in der Form von Beratung. Als Besucherin des Jugendtreffs war die Jugendliche eine »potenzielle Klientin«. In der Beratungssituation ist sie eine Klientin der Einzelfallhilfe – und vielleicht ist diese Beratung der Beginn eines Prozesses der Einzelfallhilfe. Möglich ist aber auch, dass die Jugendliche nach dieser ersten Beratung aussteigt, mit ihr unzufrieden ist oder sich keine wirkungsvolle Unterstützung mehr erwartet. Sie verlässt dann wieder die Rolle der Klientin, ist nur mehr »Besucherin«.

*Ohne Problem keine Einzelfallhilfe* — Wenn wir von Einzelfallhilfe (oder Sozialer Einzelhilfe oder Individualhilfe) sprechen, braucht es die beiderseitige Rollenübernahme: Es muss ein Problem formuliert sein, an dessen Lösung gearbeitet wird, sowohl die Klientin oder der

Klient als auch die Fachkraft müssen sich damit beschäftigen, die Fachkraft gestaltet ihre Interventionen als beratende und unterstützende. Es gibt so etwas wie eine (eventuell stille) Vereinbarung zwischen Klienten oder Klientinnen und Fachkraft, dass es um ein Thema der Lebensführung des Klienten oder der Klientin geht und dass die Fachkraft versucht, bei der Lösung zu unterstützen. Es besteht ein Arbeitsbündnis. Dieses Bündnis, diese Vereinbarung ist zumeist nicht schriftlich fixiert. Dass sie existiert, merkt man daran, dass sich beide Seiten so verhalten, als gäbe es diese Vereinbarung.

### *Steuerzentrale des IH-Prozesses*
Einzelfallhilfe enthält immer Beratung, aber Beratung ist nicht das einzige Werkzeug, das sie zur Verfügung hat. Dazu gehören zum Beispiel auch das Organisieren von Geldleistungen oder anderen Ressourcen (ein Wohnplatz, eine spezialisierte Beratung, ein Arbeitsplatz) und Interventionen im sozialen Umfeld der Klienten (Verhandeln mit Organisationen, Behörden, Familienmitgliedern). In manchen Phasen des Prozesses hat man mehr mit anderen Personen zu tun als mit den Klientinnen selbst. Darin liegt eines der großen Unterstützungspotenziale der professionellen Sozialarbeit, aber auch eine Gefahr – nämlich, dass die Klienten die Kontrolle über den Prozess, der ja ein Unterstützungsprozess für sie sein soll, verlieren.

Daher braucht es eine klare Inszenierung des Prozesses, die absichert, dass wesentliche Entwicklungen nicht ohne Kenntnis und Zustimmung der Klienten ablaufen. Im Zentrum muss immer die Absprache zwischen Klientin oder Klient und der Fachkraft stehen. Alle Schritte der Fachkraft, die mögliche Auswirkungen auf die Lebenssituation der Klientin haben, müssen abgesprochen und für die Klientin transparent sein, auch wenn sie von der Fachkraft allein gesetzt werden.

*Interaktionssystem Sozialarbeiter-Klient-Steuerungszentrale*

Die Steuerungszentrale des Prozesses, das Gremium, in dem jeder Schritt besprochen wird und in dem alle Informationen zusammenlaufen, ist das Interaktionssystem, das aus der Klientin beziehungsweise dem Klienten und dem oder der Sozialarbeitenden besteht. Und zwar nur aus diesen beiden Personen. Wie solche Sitzungen zu gestalten sind, darüber lesen Sie ausführlich im zweiten Teil dieses Buches. Das Interaktionssystem nennt man auch das Klient-Sozialarbeitende-Interaktionssystem (KSI). Auf die spezielle Art dieser Beziehung werden wir noch eingehen.

### *»Freiwilligkeit« und Zwang*
Wenn wir uns eine ideale Ausgangssituation für einen Einzelfallhilfeprozess vorstellen, so gehen die meisten von sogenannter Freiwilligkeit aus. Gemeint ist

damit, dass eine Person ein Problem hat und zu dessen Lösung Hilfe sucht. Das Gespräch mit der Sozialarbeiterin oder dem Sozialarbeiter ist also erwünscht, eine Änderung der eigenen Situation, also eine Lösung des Problems, wird angestrebt. Das ist eine schöne, jedoch ziemlich idealisierte Vorstellung. So einfach ist es nicht immer und dafür gibt es viele Gründe.

Man könnte diesem Bild ein anderes, ebenso plakatives, entgegensetzen: Der potenzielle Klient oder die potenzielle Klientin hat kein Interesse an einem Kontakt mit Sozialarbeitenden, will von selbsternannten Helfern in Ruhe gelassen werden. Da erscheint aber eine Fachkraft, die sich nicht abschütteln lässt. Sie wird aufgrund einer gerichtlichen Anordnung tätig (z. B. als Bewährungshelferin) oder man muss mit ihr sprechen, wenn man eine Leistung, die man benötigt, in Anspruch nehmen will (z. B. einen Wohnplatz), oder sie dringt in meinen Lebensraum ein, weil sie einen behördlichen Auftrag dazu hat (z. B. die Sozialarbeiterin der Kinder- und Jugendhilfe bei einem Verdacht auf Kindesmisshandlung). Hier ist man weit entfernt von jenem schönen Bild freiwilliger Inspruchnahme der Hilfe.

Beide Bilder beschreiben unterschiedliche Anfangssituationen von Einzelfallhilfe. Sie sagen aber noch wenig darüber aus, wie sich der Prozess entwickeln wird. Man sollte meinen, dass im ersten Fall die Aussichten auf einen erfolgreichen Unterstützungsprozess ungleich günstiger sind als im zweiten Fall. So einfach ist es aber nicht. Das ist vielleicht eine schlechte Nachricht für die »freiwillig« gestarteten Prozesse, eine gute Nachricht hingegen für jene Individualhilfeprozessen, die sperrig mit »Zwang« beginnen.

Sehen wir uns zuerst an, wie ein vermeintlich ideal gestarteter Prozess verlaufen kann:

> **Beispiel**
> Eine 34-jährige Frau sucht eine Beratungsstelle auf. Sie präsentiert das Problem, dass sie mit den Wutausbrüchen ihres Kindes im Volksschulalter nicht mehr zurechtkommt. Im Zuge der Exploration wird eine sehr konfliktreiche und möglicherweise auch aggressive und fallweise gewaltförmige Beziehung zu ihrem Lebenspartner erkennbar. Die Klientin will über dieses Thema nicht sprechen, beginnt vereinbarte Termine nicht mehr wahrzunehmen und behauptet, es habe sich ohnehin schon alles gebessert. Aus der vermeintlich ideal gestarteten »freiwilligen« Individualhilfe ist ein kompliziertes Spiel geworden, bei dem die Klientin die Beratungsbeziehung zwar nicht ganz abbricht, ihre Form der Kooperation aber prekär geworden ist.

Jetzt beobachten wir einen vermeintlich unglücklich mit Zwangskontakt gestarteten Prozess in seinem weiteren Verlauf:

> **Beispiel**
> Der 18-jährige Marco hat gemeinsam mit anderen Beteiligten einige Diebstahlsdelikte begangen. Der Richter hat einen Bewährungshelfer bestellt, mit dem Marco regelmäßig Kontakt halten muss. Beim Erstkontakt ist er einsilbig und meint, keine Hilfe zu brauchen. Zum zweiten Termin erscheint er unentschuldigt nicht. Der Bewährungshelfer meldet sich bei ihm, nach zwei weiteren Gesprächen teilt Marco mit, dass er nicht mehr bei seinen Eltern wohnen könne und nun bei Freunden nächtige. Der Bewährungshelfer widmet sich diesem Problem und verhilft Marco zu einer Unterkunft. Damit sind viele Themen im Gespräch: Marcos Geschichte mit seinen Eltern, sein Verhältnis zu seinen Freunden, seine Zukunftsperspektiven. Der ursprüngliche Zwangscharakter ist zwar nicht aufgehoben, aber die Grundlage für einen kooperativen Einzelfallhilfeprozess ist gelegt.

> **Merksatz**
> »Freiwilligkeit« mag kein unwesentliches Merkmal für den Ausgangspunkt eines Unterstützungsprozesses sein, ist aber keine notwendige Bedingung oder Garantie für den Erfolg der Einzelfallhilfe. Man arbeitet laufend an Bedingungen, die es den Klientinnen und Klienten ermöglichen, mit uns zu kooperieren. Unser Optimismus, dass diese Kooperation möglich ist, ist die Voraussetzung für den Erfolg von Unterstützungsprozessen in der Einzelfallhilfe.

### *Potenzielle Klienten, Primärklienten und »echte« Klienten*

Über potenzielle Klientinnen und Klienten haben wir schon gesprochen. Sie sind zwar »Adressatinnen« der Sozialarbeit, aber keine Klienten, weil es mit ihnen vorerst noch keine Arbeitsvereinbarung gibt, auf deren Basis sie die Rolle des Klienten oder der Klientin übernehmen und so der Fachkraft ermöglichen, mit der Methode der Einzelfallhilfe zu agieren.

Primärklienten sind jene Personen, die zwar Kontakt mit der Fachkraft aufnehmen, dabei aber vorerst nicht sich selbst, sondern jemand anderen zum Thema machen. Sie zeigen auf eine Person in ihrem sozialen Umfeld und sagen, diese benötige Hilfe. Das sind zum Beispiel der Mann, der sich Sorgen um seinen Bruder macht, der Selbstmordgedanken äußert, die Dame, die befürchtet, dass ihre Nichte Misshandlungen ausgesetzt ist, der Mieter, der sich Sorgen um

*Primärklienten als »Melderinnen«*

seine kaum mehr mobile und verwirrt wirkende Nachbarin macht, der Mann, der wünscht, dass man seine Frau »zur Vernunft bringt«, die sich seiner Meinung nach zu wenig um den Haushalt kümmere. Alle diese Personen machen vorerst nicht ihre eigene Situation zum Thema, sondern die eines oder einer anderen. Nach einer Exploration der Situation entscheidet sich, ob aus der Primärklientin eine Klientin wird, ob und wie eine Kontaktaufnahme mit den Hauptbetroffenen sinnvoll und erforderlich ist oder ob nach einer Beratung der Fall wieder geschlossen wird.

<small>Klient: Seine eigene Situation ist das Thema</small>

In die Klientenposition kommt jemand dann, wenn seine oder ihre eigene Situation zum Thema wird und über mögliche Lösungen vorerst zumindest einmal gesprochen werden kann. Ab diesem Moment entstehen berufsethische und methodische Verpflichtungen der Sozialarbeitenden, wie sie für die Einzelfallhilfe typisch sind.

*Ziel und Mittel*

Und wie kann man das Ziel der Einzelfallhilfe beschreiben? Dafür gibt es im Wesentlichen zwei Beschreibungen: Eine ist, dass sie den Klientinnen und Klienten helfen soll, ihren Alltag wiederherzustellen. Die Zweite ist, dass sie Möglichkeiten für die Inklusion schafft.

Ihre Mittel bestehen einerseits darin, die Klientinnen und Klienten dabei zu unterstützen, ihr Handeln wirksamer zu machen; andererseits kann man die Umweltbedingungen so beeinflussen, dass sie den Klienten bessere Möglichkeiten bieten. Letztlich geht es um die Steigerung der Autonomie, Kompetenzerfahrung und sozialen Einbindung.

*Inklusion ermöglichen*

Klientinnen und Klienten der Sozialen Arbeit sind in der Regel von mehrfacher Exklusion betroffen. Inklusion bezeichnet die Möglichkeit, auf die gesellschaftliche Infrastruktur zuzugreifen und sie für sich nutzen zu können. Die modernen Gesellschaften haben eine Reihe von Funktionssystemen entwickelt – Produktion, Handel, Arbeitsmarkt, Justiz, Bankenwesen, Sozialversicherung, Gesundheitswesen, Bildungswesen, Kommunikationsmittel, Verkehrswesen etc. – und bieten für die Mehrheit der Bevölkerung Standardleistungen an. Die Klienten und Klientinnen der Sozialen Arbeit können mehrere dieser Leistungen nicht oder nicht in vollem Ausmaß in Anspruch nehmen und sind dadurch in ihren Möglichkeiten der Lebensführung und Lebensgestaltung behindert.

Damit ist zumeist verbunden, dass das Niveau ihrer autonomen Lebenssicherung deutlich hinter dem gesellschaftlich üblichen und möglichen zurückbleibt. Das Inklusionschart ist ein sozialdiagnostisches Instrument, das genau auf diese Aspekte fokussiert (Pantuček-Eisenbacher 2019; www.inklusionschart.eu).

*Teilhabe ermöglichen*
Sozialarbeit hat zum allgemeinen Ziel, die oben genannten Teilhabemöglichkeiten wiederherzustellen oder zumindest zu verbessern, und sie kann das in gewissen Grenzen auch recht gut – allerdings nicht selbst und direkt. Ob Personen die Möglichkeiten nutzen können, hängt einerseits von ihnen ab, davon welche Daten bei den Systemen über sie vorliegen und welche Zugangsregeln für die Systeme gelten. Die Inklusion kann also nicht von Sozialen Organisationen gewährt werden, sondern muss durch andere Systeme gewährleistet sein. Die Kunst der Sozialarbeit besteht darin, das dann auch wirklich zu erreichen. Und das tut sie auf vielfältige Weise – zum Beispiel dadurch, dass sie Dokumente beschafft, dass sie Klienten beim Zugang berät und über manchmal schwierige Zugangswege informiert, dass sie Klientinnen befähigt, bisher nicht begangene Wege zu gehen, dass sie mit Organisationen verhandelt und Hindernisse beiseite räumt oder dadurch, dass sie für andere Regeln des Zugangs kämpft.

*Alltag wiederherstellen*
Aus einem anderen Blickwinkel betrachtet, kann man auf einer allgemeinen Ebene das Ziel der Individualhilfe auch als Wiederherstellung des Alltags bezeichnen. Klienten und Klientinnen nehmen dann sozialarbeiterische Hilfe in Anspruch, wenn sich ihre Probleme nicht mit den ihnen im Alltag zur Verfügung stehenden Mitteln lösen lassen. Ihr Alltag hat zumindest teilweise seine Alltäglichkeit verloren – das Selbstverständliche, in dem zwar auch Probleme auftauchen, diese aber auch wieder lösbar sind.

Wenn es das Ziel der Einzelfallhilfe ist, für die Klienten und Klientinnen wieder Alltag zu ermöglichen, dann ist das ein bescheidenes Ziel, vielleicht aber gerade deswegen eine sehr gute Orientierung. Die Klienten müssen nicht so werden wie wir, sie müssen nicht so werden, wie wir uns ideale Bürgerinnen und Bürger vorstellen, wir müssen mit ihnen nicht am »guten Leben« arbeiten. Wir sind Assistentinnen und Assistenten dabei, dass sie wieder auf einen Pfad kommen, auf dem sie ihre eigenen Entscheidungen treffen können und ihre Möglichkeiten erkennen. Ihre Entscheidungen müssen uns dann nicht mehr gefallen und sie müssen nicht an einem Maßstab des »Richtigen« oder »Guten« gemessen werden. Wir praktizieren eine Sozialarbeit, die nicht besser weiß, was für die Klientinnen und Klienten gut ist.

*Das Ziel erreichen*

Spätestens dann, wenn für Klientinnen und Klienten wieder Alltag herrschen soll, gibt es eine klare Begrenzung der Einzelfallhilfe. Sie ist nicht beliebig verlängerbar. Sie muss ein Ziel haben und wenn dieses Ziel erreicht ist, müssen sich die Einzelfallhelfer und -helferinnen wieder zurückziehen. Auch wenn der Klient mir sympathisch ist, auch wenn es mir leidtut, dass ich ihn nicht mehr sehen werde.

**Merksatz: Alltag und Inklusion ermöglichen**
Das allgemeine Ziel der Einzelfallhilfe ist, ihren Klientinnen und Klienten (wieder) einen gelingenden Alltag zu ermöglichen und Chancen auf Inklusion wiederherzustellen.

## Die Organisation

Sozialarbeiterinnen und Sozialarbeiter sind in der Regel Angestellte einer Organisation, die soziale Dienstleistungen anbietet. Sie sind schon durch ihr Anstellungsverhältnis dieser Organisation verpflichtet und können ihren Beruf nur in jenem Rahmen ausüben, der ihnen von der Organisation zur Verfügung gestellt wird. Das hat eine Reihe von Vorteilen, aber auch einige Nachteile. Davon soll nun die Rede sein.

Beginnen wir bei den Vorteilen. Die Organisation stellt einiges bereit:
- Sie bezahlt die Fachkraft und stellt Arbeitsmittel zur Verfügung (Beratungsräume, Computer, Telefon etc.),
- sie organisiert die Finanzierung,
- sie liefert soziales und symbolisches Kapital und den (bevorzugten) Zugang zu Ressourcen,
- sie hat Spezialwissen über das Feld (Erfahrung, spezialisierte Rechtskenntnisse und andere Wissensressourcen),
- sie bietet die Einbindung in ein (oft mehrprofessionelles) Team.

*Kapitalformen nach Bourdieu*

Einige dieser Vorzüge beziehungsweise Leistungen der Organisation dürften unmittelbar einleuchten. Eine kleine Erklärung sei zu den »Kapitalformen« nachgeliefert: Pierre Bourdieu (1983), ein bedeutender französischer Sozialwissenschaftler des späten 20. Jahrhunderts, sprach von mehreren Kapitalformen. Neben dem ökonomischen Kapital gebe es noch andere Formen, bei denen einige Mechanismen analog zu jenen beim ökonomischen Kapital erkennbar seien. Sie können eingesetzt werden, um Vorteile gegenüber anderen zu erreichen, sie können akkumuliert (angehäuft) werden, und zwar umso leichter, je mehr man schon davon hat, und sie können vererbt werden. Zwei dieser Formen sind das soziale und das symbolische Kapital.

Soziales Kapital ist das, was man im Alltag »Beziehungen« nennt. Man kennt nicht nur viele Menschen, sondern ist mit ihnen auch durch Beziehungen des Kennens oder Anerkennens, von Geben und Nehmen verbunden – diese Menschen sind daher bereit, mich anzuhören und meinen Wünschen entgegenzukommen. Entweder weil sie schon einmal von mir etwas empfangen haben oder weil sie erwarten können, dass ich ihnen auch einmal entgegenkommen werde. Besonders nützlich sind solche Beziehungen zu Personen, die ihrerseits hohes soziales Kapital ihr Eigen nennen, weil sie nötigenfalls den Weg zu Personen eröffnen, die man selbst noch nicht kennt. Klientinnen und Klienten der Sozialen Arbeit sind häufig mit wenig sozialem Kapital ausgestattet. Organisationen der Sozialen Arbeit häufen im Laufe ihrer Tätigkeit hingegen einiges an sozialem Kapital an. Wenn man nicht nur im eigenen Namen, sondern als Mitarbeiterin oder Vertreter der Organisation auftritt, kann man (mit gewissen Einschränkungen) auf dieses Kapital der Organisation zurückgreifen und hat damit Zugang zu einem Fundus von Beziehungen.

Soziales Kapital

Symbolisches Kapital funktioniert ähnlich wie das soziale Kapital. Dabei handelt es sich um Titel oder um Status. Ein akademischer Titel ist zum Beispiel eine Form des symbolischen Kapitals. Die Organisation, für die Sozialarbeitende tätig sind, hat auch symbolisches Kapital erworben. Am deutlichsten ist das bei einer Behörde, zum Beispiel dem Jugendamt. Ihr wird eine gewisse Macht und Seriosität zugeschrieben. Wenn man als Vertreterin oder Vertreter dieser Behörde auftritt, kann man mit mehr Beachtung rechnen, als wenn man nur im eigenen Namen spricht. Das gilt auch für nicht-behördliche Organisationen, wenn auch nicht für alle im gleichen Ausmaß.

Symbolisches Kapital

Das soziale und das symbolische Kapital, die eine Organisation bereitstellt, sind außerordentlich nützlich, um Ressourcen für die Klientinnen und Klienten zu aktivieren. Vieles wäre ohne dieses Kapital überhaupt nicht möglich. Es ist ein Werkzeug, dessen Einsatz ein wesentlicher Bestandteil dessen ist, was den Kern der großen Potenziale der Einzelfallhilfe ausmacht. Die sozialarbeiterische Individualhilfe lebt davon, dass sie organisationsbasiert angeboten wird. Auswirkungen hat das auch auf die Beziehung zu den Klientinnen und Klienten, denn sie registrieren genau, wozu wir gehören. Wir sind für sie nie »nur« Personen, sondern immer auch Vertreterinnen oder Vertreter der Organisation, für die wir arbeiten. Der Ruf unserer Organisation bestimmt, was sie von uns erwarten und befürchten. So entsteht ein Vertrauens- oder auch ein

Organisation stellt Kapital bereit

Misstrauensvorschuss, den sie uns entgegenbringen, nicht selten eine Kombination aus beidem. Im Verlaufe eines Unterstützungsprozesses differenziert sich das aus. Dann kann es sein, dass sie zwar uns als Personen vertrauen, das Misstrauen der Organisation gegenüber aber beibehalten. Oder auch umgekehrt, aber das wollen wir nicht hoffen.

*Organisationen speichern Wissen*

Das Wissen der Organisation, ihre Erfahrung, erleben wir zuerst durch die Kolleginnen und Kollegen, die unsere Wissenslücken aufzufüllen bereit sind. Und wir erfahren es durch die Regeln, deren Einhaltung unser Arbeitgeber uns abverlangt. Diese sind nie nur durch die Summe der individuellen Erfahrungen der Fachkräfte geprägt, sondern auch durch die organisationalen Erfahrungen, zum Beispiel mit Geldgebern und mit der Justiz.

Damit wären wir auch schon bei den Nachteilen und Schwierigkeiten, die die Organisationsbindung für die Einzelfallhilfe mit sich bringt:

- Organisationen verlangen Loyalität,
- Organisationen lieben Berechenbarkeit,
- Organisationen sind zumeist hierarchisch aufgebaut
- und Organisationen haben auch noch andere, für sie wichtigere Ziele als das Wohlergehen ihrer Klientinnen und Klienten.

All das ist nicht dem bösen Willen von Geschäftsführungen geschuldet, sondern stellt eine Voraussetzung dafür dar, dass die Organisationen auch ihre für die professionelle Sozialarbeit förderlichen Funktionen wahrnehmen können. Obwohl: Manchmal kann man zu Recht den Eindruck haben, dass die Eigeninteressen der Organisation allzu übergewichtig werden.

*Organisationen repräsentieren die Gesellschaft*

Die meisten Organisationen, die Soziale Arbeit anbieten, arbeiten mehr oder weniger vermittelt im Auftrag des Staates oder der »Gesellschaft«. Sie sind Behörden oder zivilgesellschaftliche Organisationen und finanzieren sich aus staatlichen Mitteln und/oder aus Spenden. Sie sind damit Agenten der politisch organisierten Gesellschaft. Wo und in welchem Ausmaß sie tätig werden können, ist wesentlich von politischen Entscheidungsprozessen abhängig. So sind wir als Sozialarbeiterinnen und Sozialarbeiter auch Agenten des Staates, der Gesellschaft – und werden von vielen Klientinnen und Klienten auch so wahrgenommen. Professionell sind wir aber nur dann, wenn wir die Ambivalenz aufrechterhalten: Wir haben einen Auftrag von unserer Organisation (bzw. dem Staat), aber auch einen von unseren Klienten und Klientinnen. Als vermittelnde Instanz kann man unsere Profession ansehen, die weltweite Fachcommunity der Sozialen Arbeit. Staub-Bernasconi spricht vom »Triple-Mandat« der Sozialen Arbeit.

Schwierig? Ja, aber auch sehr interessant. Praktisch muss man diese Verpflichtungen immer in der Waage halten. Schlägt man sich ohne Rücksicht auf die eigene Organisation nur auf die Seite der Klientinnen und Klienten, wird man seine Stelle nicht lange behalten und vor allem von jenen Ressourcen abgeschnitten, die die Organisation bereithält oder vermitteln kann. Versteht man sich nur als brave Exekutorin der Regeln der Organisation und des Staates, wird man repressiv und kann kein Arbeitsbündnis mit den Klienten aufbauen. Die Profession, ihre Foren und ihr akkumuliertes Wissen stärken uns dabei, kritisch zu bleiben – hier kann man voneinander lernen. Das tut man am besten in Teams, in einer sozialarbeiterischen Supervision, in Ausbildungen und Weiterbildungen an der Hochschule und in den Tagungen der Deutschen (oder Österreichischen, Schweizer) Gesellschaft für Soziale Arbeit (DGSA, ogsa, SGSA) oder in Spartengesellschaften. Es ist jedenfalls empfehlenswert, sich in der eigenen beruflichen Weiterentwicklung nicht ausschließlich auf interne Fortbildungen zu verlassen.

**Merksatz: Drei Verpflichtungen**
Einzelfallhilfe wird im Rahmen von Organisationen angeboten, ist den Klientinnen und Klienten verpflichtet und hält sich an die Regeln der Profession. Dieses sogenannte Triple-Mandat bildet einen Spannungsbogen, der die Fachkräfte begleitet und immer neu ausgemessen werden muss.

*Übung*
Recherchieren Sie bei einem Dienst, wie er finanziert wird und was die Vorgaben der finanzierenden Stelle oder Behörde sind. Diskutieren Sie, inwiefern diese in Konflikt mit möglichen Interessen von Klientinnen und Klienten stehen könnten.

*Die Lebenswelt*
Nun aber zurück zu den Klientinnen und Klienten. Sie sind in ihrer Rolle als Klienten nicht in eine Organisation eingebunden. Das Thema der Einzelfallhilfe sind ihr Alltag beziehungsweise die Möglichkeiten ihrer Lebensführung. Oder: ihre Lebenswelt. Die Lebenswelt, das ist jene Welt, in der sie ihr Leben führen. Stellen Sie sich eine Welt mit dieser Person im Mittelpunkt vor. Sie wird sich ganz anders aufschichten als Ihre Welt als Sozialarbeiterin oder Sozialarbeiter. Es sind andere Personen in der Nähe, die Wohnung, die Wohnumgebung sehen

anders aus, es gelten andere Regeln, in ihrem bisherigen Leben hat die Person ganz andere Erfahrungen gemacht, anderes gelernt, war mit anderen Taktiken und Strategien erfolgreich als Sie, hat andere Vorlieben, Wünsche und Grundsätze, sie lebt in einem anderen Körper. Vieles, was uns nahe ist, ist ihr fern, was uns fern ist, ist ihr nahe.

Detailliert beschrieben wurde das von Alfred Schütz und Thomas Luckmann (2017). In seiner Bedeutung für die Soziale Arbeit hat es Hans Thiersch (1992) ausbuchstabiert.

*Klientinnen als Experten ihrer Lebenswelt*

Was bedeutet das für die Einzelfallhilfe? In erster Linie, dass das Expertentum im Interaktionssystem Sozialarbeiter/Klient nicht bloß auf einer Seite, bei den Profis, liegt. Die wissen zwar (hoffentlich) detailliert über die gesellschaftlichen Möglichkeiten und Regeln Bescheid, haben schon viel über die Erfolgschancen des einen oder anderen Wegs bei der Bewältigung von Lebensproblemen (und nicht nur der eigenen) gelernt, aber über die Lebenswelt ihrer Klientinnen und Klienten wissen sie am Beginn eines Individualhilfeprozesses sehr wenig. Dafür sind die Klienten die Experten. Nur sie haben die Informationen, was in ihrem Leben wichtig ist, wie sich ihre Welt aufschichtet, welche Personen wie dabei mitreden, an welchen Hindernissen sie scheitern und was sich in ihrer Welt bisher als nützlich erwiesen hat.

Wenn wir von den Klientinnen und Klienten als Experten und Expertinnen ihrer Lebenswelt sprechen, so meinen wir nicht unbedingt, dass sie eine Theorie haben, die die Komplexität ihrer Lebenswelt erklärt. Sie sind, so wie wir auch, langjährige Praktikerinnen im eigenen Leben, im Feld, in dem sie sich bewegen, und sie haben relativ genaue Kenntnisse darüber, wie die verschiedenen Individuen sich verhalten könnten und mit welchen Schwierigkeiten sie bei den anderen Personen in ihrem Umfeld zu rechnen haben. Sie kennen sich selbst und können sagen, was ihnen leichtfällt und was ihnen Schwierigkeiten bereitet. Dieses alltägliche Wissen ist der große Schatz, den Personen mit sich herumtragen.

Soziale Einzelhilfe kann sich daher nicht in einem einfachen Frage-Antwort-Spiel, bei dem die Klienten fragen und die Profis die Antworten geben, erschöpfen – dafür wissen die Profis zu wenig.

*Übung*

Nehmen Sie Kontakt zu einer Person auf, die schon einmal Hilfe in Anspruch genommen hat. Lassen Sie sich davon erzählen, wie damals ihre Tage abgelaufen sind, was schwierig war, was gelungen und wie sie heute rückblickend ihre Kontakte mit der Sozialen Arbeit einschätzt.

## Der Körper

Sozialarbeit in der Einzelfallhilfe bedeutet nicht »hands on«. Man arbeitet wenig mit dem eigenen Körper, mit dem der Klientinnen und Klienten fast gar nicht. Auch wenn sie uns körperlich gegenüberstehen oder sitzen, wir so ihren Körper erfahren, sind die Instrumente der Methode doch auf ihr Bewusstsein, wenn man so will auf ihren »Geist«, gerichtet – auf ihre Fähigkeit zu denken und zu entscheiden. Auch die Arbeit im Umfeld der Klienten ist eine vorwiegend verbal kommunikative.

Der Körper ist jedoch die Voraussetzung unserer verbalen Kommunikation – auch wenn man heutzutage schon die Kommunikation mit Computern kennt: digitalen Bots, die so tun, als würden sie mit uns reden oder uns etwas mitteilen. In Zukunft werden solche von Computern generierten Sprachen auch in der Sozialen Arbeit eine Rolle spielen und sie werden Klientinnen auf verschiedene Art helfen. Sie können Informationen weitergeben, aber sie können uns auch bei eigenen Überlegungen führen. In der Einzelfallhilfe aber gehen wir von einer Beziehung zwischen Menschen aus, in aller Regel zwischen Menschen, die sich zumindest hin und wieder physisch begegnen. Andere Kommunikationen finden auch per Telefon, per Mail, SMS oder Messengerdienst statt. In jedem Fall aber haben wir ein Bild vom Körper des anderen und verbinden die Äußerungen mit diesem Körper. Sowohl die Klientinnen und Klienten als auch wir entwickeln dabei die Vorstellung einer Person mit Geschlecht, Alter, einem beschreibbaren Körper, einer Stimme, einer Mimik und Gestik, mit Gefühlen und Bedürfnissen und einer Biografie sowie einem sozialen Umfeld. So wie wir es auch haben.

Im Kern der Einzelfallhilfe stehen also zwei Körper (mit Geschichte) und die Beziehung ist eine zwischen zwei Menschen mit Körpern. Die Künstlerin Marina Abramović hatte im New Yorker Museum of Modern Art 2010 eine große Ausstellung. Sie hieß »The Artist is Present«. Drei Monate lang verbrachte Marina acht Stunden an sechs Tagen der Woche auf einem Stuhl im Museum und jede Minute konnte sich ein anderer Gast auf den gegenüberliegenden zweiten Stuhl setzen. An den ersten Tagen stand zwischen der Künstlerin und den Gästen noch ein Tisch. Später verzichtete Marina darauf. Die Menschen warteten sehr lange, bis sie ihre Minute mit der Künstlerin hatten, dann kamen sie dran. Marina hatte die Augen geschlossen, ihr Kopf war gesenkt. Wenn sich die Person gesetzt hatte, hob sie ihren Kopf und öffnete die Augen. Jemand schildert es so:

»Und verbindet sich, nur mit dir. Jeder hat einen reinen, einzelnen und persönlichen Kontakt zu ihr. Sie behandelt jedes Wesen mit derselben Auf-

*Körper und verbale Kommunikation*

*Zwei Körper mit Geschichte*

merksamkeit und Respekt. Das ist schockierend. Manche sind geschockt dadurch, und andere finden, dass sie diese Aufmerksamkeit auch verdienen. Endlich sind sie dort, wo sie hingehören. Und manche verlieben sich in sie.«

Marina Abramović sagt dazu:

»Es gibt so viele Gründe, weshalb Leute sich zu mir setzen. Einige sind wütend, andere neugierig, manche wollen es ganz einfach ausprobieren. Einige sind sehr offen, und man spürt diesen großen Schmerz. So viele Menschen haben so viel Leid. Wenn sie vor mir sitzen, geht es nicht mehr um mich. Ich werde bald zum Spiegel ihres eigenen Selbst.«

Sollten Sie die Gelegenheit haben, den Film »The Artist is Present« (2012), aus dem die beiden Zitate stammen, anzusehen, dann tun Sie das. Er ist unterhaltsam und sie werden danach eine bessere Vorstellung davon haben, was körperliche Präsenz in der Kommunikation bedeutet. Sie werden sehen, wie beredt Schweigen sein kann. Und schweigen werden Sie als Sozialarbeiter oft müssen – schon allein, damit die Klientin oder der Klient eigenen Gedanken nachgehen kann – wie die Personen in Marina Abramovićs Performance.

*Aufmerksamkeit in der Begegnung*

Auch eine zweite Erkenntnis bringt dieses Kunstwerk: Die Künstlerin ist wie eine Sozialarbeiterin, sie begegnet vielen Menschen. Gerade deshalb ist ihre Aufmerksamkeit so wichtig und gerade deshalb ist es keine einfache Begegnung mit ihr. Und wie Marina sich inszeniert, müssen wir uns auch inszenieren. Wir bereiten uns vor und wir setzen unseren Körper ein. Wir sind sichtbar, wir konzentrieren uns auf die Personen, mit denen wir beruflich zusammen sind.

### Körper und Handlungsfähigkeit

Der Körper ist das Zentrum, das Instrument der menschlichen Handlungsfähigkeit. Alles, was wir tun, müssen wir mithilfe unseres Körpers tun. Es ist uns nur das möglich, was unser Körper – vielleicht mit der Unterstützung technischer Geräte – zu tun fähig ist. Wir sprechen hier nicht nur vom physischen Zustand des Körpers, seiner Gesundheit und Kraft, sondern auch von all den biografischen Erfahrungen und Entwicklungen, die sich in den Körper eingeschrieben haben: der Alterungsprozess, die Fähigkeiten und Fertigkeiten, aber auch die zahlreichen Gewohnheiten und beispielsweise Suchtmechanismen.

*Gewohnheit und Körper*

Gewohnheit und Alltag. Ein Großteil dessen, was wir in unserem Alltag tun, beruht nicht auf einer eigenen Entscheidung, sondern auf Gewohnheiten, auf einer Routine des Lebens. Der Körper ist nicht nur das, was man im Fitnesscenter trainieren kann, sondern zu ihm gehört das Gehirn als Instrument des

Wahrnehmens, der Erinnerung, des Lernens, Einschätzens und Entscheidens. Der Körper ist Ort und Instrument der Welterfahrung und des In-der-Welt-Seins, des Stoffwechsels und der sexuellen Begierden und Erfahrungen. Und schließlich ist der Körper das, was von Menschen in der Öffentlichkeit als erstes sichtbar wird. An Äußerlichkeiten des Körpers (und seiner Umhüllung, der Kleidung) macht sich fest, wie Personen wahrgenommen werden – zahlreiche Diskriminierungen schließen an oberflächliche körperliche Merkmale an, zum Beispiel die Hautfarbe.

### *Körper und Leib*

Ergänzend ist festzuhalten, dass aus einer phänomenologischen Betrachtungsweise beziehungsweise in der philosophischen Diskussion ein Unterschied zwischen »Körper« und »Leib« gemacht wird (Waldenfels 2000; Merleau-Ponty 1966; Gugutzer 2012 u. 2015). Vereinfacht gesagt wäre der Körper all das, was objektiv erfasst und gemessen werden kann, während der Leib auch die subjektive und reflexive Seite umfasst: einen Körper *hat* man, Leib *ist* man.

Der Körper (eingeschlossen des Gehirns) ist also alles andere als »egal«. Das Besondere an den Menschen, wie wir derzeit im Unterschied zu so gut wie allen anderen Lebewesen annehmen, ist, dass sie sich bewusst zu ihrem Körper verhalten können. Im Alltagsbewusstsein bin ich nicht mein Körper, sondern »habe« einen Körper. In den letzten Jahrzehnten sind immer mehr Möglichkeiten geschaffen worden, den Körper zu »formen«, und diese Möglichkeiten werden auch wahrgenommen. Das reicht derzeit von Fitnessprogrammen über Piercings, die plastische Chirurgie, die Prothetik bis zu Psychopharmaka und Techniken des Bewusstseinstrainings. Bewusst zum Körper verhalten

Der Leib ist das Zentrum der Lebenswelt von Individuen. So ist es nicht verwunderlich, dass er im Selbstbild von Personen eine zentrale Rolle spielt, ebenso bei deren Wahrnehmung durch andere (s. Bodyshaming, Lookism). Der Leib ist durch seine Präsenz im Raum, durch seine Nähe und die Distanz zu anderen Körpern, zur Natur und zu Dingen in der Welt situiert – so wie die Menschen in einer nicht nur dinglichen Art, sondern real in der Welt situiert sind und anhand dieser Situierung denken und handeln.

Wenn wir vom Setting der Einzelfallhilfe sprechen, dann sprechen wir von dieser Situation der Körper in einer materiellen Welt und in Bezug zu anderen Körpern.

### *Takt und Beschämung*

Wir kommen nicht umhin, unsere Klientinnen und Klienten als körperbasierte Wesen wahrzunehmen. Trotzdem ist es heikel, Körperliches in der Beratung zum

Thema zu machen. Dabei spielen Scham und »Takt« eine Rolle. Über Scham sprechen wir im nächsten Unterkapitel. Als »Takt« bezeichnet man eine Haltung in und Techniken der Kommunikation, die den Lebensstil und das Selbstbild des Gegenübers respektieren und gelten lassen. Takt schließt ein, die physische Erscheinung des Gesprächspartners oder der Gesprächspartnerin nicht kritisierend zum Gegenstand der Kommunikation zu machen.

*Taktvoll bleiben*

Taktvoll zu bleiben ist allerdings vor allem dann nicht einfach, wenn wir an der Erscheinung der Klienten Mängel wahrnehmen, die Hinweise auf Inklusionsprobleme geben: Die Frau, bei der Verletzungen sichtbar sind, die darauf hinweisen, dass sie Opfer einer Misshandlung ist; der Mann, bei dem wir aufgrund visueller und olfaktorischer Wahrnehmung einen übermäßigen Alkoholkonsum vermuten müssen; die adipöse Frau, für die jede Bewegung mühsam ist und deren Schweißgeruch auch bei uns Ekelgefühle aufkommen lässt.

Die Klientinnen und Klienten wissen, dass wir ihre körperliche Erscheinung wahrnehmen, und sie wissen in der Regel auch, was dabei ihre Schwachstellen sind. Wir sagen ihnen also nichts Neues, wenn wir diese Wahrnehmung benennen und ihre Erscheinung nicht tabuisieren. Trotzdem: Sie haben berechtigte und erfahrungsgestützte Angst davor, dass sie als Personen aufgrund bestimmter Merkmale nicht mehr ernst genommen und deshalb abgelehnt oder beschämt werden könnten. Die Thematisierung von körperlichen Merkmalen muss daher taktvoll erfolgen, am besten in Verbindung mit einer Thematisierung der bisherigen negativen Erfahrungen.

## Gefühle

Gefühle, Emotionen, interessieren uns hier, weil sie großen Einfluss auf menschliche Urteile, ihr Handeln und ihre Motivation haben. Die Gefühle sind mit körperlichen Vorgängen und Reaktionen verbunden, sind also Resultat eines Zusammenspiels von Wahrnehmung/Bewusstsein und körperlichen Prozessen – man denke an die Trauer, die uns weinen lässt, oder das Verliebtsein mit den »Schmetterlingen im Bauch«.

Ohne das Thema hier umfassend behandeln zu können, seien beispielhaft drei Gefühle kurz besprochen: Scham am Beispiel der Klientposition, Ekel aufseiten der Fachkraft – und Begehren.

### Scham

Scham ist ein Gefühl der persönlichen Unzulänglichkeit. Klientinnen und Klienten der Sozialen Arbeit erleben beschämende Situationen in ihrem Alltag, besonders aber auch in Kontakt mit Behörden und anderen Organisationen. Auch die Situation der Hilfsbedürftigkeit selbst kann schon beschämend sein – das ist einer der Gründe, weshalb hilfsbedürftige Menschen ihre Ansprüche oft nicht wahrnehmen. Schröder (2013) weist darauf hin, dass beschämungsträchtige Strukturen ein wesentliches Merkmal von Sozialer Arbeit seien: Auch innerhalb der Interaktion zwischen Sozialarbeiterin und Klientin können beschämende Situationen auftreten. Zum Beispiel ist schon die Tatsache, dass über die eigenen problematischen alltagsweltlichen Zusammenhänge gesprochen werden muss, schwierig. Allzu leicht können dabei Punkte berührt werden, bei denen zu befürchten ist, man stelle sich damit bloß. Die völlige »Offenheit« ist nicht zu erwarten, Klienten versuchen Situationen der Beschämung zu vermeiden und damit auch ihre Würde zu bewahren.

*Ekel*
Ekel ist eine angeborene und universelle biologische Reaktion. Worüber Ekel empfunden wird, ist aber weitgehend gelernt und kulturspezifisch. Profis der Sozialen Arbeit sind mit Situationen konfrontiert, bei denen eine vorerst spontane Ekelreaktion aufkommen kann: Der Gestank in einer verwahrlosten Wohnung, der Anblick und der Geruch von Personen mit mangelnder Hygiene oder abstoßenden körperlichen Merkmalen. Dazu kommt möglicherweise ein »sozial-moralischer« Ekel gegenüber Personen, die eigenen Normen des Aussehens oder Verhaltens nicht entsprechen. Mit solchen Situationen konfrontiert zu sein, ist berufsbedingte Normalität – wie Menschen in Pflegeberufen ihren Ekel gegenüber den Körperausscheidungen anderer Menschen verlernen, müssen Profis der Sozialen Arbeit ihren Ekel – auch den sozial-moralischen – als solchen erkennen, weitgehend beherrschen und möglichst verlernen. In seiner biologischen Grundfunktion schützt Ekel vor Gesundheitsgefahren. Dieser Schutz lässt sich auch durch rationales Verhalten gewährleisten.

*Begehren*
Schließlich noch einige Sätze zu einem sehr menschlichen Gefühl, dem Begehren. Auf die Komplexität und Diversität der Gefühle zwischen erotischem und sexuellem Begehren, Verliebtheit, großer Sympathie und anderen Wünschen nach Nähe können wir hier nicht eingehen. Aber: Die Beratungssituation der Individualhilfe hat einige Merkmale, wie sie für die Anfangsphase einer romantischen und/oder erotischen und/oder Intimbeziehung typisch sind. Man sitzt relativ nahe beisammen, in Reichweite. Andere Menschen sind ausgeschlossen von dieser Kommunikation. Zumindest die Fachkraft ist der Klientin oder dem Klienten zugewandt, es werden sehr persönliche Fragen angesprochen. Es ist also

nicht wirklich verwunderlich, dass das Gegenüber auch als möglicher Intimpartner oder mögliche Intimpartnerin wahrgenommen werden kann. Flirt, Werben, Berührung, Beziehungsfantasien etc. können auch in der Klient-Sozialarbeiter-Beziehung vorkommen, nicht immer sind sie gut kontrollierbar.

Code of Ethics<br>der NASW<br>(USA)

Der Code of Ethics der NASW der USA ist hier sehr streng: Intimbeziehungen zwischen Sozialarbeiterinnen oder Sozialarbeitern und Klientinnen oder Klienten führen zum Verlust der Lizenz, ebenso wenn eine professionelle Beziehung beendet wird, um eine Intimbeziehung aufnehmen zu können. Auch wenn hierzulande keine so deutlich formulierte professionelle Regel gültig ist, sind solche Intimbeziehungen sehr riskant. Sie können zum Verlust des Arbeitsplatzes führen. Aber schon unterhalb des Levels tatsächlich intimer Kontakte kann die erotische Aufladung einer professionellen Beziehung fatale Dynamiken in Gang setzen und sowohl die Klienten als auch die Sozialarbeiter gefährden. Es ist daher anzuraten, sich gut zu kontrollieren und bereits frühzeitig das Gespräch mit Fachkolleginnen oder Supervisorinnen zu suchen. Von Profis der Sozialarbeit kann man erwarten, dass sie ihre Liebes- und Sexualpartner außerhalb ihrer Klientel suchen (und hoffentlich auch finden).

*Übung*
Beobachten Sie genau jene Gefühle, die bei Ihnen in einem Gespräch mit einem Klienten oder einer Klientin auftreten. Verfassen Sie darüber unmittelbar nach dem Gespräch ein Gedächtnisprotokoll. Nach einigen Tagen lesen Sie dieses Protokoll und überlegen, wie diese Gefühle Ihre Haltung und möglicherweise den Gesprächsverlauf beeinflusst haben. Diskutieren Sie das mit einer Kollegin oder einem Kollegen.

## Familie und nahes soziales Umfeld

Die Individualisierung, der Ausbau der Sozialversicherung und der Individualrechte haben dazu beigetragen, dass erwachsene Menschen heute von ihrer Familie in der Regel nicht mehr existenziell abhängig sind. Unverändert ist die Familie aber der Ort der für die Entwicklung der Persönlichkeit so wichtigen Versorgung in den ersten Lebensjahren. Die Beziehung zu den Eltern, Geschwistern und Kindern bleibt lebenslang ein Thema, im Guten wie im Schlechten. Die meisten Menschen haben andere Menschen in ihrem Umfeld, die sie beobachten, die kommentieren, was sie beobachten oder vermuten. Das beschäftigt Menschen sehr, manchmal beflügelt es sie, manchmal engt es sie ein, bringt sie zur Verzweiflung. Über die familiären Beziehungen, deren Komplikationen und ihre manchmal auch fatalen Langzeitwirkungen wurde nicht nur geforscht, sondern sind auch schon viele Romane geschrieben worden.

*Erwartungen des Umfelds*

Und wieso interessiert uns das in der Einzelfallhilfe? Weil Menschen allgemein, aber eben auch unsere Klientinnen und Klienten Beziehungen haben, in und mit denen sie leben, andere Menschen, die sie beobachten und denen gegenüber sie erklären müssen, was sie tun und lassen – andere Menschen, die ihre eigenen Ansprüche und Wünsche haben und oft viel Energie aufwenden, um ihre Vorstellungen durchzusetzen. Man muss dabei gar nicht das Klischee der konservativen, vielleicht gläubigen Familie bemühen, die mit Zwang ihre patriarchalen Vorstellungen gegenüber den Kindern durchsetzt. Auch in anderen Milieus spielen teils offen repressiv geäußerte, teils aber auch freundliche Erwartungen und Vorstellungen der Familienmitglieder eine große Rolle dabei, welche Entscheidungen Personen für sich zu treffen bereit sind. Und Menschen, die sich von ihrer Familie distanziert haben oder von ihr ausgeschlossen wurden, haben oft ein anderes näheres soziales Umfeld, auf das sie ebenso Rücksicht nehmen und vor dessen Verlust sie Angst haben: einen Partner oder eine Partnerin, enge Freunde, Mitbewohnerinnen, eine Clique, mit der man viel Zeit verbringt.

*Erfolg erweist sich außerhalb des Gesprächs*

Die nahezu intime Situation, die man mit den Klienten und Klientinnen innerhalb der Interaktion einer Beratungssitzung herstellt (man ist allein mit ihnen, ihnen zugewandt, keine Dritten können zuhören oder sich einmischen), lässt allzu leicht den Eindruck entstehen, hier sei jetzt der Ort, an dem sich die entscheidenden Entwicklungen abspielen, und wenn die Klientin hier einen Plan entwickelt, dann ist der wichtigste Schritt getan. Das ist aber ein Irrtum. Realisieren müssen die Klientinnen und Klienten ihre Pläne »draußen«, in ihrer Lebenswelt, wo sie von anderen Menschen beobachtet werden, nicht von uns. Die besten Vorsätze, in der Beratungssitzung gefasst, sind nicht viel mehr wert als unsere obligatorisch scheiternden Neujahrsvorsätze, vor allem dann, wenn sie »draußen« auf die harte Wirklichkeit des Alltags treffen: auf die Kommentare der Verwandten und der Freunde, auf lang eingespielte Gewohnheiten, auf die drängenden Bedürfnisse des Körpers und des Geistes.

Und jetzt? Kann man vorbeugen? Man kann, wird dabei zwar nicht immer erfolgreich sein, aber doch häufiger, als wenn man es nicht getan hätte. Zuallererst: Das Thema sollte nicht verschwiegen, sondern in die Beratung hereingeholt werden. Wie das gelingt, können Sie im zweiten, dem methodischen Abschnitt dieses Buches nachlesen. Vorerst muss der Hinweis genügen, dass wir unter den

Familie als Einflussfaktor

lebensweltlichen Bedingungen der Problemlösung die Familie und die anderen Personen des nahen sozialen Umfelds besonders beachten müssen – und darüber reden. Weil Einzelfallhilfe nicht nur Beratung ist, sondern ihr auch andere Interventionsformen zur Verfügung stehen, kann man auch Interventionen bei Schlüsselpersonen im Alltag der Klientinnen und Klienten in Erwägung ziehen. Auch dazu mehr in den Methodenkapiteln.

Eines sollte deutlich geworden sein: Einzelfallhilfe heißt nicht, so zu tun, als wären die Klienten völlig unabhängige Individuen. Gute Einzelfallhilfe ist systemisch in dem Sinne, dass sie ihre Klientinnen in ihren Beziehungen wahrnimmt. Erst dadurch wird sie ihnen wirklich gerecht.

### *Personen in Beziehungen – kann es »Family Case Work« nach dem Muster der Einzelfallhilfe geben?*

Die Individualhilfe hat eine klare Struktur: Das Interaktionssystem Klientin/Sozialarbeiterin als Zentrum und als Ort, an dem Vereinbarungen getroffen werden. Die Fachkraft hat ein Gegenüber, das entscheidungsfähig ist und seine eigenen Interessen einbringen kann.

*Keine patriarchalen Familien mehr?*

Will oder soll man mit Familien arbeiten, so fehlt dieses klare Gegenüber. Familien sind keine Organisationen: Sie haben keine normierte Entscheidungsstruktur und seit den bedeutenden Rechtsreformen in der zweiten Hälfte des 20. Jahrhunderts gibt es niemanden, der für die Familie sprechen oder Rechtsgeschäfte allein erledigen kann. Bis dahin galt noch der Mann als Familienoberhaupt beziehungsweise als Haushaltsvorstand, er allein konnte Entscheidungen im Namen der Familie treffen, die auch von anderen als solche der Familie anerkannt waren. Seit dieses patriarchale Privileg aus der Rechtsordnung eliminiert wurde, kann rechtlich nunmehr jede Person, jedes Familienmitglied für sich selbst sprechen und entscheiden. Ein weiterer Schritt in diese Richtung war die UN-Kinderrechtskonvention, die auch Kindern eine eigene Stimme zugesteht. In den Vorstellungen von Menschen aus immer noch patriarchalen Gesellschaften haben allerdings auch heute Männer das Recht, für die »Familie« oder für ihre Kinder und Frauen zu entscheiden. Das geht dann so weit, dass die Brüder die Aufsicht über ihre Schwestern haben und die Schande von der Familie abwenden sollen. Die patriarchale Familie gibt es also auch noch in unserer Gesellschaft, sie hat allerdings keine rechtliche Basis mehr. Es bleibt die Frage, inwieweit man auf traditionelle patriarchale Formen in einer Klienten-Familie in der Einzelfallhilfe noch eingehen muss.

*Family Casework*

Der große Fortschritt für die Autonomie von Individuen, speziell von Frauen und Kindern, hat weitreichende Folgen. Es steht nicht mehr das Wohl »der Familie« über den Rechten der einzelnen Personen im Familienverband. Trotzdem sind die Lebensmöglichkeiten von in einem Familiensetting lebenden Personen eng miteinander verflochten und es kann sinnvoll sein, die ganze Familie in einen Unterstützungsprozess einzubeziehen. Dabei ist es besonders wichtig, darauf zu achten, dass alle Familienmitglieder gleichberechtigt ihre Sichtweisen und Bedürfnisse einbringen können. Mit der Familie zu arbeiten, ist eine schwierige und komplexe Aufgabe, sie erfordert auch die Kenntnis von Familiendynamiken und die Fähigkeit, moderierende und vermittelnde Techniken einzusetzen. Auch wenn Family Case Work sich der meisten Techniken bedient, die wir hier für die Einzelfallhilfe beschreiben, sind ihre Rahmenbedingungen doch komplizierter und können in diesem Buch nicht ausreichend dargestellt werden.

Family Case Work ist also möglich, es unterscheidet sich jedoch von der Einzelfallhilfe durch die höhere Komplexität und das Erfordernis, gleichzeitig mehrere Personen in der Position der Klienten und Klientinnen zu haben.

*Übung*
Stellen Sie sich einen Fall vor, in dem eine Jugendliche Ihre Hilfe sucht. Sie wächst in einer patriarchalischen Familie auf, will sich davon auch nicht lösen, möchte aber mehr Freiheiten haben. In erster Linie will sie ihren Bruder loswerden, der sie überallhin begleitet – so auch zu Ihnen. Wie gehen Sie vor? Besprechen Sie das mit Kollegen und Kolleginnen.

## Die Gesellschaft und der Staat

Die Existenz der modernen Gesellschaft und ihres Staates ist die Voraussetzung für das, was wir Soziale Arbeit nennen, und für die Einzelfallhilfe. Es ist kein Zufall, dass sie erst am Beginn des 20. Jahrhunderts entstand. Die Einführung von Sozialversicherungssystemen und die bereits beschriebene Individualisierung brachten die Notwendigkeit, sich abseits von bloß moralisierenden oder religiös motivierten Herangehensweisen mit Individuen und ihren Problemen der Lebensführung beziehungsweise ihres Verhältnisses zum Staat/zur Gesellschaft zu beschäftigen.

### *Funktionssysteme als Infrastruktur*

Oder, um es systemtheoretisch auszudrücken: Es haben sich verschiedene Funktionssysteme herausgebildet (Wirtschaft, Politik, Rechtswesen, Bildungswesen, Bankenwesen, Sozialwesen, Gesundheitswesen etc.), eine sehr differenzierte Infrastruktur der Organisation der Gesellschaft. Eines dieser Systeme (oder Subsysteme, je nach Betrachtung) ist die Soziale Arbeit, die Probleme der Exklusion von Individuen bearbeitet. Und weil diese Exklusion von den anderen Systemen produziert wird, muss sie sich selbstverständlich auch mit diesen beschäftigen – das gilt auch für die Einzelfallhilfe.

Klientinnen und Klienten der Einzelfallhilfe sind konfrontiert mit:
- sortierenden Mechanismen, beispielsweise durch das Bildungswesen, das Chancen über Bildungsabschlüsse zuteilt,
- dem repressiven Arm des Staates – der Polizei, Gefängnissen,
- Chancen und Beschränkungen durch das Milieu, die Schicht, die Klasse, die Blase, in der sie aufwachsen und in der sie kommunizieren und leben,
- Ressentiments und Diskriminierungen, denen sie aufgrund bestimmter Merkmale oder ihrer Herkunft ausgesetzt sind,
- dem Arbeitsmarkt, der ihnen je nach Alter, Qualifikation, Verfügbarkeit, Rechtsstatus (und oft auch anderen, weniger deutlichen Kriterien) entweder offensteht oder nur geringe Chancen bietet, durch eigene Arbeit ihren Lebensunterhalt zu verdienen,
- einer Verkehrsinfrastruktur, die ihnen je nach ihrem Wohn- und Arbeitsort und ihren individuellen physischen Voraussetzungen große oder nur geringe Mobilitätsmöglichkeiten zur Verfügung stellt,
- zahlreichen weiteren Bedingungen, die ihnen Handlungs- und Lebensmöglichkeiten eröffnen oder eben auch versperren.

*Lebenssituation weitgehend vorgeformt*

Ohne hier im Detail darauf eingehen zu können – die Lebenssituation und die Lebenschancen der Klientinnen und Klienten sind dadurch weitgehend gesellschaftlich vorgeformt, daran müssen sie sich selbst abarbeiten und daran versucht sich auch die Einzelfallhilfe abzuarbeiten. Die beste Unterstützung kann diese Bedingungen nicht außer Kraft setzen und nur in kleinen Details ändern. Es ist aber sehr wichtig, sie so genau wie möglich zu kennen, schon allein, um nicht die Klientinnen und Klienten für Dinge verantwortlich zu machen, die sie kaum beeinflussen können. Und um jene Chancen zu erkennen und zu aktivieren, die ihnen noch nicht wahrgenommene Zugänge zu gesellschaftlichen Ressourcen eröffnen können.

### *Soziale Probleme*

Manche Menschen meinen, dass die Soziale Arbeit im Kern soziale Probleme lösen soll. Das ist insofern sehr interessant, als es schließlich der Staat ist, der im Versuch, soziale Probleme mit staatlichen Maßnahmen zu beantworten, einen Großteil der Sozialarbeit im Land finanziert – entweder über direkte Anstellung oder über die Subventionen für NGOs. Das ist besonders bemerkenswert, da der Staat dies in den letzten Jahrzehnten zunehmend tut. Soziale Arbeit hat also etwas damit zu tun, wie der Staat soziale Probleme in den Griff zu bekommen versucht. Aber: Die Soziale Arbeit ist nicht die erste Adresse, an die sich der Staat dafür wendet.

Das Problem dieses Ansatzes liegt darin, dass die gesellschaftliche Bearbeitung sozialer Probleme eben nicht in den Händen der Sozialarbeit liegt. Es gibt eine wissenssoziologische Beschäftigung mit dem gesellschaftlichen Umgang mit sozialen Problemen. Die interessiert sich vor allem dafür, wie der Staat dazu gebracht wird, Probleme, die Individuen haben, als soziale Probleme zu betrachten, sodass er selbst handeln muss.

So hat zuerst Herbert Blumer (1973) in den USA soziale Probleme als etwas verstanden, was das Ergebnis eines gesellschaftlichen Diskurses ist. Wie sie bezeichnet werden, formt dann auch die Reaktionen des Staates. Schetsche (2000) hat das ausführlich dargestellt: Die Definition von sozialen Problemen ist ein im Kern politischer Prozess. Die Reaktionsweisen des politischen Systems auf eine einmal durchgesetzte Problemdefinition können juristisch, repressiv, finanziell etc. sein, häufig bestehen sie jedoch in der Installierung eines Programms zur Bearbeitung (Prozedierung) des Problems, bei dem mehrere Reaktionen zusammengefasst werden. In den meisten Fällen spielt bei diesen Programmen die Sozialarbeit zwar nur eine marginale Rolle, aber sie ist doch auch vorgesehen. Zum Beispiel benötigt man für die Bearbeitung des sozialen Problems »Altersarmut« ein Pensionsversicherungssystem und einen bürokratischen Apparat, der das Versicherungssystem administriert. Sozialarbeit braucht man dafür nur für jenen kleinen Teil der Klientel, der aufgrund besonderer individueller und biografischer Bedingungen von den Standardleistungen des Systems nicht profitieren kann. Die Fähigkeit, ein funktionierendes und finanzierbares Pensionsversicherungssystem zu konzipieren und zu realisieren, würde man durchaus zu Recht nicht bei den Expertinnen und Experten der Sozialen Arbeit suchen.

<small>Soziale Probleme als Ergebnis des Diskurses</small>

In anderer Form etwa versucht der Staat dem Problem des Drogenkonsums beizukommen: Es gibt strafrechtliche und zivilrechtliche Maßnahmen (Verbot des Handels mit Drogen), polizeiliche Maßnahmen (Kontrollen), gesundheitliche Maßnahmen (Therapieeinrichtungen, Substitution) und sozialarbeiterische Maßnahmen (Drogeneinrichtungen, Hilfen für sauberen Drogenkonsum, Einzelfallhilfe).

<small>Juristische, polizeiliche, sozialarbeiterische, gesundheitliche Maßnahmen</small>

Scherr (2001) hat darauf hingewiesen, dass es allerdings einen realen Kontext der sozialen Probleme zu benennen gilt: Inklusion beziehungsweise Exklusion. Letztere ist vorerst einmal unabhängig von der Wahrnehmung im politischen Diskurs ein reales Problem. Dem schließe ich mich gern an. Die politische

Die Gesellschaft und der Staat | 45

Struktur der Anerkennung sozialer Probleme erscheint mir aber doch eine ganz wichtige Sache zu sein: Sie entscheidet die Position der Sozialarbeit und sie gibt vor, wie die Sozialarbeit auf gesellschaftlicher Ebene agieren muss, um die Position ihrer Klienten und Klientinnen zu verbessern.

Die soziologische Diskussion geht weiter, sicher auch in der Sozialen Arbeit (Groenemeyer 2001; Keller/Poferls 2020). Deutlich aber ist, dass sie sich mit den sozialen Problemen der Klientinnen und Klienten befasst, und zwar unabhängig davon, ob diese auch in der politischen Diskussion präsent wären.

### *Ist Sozialarbeit »politisch«?*

Eine Frage, die hier anschließt, ist jene danach, ob Sozialarbeit »politisch« sei. Nun, sie ist es vorerst einmal nicht. Einzelfallhilfe agiert kaum jemals im politischen System. Aber sie ist in hohem Ausmaß von der Politik, ihrem Agieren und den im politischen System getroffenen Entscheidungen abhängig. Es ist daher naheliegend, Mittel der politischen Einflussnahme zu suchen und wahrzunehmen. In aller Regel erfordert eine solche Einflussnahme eine Organisation, ein koordiniertes Vorgehen mit anderen und das Suchen nach Verbündeten. Wie das gelingen kann, ist nicht Gegenstand dieser Einführung in die Einzelfallhilfe. Der Hinweis auf die Abhängigkeit der Chancen gelingender Einzelfallhilfe von den gesellschaftlichen Bedingungen ist aber nicht nur ein »moralisierender« Hinweis.

*Sozialarbeit als kritische Profession*  Eine kritische Haltung zu gesellschaftlichen Exklusionsprozessen ist eine Voraussetzung dafür, dass man den eigenen Klientinnen und Klienten nicht als Agent des Ausschlusses gegenübertritt, sondern als jemand, der deren Verbündete bei der Vergrößerung ihrer Lebenschancen und bereit ist, diese auch anwaltlich zu vertreten. Das ist ein wesentlicher Teil dessen, was man als die nötige berufliche »Haltung« von Sozialarbeiterinnen und Sozialarbeitern bezeichnet. Die Kenntnis gesellschaftlicher Mechanismen von Inklusion und Exklusion ist außerdem Voraussetzung dafür, Probleme und mögliche Lösungen gemeinsam mit den Klientinnen und Klienten realistisch einschätzen zu können. Vor allem bewahrt es davor, Klienten die Verantwortung für Verhältnisse zuzuschreiben, für die sie tatsächlich keine Verantwortung tragen.

**Merksatz**
Die gesellschaftliche Wirklichkeit formt die Möglichkeiten und Grenzen individueller Lebensführung. Den für die Klientinnen und Klienten wesentlichen Ausschnitt genau zu kennen, ist Voraussetzung für gelingende Einzelfallhilfe. Jedes Inklusionsproblem entsteht aus individuellen und gesellschaftlichen Bedingungen, die voneinander abhängen.

*Übung*
Sehen Sie sich einen Fall an – wenn Sie selbst keinen direkten Zugang zu einem Fall haben, sprechen Sie mit einer Sozialarbeiterin oder einem Sozialarbeiter – und listen Sie auf, welche Gesetze und welche gesellschaftlichen Rahmenbedingungen wesentlichen Einfluss auf die aktuelle Situation in diesem Fall haben. Überlegen Sie, welche (möglichst geringfügige) Änderung welcher Rahmenbedingung die Situation deutlich verbessern würde.

## Prinzipien der Einzelfallhilfe

Einige Prinzipien der Einzelfallhilfe haben sich im Laufe der Zeit herausgebildet, zusammenfassend beschrieben wurden sie unter anderem von den amerikanischen Kollegen und Kolleginnen. Die damaligen Regeln kamen aus dem Social Case Work und setzten sich weitgehend durch. Sie waren insofern eine methodische Hilfe und ein Werkzeug des Handelns. Sie gaben den Sozialarbeitern und -arbeiterinnen, auch wenn sie in Organisationen arbeiteten, eine klare Orientierung zu ihren Klienten, aber auch einen professionellen Habitus gegenüber den Organisationen. Sie gaben einen Rahmen, welche Freiheiten man in seiner professionellen Berufsausübung brauchte. Hier eine Kurzfassung nach Biestek (1970):

| |
|---|
| **Individualisieren** |
| Personen haben Anspruch darauf, als Individuen und nicht bloß als »Fall von« (zum Beispiel Arbeitslosigkeit) gesehen und behandelt zu werden. |
| **Zielgerichteter Ausdruck von Gefühlen** |
| Anerkennen, dass Klientinnen und Klienten ihre Gefühle, auch die negativen, frei ausdrücken dürfen. Die Caseworker hören genau auf diese Gefühle, ermutigen gegebenenfalls auch zur Äußerung von Gefühlen. |
| **Kontrollierte emotionale Anteilnahme** |
| Damit ist gemeint, dass die Gefühle der Klienten und Klientinnen und deren Bedeutung wahrgenommen werden, man diese Wahrnehmung auch ausdrückt und darauf zielgerichtet und angemessen antwortet. |
| **Akzeptanz** |
| Akzeptieren, dass der Klient oder die Klientin ist, wie er oder sie wirklich ist, inklusive der Stärken und Schwächen, der sympathischen und unsympathischen Anteile, der positiven und negativen Gefühle, des konstruktiven und destruktiven Verhaltens. Anerkennen von Würde und Wert der Person. |

| |
|---|
| **Nicht-richtende Haltung** |
| Es ist nicht Aufgabe des Casework, Schuld oder Unschuld festzustellen oder den Anteil an Eigenverantwortung der Klienten und Klientinnen für ihre schwierige Lage. Trotzdem können bewertende Äußerungen über die Nützlichkeit von aktuellen Haltungen oder Handlungen der Klienten sinnvoll sein. |
| **Selbstbestimmung** |
| Die Anerkennung der Selbstbestimmung der Person ist Voraussetzung erfolgreicher Unterstützung. Personen haben das Bedürfnis nach der Freiheit, ihre eigenen Entscheidungen zu treffen, und die Fachkräfte haben die Pflicht, diese Entscheidungen zu respektieren. Ein wesentliches Ziel der Einzelfallhilfe ist es, die Autonomie der Klientinnen und Klienten zu fördern und sie dabei zu unterstützen, informierte und konstruktive Entscheidungen zu treffen. Erzwingen lässt es sich aber nicht. |
| **Vertraulichkeit** |
| Im Zuge des Einzelfallhilfeprozesses erhält man hochprivate Informationen über die Klientinnen und ihre Lebenssituation, gegebenenfalls auch über Personen ihrer sozialen Umgebung. Die Vertraulichkeit dieser Informationen ist die Voraussetzung für einen konstruktiven Prozess. Die manchmal sinnvolle Weitergabe von Informationen bedarf der Zustimmung der Klienten. Ist man aufgrund von Regeln der Organisation gezwungen, Informationen zu teilen, so müssen die Klientinnen darüber vorher informiert werden. |

Diese Regeln versteht man richtig, wenn man sie als methodische und nicht als moralische Regeln auffasst. Ihre Beachtung macht einen erfolgreichen Unterstützungsprozess wesentlich wahrscheinlicher.

*Berufsethos*   Darüber hinaus gibt es eine Reihe von professionellen Regeln, die dem Schutz der Rechte von Klientinnen und Klienten dienen sollen. Die International Federation of Social Work (IFSW 2018) hat ein »Statement of Ethical Principles and Professional Integrity« veröffentlicht, das in einer sehr allgemeinen Form Grundzüge eines beruflichen Ethos definiert. (Lesen Sie dieses Statement in der englischen Version – die deutschsprachige Version basiert auf einer automatisierten Übersetzung und ist sehr fehlerhaft.) Die detaillierteste Ausarbeitung eines Berufsethos der Sozialarbeit, speziell der Einzelfallhilfe, wurde von der National Association of Social Work der USA (NASW 2021) erarbeitet. Dieser Code of Ethics enthält auch detaillierte Regelungen der Verantwortung der Sozialarbeiterinnen und Sozialarbeiter gegenüber den Klienten, Kolleginnen, der Organisation und der Profession.

*Übung*
Recherchieren und lesen Sie das »Statement of Ethical Principles« durch den IFSW und den Code of Ethics der NASW (USA). Welche Regelungen beeindrucken Sie, welche halten Sie für übertrieben? Wieso?

## Was ändern die digitalen Medien?

Die Einzelfallhilfe ist von der Umwälzung, die das Internet und die digitalen Medien der Kommunikation und der Datenverarbeitung gebracht haben, auf den ersten Blick verhältnismäßig wenig betroffen. Ihr zentrales Steuerungsforum ist weiterhin das Gespräch face to face, also in persönlicher Anwesenheit, schon allein, weil es die umfassendste Form der Kommunikation ermöglicht. Hier können mehrere Kanäle in Echtzeit genutzt werden: verbale Kommunikation und visuelle Kommunikation – bis zur Inszenierung von physischer Nähe und Distanz. Darüber hinaus kann noch über die gemeinsame Hinwendung zu Dingen, Formularen, Grafiken etc. leicht eine Situation der Kooperation hergestellt werden. Dazu werden Sie in den Texten zur Methodik im zweiten Abschnitt noch einiges lesen können.

*Kanäle der Kommunikation*
So unbestritten dieser besondere Charakter der Face-to-Face-Kommunikation ist, sollten wir aber nicht vergessen, dass schon seit Jahrzehnten andere Kommunikationsformen breite Verwendung finden: das Telefon und der Brief (bzw. die Postkarte). Beides Formen der Kommunikation, die nur einen Kanal verwenden, deren Vorzug aber darin liegt, dass sich die Kommunikationspartner oder -partnerinnen nicht zur selben Zeit am selben Ort aufhalten müssen. Die Digitalisierung erweitert diese Möglichkeiten nun radikal, gerade auch weil viele Klientinnen und Klienten moderne Technologien in ihrem Alltag ausführlich verwenden. Die Fachkräfte sollten dabei mindestens so geübt sein, wie ihre Klienten – und wo sie es noch nicht sind, sollten sie von ihren Klientinnen lernen.

Kann über technische Geräte vermittelte Kommunikation die Face-to-Face-Kommunikation ersetzen? Die Antwort fällt zwiespältig aus. Beratungsprozesse können so jedenfalls erfolgreich gestaltet werden. So wie die Telefonberatung eine lange Tradition hat, kann auch eine Beratung über Mail, Chat, Messenger-Services, Skype und Zoom funktionieren. Das »e-beratungsjournal.net« ist ein Fachjournal, das sich seit 2005 mit Beratung mittels digitaler Medien beschäftigt. Für manche Klientinnen und Klienten haben diese Beratungsformen einen eindeutigen Vorzug: Es ist in ihnen möglich, eine deutlichere Distanz zur Beraterin zu wahren, ja sogar ganz anonym zu bleiben. Die eigene Autonomie scheint besser gewahrt werden zu können. Daher werden e-Beratungsdienste gerade bei persönlich heiklen Themen gern genutzt. Aber die Beratung stellt nicht die gesamte Einzelfallhilfe, ein völliger Ersatz des persönlichen Kontakts durch digital vermittelte Kommunikation ist nicht zu erwarten.

Beratung online

Eine deutlich erhöhte Präsenz von digital vermittelter Kommunikation hat die Coronapandemie mit sich gebracht. Zumal vor allem in den ersten Phasen Lockdowns streng eingehalten wurden, verlagerten sich viele Alltagsgespräche und die berufliche Kommunikation in das Internet, die Software, die Bild und Ton verband (Zoom, Teams, Webex, GoToMeeting, Skype und andere), wurde intensiv genutzt und funktionierte sehr gut. Nachdem lange Zeit Psychotherapie nur face to face erlaubt war, wurden nun auch digital vermittelte Sitzungen gestattet. Personen, die sich bisher digitalen Sitzungen verweigert hatten, mussten nun unter dem Druck der Verhältnisse digitale Meetings, Tagungen und Webinare besuchen. Das gelang – und manche möchten ihr Homeoffice gar nicht mehr verlassen.

*Nachrichtendienste in der Einzelfallhilfe*

Wir wissen noch nicht, wie sich die Kommunikation in der Zukunft entwickeln wird, wir können nur sehen, wie vielfaltig sie inzwischen geworden ist. Neben den Audio-Video-Sitzungen und Konferenzen gibt es noch Facebook, Instagram, Twitter, TikTok, WhatsApp und andere Nachrichtendienste, die der Kommunikation von Gruppen dienen. Telefonate werden noch immer geführt und manche Mitteilungen nehmen auch noch den Weg des klassischen Briefes. Daneben gibt es die persönlichen Beziehungen – das Reden.

Jene Kommunikation, die Sozialarbeitende mit ihrem Klientel betreiben, kann sich auch in diese Sphären begeben. Sie muss sich nicht auf die persönliche Begegnung verlassen. Nachrichten über Mail gibt es schon lange, nunmehr sind auch WhatsApp oder andere Nachrichtendienste für kurze Mitteilungen ratsam. Man wird sich mit den Klientinnen und Klienten darauf einigen müssen, welche Kanäle man verwendet. Jedenfalls sind zum Beispiel kurze Erinnerungen auf Signal eine große Hilfe.

### *Eigendiagnose und Selbstberatung via Internet*

Sehr wohl bereits begonnen hat aber eine andere Entwicklung: die von Tools der Selbstberatung von Klientinnen und Klienten. Über Apps, möglicherweise auch in Form von Spielen, können Interessierte sich darüber informieren, welche Möglichkeiten sie in einer besonderen Lebenssituation haben. Sie können das tun, ohne sich gleichzeitig einer anderen Person, zum Beispiel einer Fachkraft, offenbaren zu müssen. Besonders ausgereift sind allerdings die bisher vorhandenen Tools noch nicht – um wirklich gute zu produzieren, bräuchte es noch einiges an Forschung.

Das Internet hat die Rahmenbedingungen für die Arbeit von Fachkräften bereits wesentlich verändert. Ärztinnen und Ärzte klagen darüber, dass viele Patienten bereits bevor sie den Arzt konsultieren, ihre Symptome googeln und sich ein oft sehr schiefes Bild ihrer Erkrankung machen. Die Ärztin ist dann nicht mehr die Autorität, der man vertraut, sondern konkurriert mit mitunter zweifelhaften Einträgen auf Websites oder noch zweifelhafteren Beiträgen in Foren.

Für die Soziale Arbeit ergibt sich ein ähnliches Bild: In den Zeiten, bevor man sich über das Internet mit anderen Menschen verbinden konnte, waren Personen in Lebenskrisen oder mit von der »Normalität« abweichenden Eigenschaften oder Vorlieben oft völlig allein. Sie waren naturgemäß verstört und von den Personen ihres näheren sozialen Umfelds erhielten sie nur Unverständnis. Nun können sie zuerst auf Websites, später dann in Foren erfahren, dass es viele Menschen wie sie gibt. Es gibt die Chance, über Foren Kontakt zu Personen in einer vergleichbaren Lage herzustellen. Was daraus entsteht, kann man als Peer-Beratung bezeichnen. Diese sind meist nicht von Profis organisiert. Die Beratung geschieht oft durch Menschen mit dem gleichen Problem und sie ist ebenso vielfältig wie diese Menschen. Dabei ist es wie bei allen Formen lebensweltlicher Beratung (also einer, die nicht durch Fachleute erfolgt, sondern durch Personen aus dem sozialen Umfeld): Sie kann sehr hilfreich sein, aber auch gefährlich. Das wohl bekannteste Beispiel für die dunkleren Seiten von Peer-Beratung ist jenes der Suizid-Foren, in denen Teilnehmerinnen zum Selbstmord ermutigt werden können.

*Verbündete in Lebenskrisen*

Geändert haben sich mit den modernen Kommunikationsmedien auch die Beziehungen zwischen Personen und ihren entfernt lebenden Verwandten. Skype (und vergleichbare Dienste) tragen dazu bei, dass auch über große Entfernungen enge Beziehungen aufrechterhalten werden. Noch kann man nur erahnen, wie diese Entwicklung weitergehen und wie sie den Charakter von Hilfsprozessen verändern wird. Denkbar sind automatisierte Beratungsdienste, die Zuteilung von Unterstützungsdienstleistungen auf der Basis von Algorithmen, Apps, die in den Alltag eingreifen, Apps, die eine Eigendiagnose der Lebenssituation mit Ratschlägen verbinden, Tools, mit denen Klientinnen und Klienten die Organisation oder die Fachkräfte bewerten, und vieles andere, an das wir jetzt noch nicht denken. Bereits intensiv in der Entwicklung sind technische Lösungen, die Menschen mit Behinderungen die Teilnahme an einem »normalen« Leben erleichtern bzw. eine Hospitalisierung unnötig machen. Am gruseligeren Ende der Skala des Möglichen steht das in China entwickelte System der sozialen Punkte, bei dem mangelndes soziales Wohlverhalten mit dem Entzug des Zugangs zu Dienstleistungen bestraft wird.

*Familienzusammenhalt über Videotelefonie*

## Und was ist nun der »Fall«?

*Personen sind kein »Fall«*

Eine Klientin ist kein Fall, sie ist eine Klientin: eine Frau mit Geschichte und aktuellen Herausforderungen. Eine Lebenssituation ist kein Fall, sondern eine Lebenssituation.

Von einem »Fall« zu sprechen, macht nur in einem professionellen Umfeld Sinn. Daher ist ein »Fall« immer das, was die Professionellen bzw. die Organisation beschäftigt: eine mehr oder weniger komplexe Handlungssituation für die Profis, vielleicht routiniert abzuarbeiten, vielleicht aber auch besonders schwierig – schwer zu verstehen, schwer sinnvoll zu bearbeiten.

Ein Fall hat einen Anfang und ein Ende, ein Fall wird dokumentiert – in einer Akte oder in einer anderen Form geordneter Aufzeichnungen, ein Fall hat zumeist den Namen des Klienten (aber der Klient ist nicht der Fall).

Im Zentrum des Falls stehen die Klientin und die Sozialarbeiterin. Im Fall begegnen einander das Leben der Klienten und die berufliche Tätigkeit der Profis. Ein Fall wird durch das zu bearbeitende Problem oder die zu bearbeitenden Probleme strukturiert, über die es zeitweise auch Uneinigkeit zwischen Klientin und Sozialarbeiterin geben kann.

Der Erfolg der Fallbearbeitung entscheidet sich außerhalb des Fallsettings und außerhalb der Organisation: im Alltag der Klientinnen und Klienten. Dieser Erfolg kann nicht erzwungen werden.

*Erfolg hängt nicht nur von guter Arbeit ab*

Es kann sein, dass sich trotz einer hochprofessionellen, wenn man so will auch fehlerlosen Performance der Einzelfallhelferin kein Erfolg einstellt. Umgekehrt ist es auch möglich, dass trotz einer nach professionellen Kriterien grottenschlechten Performance des Profis dem Klienten eine wesentliche Verbesserung seiner Situation gelingt. Das liegt daran, dass sehr viele Faktoren zur Entwicklung beitragen: die Entwicklung des Klienten selbst, das Agieren von Personen in seinem Umfeld, von Ämtern und anderen Einrichtungen, Freundinnen und Freunden, eine Änderung der Gesetzeslage, aber eventuell auch das Auftauchen eines vernünftig agierenden Arbeitgebers, einer klugen Lehrerin oder einer neuen Liebe – und so weiter und so fort.

### *Fallbeteiligte und der Fallraum*

Fallbeteiligte sind all jene Personen, die auf die zu bearbeitenden Probleme Einfluss haben und/oder von deren Lösung betroffen sind. Jeder »Einzelfall« ist daher ein Fall, in dem eine ganze Reihe von Personen mitspielen. Manche in ihrer beruflichen Rolle, manche als Verwandte, Freundinnen oder Haushaltsangehörige. Für jeden Fall kann man eine Liste der Fallbeteiligten anlegen. Hier ein Beispiel:

| Personalliste Fall Regner erstellt am: 05.06.2019 | |
|---|---|
| Organisation | Krisenzentrum XY |
| Sozialarbeiter/in | Gertrude Kaiser |
| Presented Problem | Konflikt von Paul mit seiner Mutter |

| Name | Alter | Rolle | Referenzsystem | Kontakt |
|---|---|---|---|---|
| Paul Regner | 14 | Klient | Hsh 1 | + |
| Jolanda Nemeth | 38 | Mutter (Heimhelferin) | Hsh 1 | + |
| Tamara Nemeth | 7 | Schwester | Hsh 1 | − |
| Tadeusz Szypanski | 47 | Vater | unbek. Aufenthalt | − |
| Johann Stadler | ? | Ex-Stiefvater | Hsh 2 | + |
| Frau Keller | ~30 | Sozialarbeiterin | Jugendamt | + |
| Frau Baric | ~25 | Sozialarbeiterin | Jugendamt | + |
| Hr. Dr. Tadic | ? | Psychiater | Kinder- und Jugendpsychiatr. Klinik | − |
| Frau Stettler | ? | Beratungslehrerin | Schule | + |
| Frau Bachinger | ? | Klassenlehrerin | Schule | + |
| Fr. Gottschlich | ? | Integrationslehrerin | Schule | + |
| Fr. Malina | ? | Psychologin | Schule | + |
| Sigrid Studer | ? | Horterzieherin | Hort | + |
| Fr. Rambousek | ? | Psychologin | Kriseneinrichtung | + |

Abb. 1: Personalliste, Beispiel (eigene Darstellung)

Der Klient ist in diesem Fall ein Besucher des Jugendtreffs, der einer Sozialarbeiterin von einem akuten, eskalierten Konflikt mit seiner Mutter berichtet, der ihn sehr belaste und in dem er um Hilfe ersucht. Dadurch wurde er vom bloßen Besucher des Treffs zu einem Klienten. Da der Jugendtreff seinen Besucherinnen und Besuchern nur Freizeitbetreuung und Beratung anbietet, wurde ihm geraten, ein sogenanntes Krisenzentrum der Kinder- und Jugendhilfe aufzusuchen, was er auch tat. Bei der Besprechung stellte sich heraus, dass an seiner schwierigen Lebenssituation eine ganze Reihe von Leuten beteiligt sind und der Konflikt mit seiner Mutter sich auch um Themen wie Schulschwierigkeiten, das Verhältnis zu seinem Stiefvater und zu seiner Schwester drehte – und dass er vor einigen Wochen bereits einen Aufenthalt in der Kinder- und Jugendpsychiatrischen Klinik hinter sich gebracht hatte. Daraus ergab sich eine größere Zahl an Fallbeteiligten als vorerst angenommen. Im Zuge der Fallbearbeitung nahm die Sozialarbeiterin mit Zustimmung von Paul zur Mehrzahl dieser Beteiligten Kontakt auf.

*Fallbeteiligte* Die Personalliste umfasst alle (bekannten) Fallbeteiligten. Die Liste wurde gemeinsam mit Paul erstellt. Zur Erklärung: Unter »Rolle« wird verstanden, wie und in welcher Rolle die Person zum Klienten oder zur Klientin steht. Wie hier ersichtlich, sind einige Personen in einer Verwandtschaftsrolle, andere in einer beruflichen Rolle. »Referenzsystem« bezeichnet, vor wem die Personen das, was sie tun, vor allem rechtfertigen und erklären müssen. Das sind bei privaten Rollen in der Regel jene Personen, mit denen sie zusammenleben – deshalb wird hier »Hsh« (Haushalt) eingetragen (mit einer Durchnummerierung der Haushalte). Bei beruflichen Rollen ist es die Organisation, für die die Person arbeitet.

Eine Personalliste in der Einzelfallhilfe wird meist acht bis zwanzig Personen enthalten, kann aber auch länger sein. Selten ist sie kürzer. Damit ergibt sich in der Einzelfallhilfe ein Fallraum, der wesentlich mehr Personen umfasst als nur die Dyade Sozialarbeiterin/Klientin.

*Fallraum* In diesem Beispiel eines Fallraums sehen Sie dessen drei Horizonte: Im Zentrum ist das Klientin-/Sozialarbeiterin-Interaktionssystem, die Steuerungszentrale des Einzelfallhilfeprozesses. Im zweiten Horizont, dem Interventionsraum, stehen jene Personen, mit denen die Sozialarbeiterin auch Kontakt aufgenommen hat. Im dritten Horizont finden sich weitere Personen, die am Problemkontext beteiligt und von einer möglichen Problemlösung betroffen sind, die aber (bisher) nicht Adressatinnen oder Adressaten von Interventionen der Sozialarbeiterin waren. Es wird noch einmal deutlich, dass Soziale Einzelhilfe kein Prozess ist, der sich nur zwischen Fachkraft und Klient abspielt.

*Übung*
Erstellen Sie für einen Fall eine Personalliste. Sollten Sie keinen direkten Zugang zu einem Fall haben, interviewen Sie eine Sozialarbeiterin oder einen Sozialarbeiter.

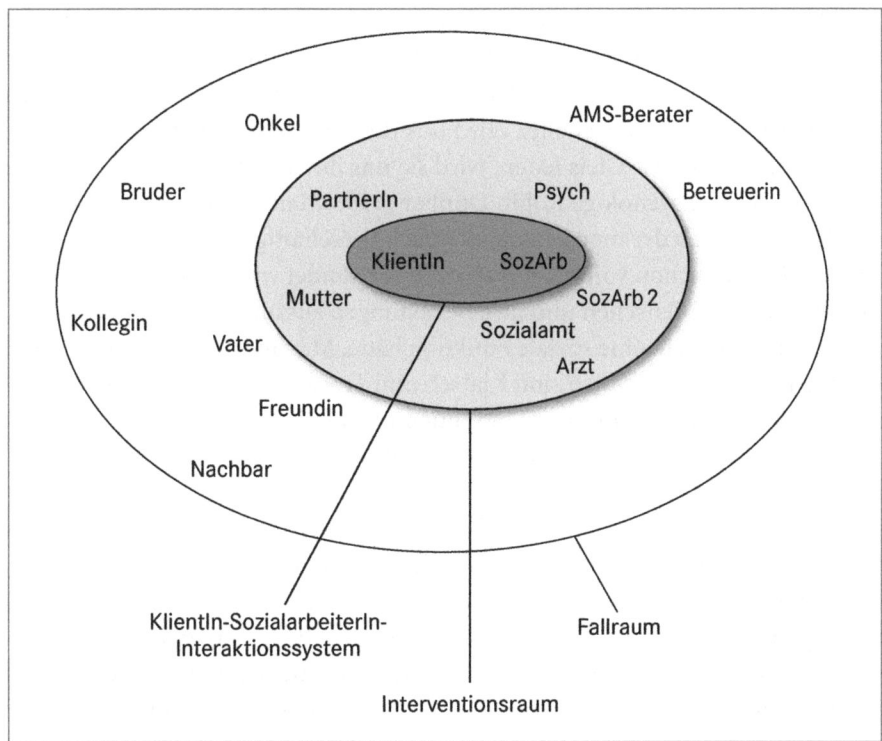

Abb. 2: Fallraum (eigene Darstellung)

## Der Kern der Einzelfallhilfe: Das KSI

Wir haben im Vorkapitel den Fall in seiner sozialen Dimension entwickelt: Jeder Fall der Einzelfallhilfe ist ein systemischer Fall, es spielen lebensweltliche und institutionelle Akteure mit. Wer meint, Einzelfallhilfe sei das Gegenteil von systemischer Arbeit, liegt damit sicher falsch.

Aber nun müssen wir das Kernstück der Einzelfallhilfe betrachten: Es ist die besondere Beziehung zwischen den Klientinnen und Klienten und den Sozialarbeitenden – eine Zweierbeziehung.

### Zweierbeziehungen und Tratsch

Nun, wir haben eine besondere Erfahrung mit Zweierbeziehungen: Beziehungen der Liebe sind ebenso Beziehungen zwischen zwei Menschen wie unsere engen Freundschaften. Diese werden von anderen Personen beobachtet und je mehr wir uns in eine solche Zweierbeziehung begeben, umso mehr betrifft sie auch die anderen. Man kennt das: Manche Beziehung hält man vorerst geheim. Man will nicht, dass die anderen dabei mitreden, und man will nicht, dass sie sich mit ihren Kommentaren in diese Beziehung drängen. Gleichzeitig freuen sich die anderen über unsere neue Liebschaft oder vergönnen uns einen guten Freund. Aber sie haben auch Vorbehalte: Wird uns diese Beziehung guttun oder wird sie uns auf ein falsches Gleis leiten, wird sie uns ihnen entfremden?

*Sprache und Beziehung*

Der britische Psychologe Robin Dunbar (1998; Gamble et al. 2016) hat sich mit dem Entstehen der menschlichen Sprache beschäftigt. Seine Hypothese ist, dass die Sprache schon von Beginn an dazu verwendet wurde, zu tratschen und sich über andere Menschen und ihre Beziehungen auszutauschen. Er sagt, dass die Sprache vor allem eine soziale Funktion hatte. Man mag seinen Hypothesen nicht folgen, aber tatsächlich sind Klatsch und Tratsch sehr wichtige Teile unserer Kommunikation – oder ist es bei Ihnen nicht so?

Robert Dunbar hat eine Begründung dafür: Der Mensch (Homo sapiens) unterscheidet sich von anderen Primaten, auch von seinen nahen Vorfahren, dem Homo erectus und dem Neandertaler, vor allem dadurch, dass er in großen Gruppen zusammenarbeiten kann. Nur so ist es ihm gelungen, eine Kultur aufzubauen und eine rasante Entwicklung einzuschlagen. Dunbar meint, dass Schimpansen in Gruppen von höchstens dreißig Personen zusammenleben können. Der Mensch, speziell der Homo sapiens, musste aber größere Gruppen koordinieren. Das Netzwerk, dass sie selbst überblicken können, umfasst nun circa 150 Personen – und das hat sich seit dem Auftreten des Homo sapiens nicht mehr geändert.

*Vertrauen*

Für diese Kooperation brauchte man die Sprache und am Beginn benötigte man sie auch, um die Vertrauenswürdigkeit von anderen Personen einzuschätzen. Das ist schließlich das, was man mit Klatsch und Tratsch tut. Mit der Sprache kann man noch wesentlich mehr anfangen, aber was wir hier festhalten wollen: Eine Zweierbeziehung interessiert die anderen Personen im Umfeld, darüber wird getratscht und sie wird eingeschätzt. Die Einschätzungen, das was über sie erzählt wird, müssen nicht immer viel mit der Realität zu tun haben. Diesen sozialen Schatten der Zweierbeziehung gibt es nicht nur in Liebesbeziehungen, sondern auch in einer länger andauernden professionellen Beziehung.

### *Professionelle Beziehungen*

Die Beziehung, die die Sozialarbeitende mit den Klientinnen und Klienten eingeht, ist in ihrem methodischen Verständnis eine »professionelle Beziehung«. Eine professionelle Beziehung unterscheidet sich von einer Liebesbeziehung sehr deutlich und es ist auch keine Beziehung unter Freunden. Den Unterschied zur Liebesbeziehung werde ich jetzt nicht erklären müssen – den Unterschied zu freundschaftlichen Beziehungen vielleicht doch.

Freundschaftliche Beziehungen sind Beziehungen auf Augenhöhe. Sie sollten gleichrangig sein und es gibt in der Regel einen gegenseitigen Nutzen, einen im wesentlichen gleichen Zugang zum Leben des anderen. In freundschaftlichen Beziehungen steht einmal die eine Person im Vordergrund, dann die andere. Freundschaft ist nicht nur gegenseitige Sympathie, sondern auch eine Form des Umgangs miteinander.

*Freundschaftliche Beziehungen*

In einer professionellen Beziehung können wir nicht oder nur sehr schwer auf die Ebene der Freundschaft gelangen. Es wäre eine Zumutung für den Klienten, aber auch für uns. Freunde haben eine gegenseitige Verantwortung, die über die einer Arbeitsbeziehung hinausgeht, ja hinausgehen muss. Und es ist speziell eine gegenseitige Verantwortung, also würde sie auch die Klientin oder den Klienten binden.

Sowohl bei freundschaftlichen Beziehungen als auch bei professionellen Beziehungen gibt es aber etwas, was die Beziehung leichter macht: Es ist die Sympathie. Bei freundschaftlichen Beziehungen wird man ohne sie nicht auskommen. Bei professionellen Beziehungen ist das Vorhandensein von Sympathie zwar möglich, aber nicht erforderlich. Als Sozialarbeitende muss man allerdings mit fehlender Sympathie zur Klientin oder zum Klienten umgehen lernen. Man muss Vertrauen zu den Klienten haben, muss sich ihnen zuwenden, sie loben. Unsere fehlende Sympathie kann nicht zu einer schlechten Behandlung der Klientinnen und Klienten führen – so wie eine uns sympathische Klientin normalerweise nicht unsere Freundin oder gar eine Geliebte werden kann.

*Sympathie*

Jede professionelle Beziehung ist dadurch gekennzeichnet, dass ein Partner sich in dieser Beziehung befindet, weil er entweder bei einer Organisation angestellt ist oder auf eigene Rechnung arbeitet. Es ist jedenfalls für sie oder ihn eine Arbeitsbeziehung und diese Beziehung wird von seinem Arbeitsverhältnis gerahmt. Daraus erwachsen eine Reihe von Verpflichtungen – gegenüber dem Arbeitgeber, gegenüber dem Klienten oder der Klientin. Letztere sind allerdings nicht durch ein Arbeitsverhältnis gebunden, allerdings durch ihre Lebenssituation.

*Professionelle Beziehung*

Sie haben ein Recht auf professionelle Hilfe, auch wenn sie sich nicht kooperativ verhalten, wenn sie lügen, sich nicht an Vereinbarungen halten oder wenn wir sie nicht für vertrauenswürdig halten. Sie haben auch dann einen Anspruch auf professionelle Hilfe, wenn sie ein Verbrechen begangen haben. Damit ist einerseits einmal die nötige Haltung der Sozialarbeitenden vorgegeben: Nicht die Sympathie fördert die Hilfe, sondern die Hilfe wird unabhängig davon geleistet. Einzelfallhelfer leisten Hilfe, so wie Chirurginnen ihr Handwerk verrichten.

*Recht auf professionelle Hilfe*

### Klient(in)-Sozialarbeitende-Interaktionssystem (KSI)

Die Beziehung, die Sozialarbeitende und Klienten eingehen, hat vorerst die Funktion eines Interaktionssystems. Ein Interaktionssystem ist ein einfaches soziales System. Wer nicht anwesend ist, gehört nicht zum System. Bei der Einzelfallhilfe, in der es in der Regel mehrere Sitzungen gibt, ist das Interaktionssystem auf Dauer gestellt. Beim zweiten, dritten und vierten Mal schließt man an die früheren Sitzungen an und es sind in der Regel die gleichen Personen anwesend: die Sozialarbeitenden und die Klientinnen.

Weiß, bezugnehmend auf Luhmann (1975), erklärt Funktionssysteme wie folgt:

»Interaktionssysteme ermöglichen eine symbolisch-verkürzte Einbeziehung der Umwelt mittels des wichtigen Aspekts der Sprache. Das bedeutet, dass innerhalb von Interaktionssystemen sowohl durch vergangenes als auch durch zukünftiges Verweisen auf eine innerhalb der Interaktion nicht anwesende Person diese intensiviert, symbolisch repräsentiert und so mit in die Interaktion miteinbezogen werden kann. Aufgrund dieser wechselseitigen Bezugnahme auf Ab- bzw. Anwesende und der Tatsache, dass Interaktionspartner gezwungen sind, sich nacheinander zu artikulieren, sind Interaktionssysteme nicht in sich geschlossen.« (Weiß 2014)

*Thema* — Damit sind wesentliche Elemente bereits benannt: Im Interaktionssystem müssen die Partner sich nacheinander artikulieren. Und es muss ein Thema geben, über das gesprochen wird. Jedes Thema schließt dabei viele andere Themen aus der Kommunikation aus. Die Wahl des Themas ist daher ein zentraler Bezugspunkt dafür, was in einem Interaktionssystem besprochen wird und was dabei herauskommen kann. Themen werden einerseits durch die Klientinnen und Klienten eingebracht, aber auch die Sozialarbeitenden haben jede Möglichkeit, den Gang des Gesprächs zu beeinflussen. Je länger ein Funktionssystem dauert, umso deutlicher wird, was dort nicht besprochen wird und was die gängigen Themen des Gesprächs sind. Die Möglichkeiten der Exploration und der Diagnose sind dabei wichtige Optionen für die Sozialarbeitenden, Themen in das Gespräch einzuführen, die sonst untergegangen wären.

### Die helfende Beziehung

*Beziehung entsteht* — Das Interaktionssystem ist eine menschliche Kommunikation und im Zuge der Entwicklung dieses Systems entsteht auch eine Beziehung zwischen den beiden Partnerinnen. Die Beziehung ist keine zusätzliche Arbeit, sie wird im Zuge der Kommunikation entstehen. Wie sie allerdings entsteht und sich entwickelt, kann man beeinflussen, ohne dabei die Sicherheit einer guten Beziehung zu haben.

Wir haben im Kapitel zu den Prinzipien der Einzelfallhilfe bereits über die Charakteristika einer helfenden Beziehung gesprochen: individualisieren, zielgerichteter Ausdruck von Gefühlen, kontrollierte emotionale Anteilnahme, Akzeptanz, nicht-richtende Haltung, Selbstbestimmung, Vertraulichkeit. Wie Sie sehen, sind das Prinzipien, die nur die Sozialarbeitenden verpflichten.

Einige wollen die Soziale Arbeit unter die Flagge der Partnerschaftlichkeit stellen. In manchen methodischen Konzepten wird von einem partnerschaftlichen Verhältnis ausgegangen, die Einheit aufgrund einer gemeinsamen Außenseiterposition in der Gesellschaft liefere die Basis dafür. Sozialarbeiterinnen seien als Frauen ebenso vom Patriarchat betroffen wie ihre Klientinnen, das gebe die Basis für eine partnerschaftliche Kommunikation. Auch dieses Ziel scheint jedoch eher für die Sozialarbeitenden zu gelten. Aus der Klientinnenperspektive möge man hier gewisse Zweifel anmelden.

*Die Frage der Partnerschaftlichkeit*

Eine andere Perspektive ist jene des Vertrags – nach der die Sozialarbeitenden auf Basis eines ausgehandelten Vertrags für die Klientinnen und Klienten agieren, dabei spiele die Beziehung dann eine untergeordnete Rolle. Tatsächlich gibt es nur in sehr wenigen Einzelfallhilfesituationen einen Vertrag, der tatsächlich aus den Verhandlungen zwischen Sozialarbeitenden und Klientinnen und Klienten hervorgegangen wäre.

*Vertrag*

Einer der wenigen, die ein anderes Modell vorgeschlagen haben, war Possehl (1993, S. 407 f.). Er schlägt vor, das Kooperationsmodell zu verwerfen. Es gebe Interessenkonflikte – und man müsse den Aushandlungsprozess genauer betrachten. Ähnlich hatte das einst Ingrid Frassine (1990) in einem leider unveröffentlichten Manuskript gesehen: In der Einzelfallhilfe gibt es Konfliktbeziehungen, Versuche des Kompromisses und sehr selten auch Kooperationsbeziehungen. Für die Erreichung des Ziels der Einzelfallhilfe muss es zu keiner durchgängigen Kooperation kommen, manchmal ist sogar ein ausgetragener Konflikt sehr hilfreich. Daraus ergibt sich, dass die helfende Beziehung eine ist, die von den Sozialarbeitenden vorgegeben wird, aus der sich aber keineswegs ein kuscheliges Arbeitsverhältnis entwickeln muss.

*Kein Kooperationsmodell*

Wichtig für den Erfolg ist es, dass die Sozialarbeitenden an ein Gelingen der Zusammenarbeit glauben, optimistisch auf die Zukunft des Klienten oder der Klientin sehen und dass sie sorgfältig bleiben bei dem, was sie versprochen haben. Ihre Beziehungsarbeit sorgt sich um die Klientinnen und Klienten. Sie sorgt dafür, dass man sich auf sie verlassen kann.

Die Klienten haben dabei alle Möglichkeiten, darauf zu reagieren: mit Ärger – oder sie empfinden es als angenehm. Man wird sich auch unangenehme Re-

*Klientinnen und Klienten haben enttäuschende Erfahrungen mit Beziehungen*

aktionen der Klientinnen vorstellen müssen: Viele von ihnen haben schwierige Phasen in ihrem Leben gehabt, haben unzuverlässige Beziehungen erlebt, teils auch ausbeutende Beziehungen. Sie haben abwertende Beziehungen in der Kommunikation mit Behörden erfahren. Sie erwarten nicht unbedingt eine relevante Hilfe und es wäre verwunderlich, wenn sie uns trauen würden. Möglicherweise haben sie auch zu uns eine Beziehung, die sie sich nicht freiwillig ausgesucht haben. Die helfende Beziehung hängt von den Sozialarbeitenden ab. Sie kann phasenweise eine Konfliktbeziehung sein und wird nur manchmal zu einer Kooperationsbeziehung. Dennoch ist sie stets hilfreich.

### *Die Unplanbarkeit des KSI*

Organisationen wollen ihren Einsatz planen, denn das hat viele organisatorische Vorteile. Organisationen lieben es auch, wenn ihre Mitarbeiterinnen und Mitarbeiter Ziele formulieren und sie dann in der vorgesehenen Zeit abarbeiten. Organisationen hätten gern Klienten und Klientinnen, die ihre Probleme bereits beim Erstkontakt formulieren können, damit die Sozialarbeitenden dann eine realistische Einschätzung machen könnten, wie viel Zeit sie für sie aufwenden müssten.

*Planungsmöglichkeiten*

Diese Planung geht beim einzelnen Kontakt schief, aber in der großen Summe kann man schon vorausschauend planen. Die einzelnen Kontakte mit dem Klienten X lassen sich aber höchstens kurzfristig voraussehen und manches, was man sich vorgenommen hatte, wird man nicht besprechen können. Manchmal erledigt man mehr als zu hoffen war, manchmal geht gar nichts und man ist nach den neuen Kontakten noch weiter entfernt vom geplanten Ziel. Der Hauptgrund für die dürftige Planbarkeit des KSI ist nicht nur der unzuverlässige Klient oder die Klientin. Es ist die weitere Umwelt dieses Interaktionssystems, die wir nur teilweise kennen und die immer wieder schwierige Überraschungen für uns bereithält. Und zugegeben: Manchmal verhält sie sich auch sehr freundlich und überrascht die Klientin mit dem Weg zu einer unerwarteten Lösung.

Heißt das, das die Unterstützung in der Einzelfallhilfe nicht geplant werden kann? Dass es eine unplanbare Kunst wäre, die nur vom Genie der Einzelfallhelferin beziehungsweise des Einzelfallhelfers abhänge? Nun, so ist es nicht. Mit der Planbarkeit unter unsicheren Bedingungen werden wir uns im Methodenteil beschäftigen. Es wird dabei um statische und flexible Zielplanung gehen. Vor allem aber um die flexible Zielplanung.

# HOW TO DO IT:
## Einzelfallhilfe in der Praxis

*Wenn Sie das folgende zweite Hauptkapitel durchgearbeitet haben, können Sie die Prozess- und Interventionsformen der Einzelfallhilfe unterscheiden und deren Besonderheiten beschreiben. Sie sollten den Ablauf einer Einzelfallhilfesitzung steuern und einige Techniken der Gesprächsführung in deren Verlauf einsetzen können. Sie haben ein Instrumentarium zur Einschätzung und zur Beeinflussung der Situation der Klientinnen und Klienten kennengelernt und können dieses beschreiben und verwenden.*

## Die Varianten der Einzelfallhilfe

Dieser zweite Abschnitt widmet sich dem Methodischen, also der Frage, wie man Einzelfallhilfe eigentlich praktiziert. Dafür versuchen wir zuerst einmal einige Erscheinungsformen zu beschreiben und zu unterscheiden, dann richtet sich der Blick zurück in die Geschichte des Denkens und Schreibens über diese Methode der Sozialarbeit.

Im Normalfall werden nicht Sie sich entscheiden, nun Einzelfallhilfe zu betreiben, sondern es ergibt sich an ihrem Arbeitsplatz: Ob das nun von der Organisation so bezeichnet wird oder nicht, Sie sollen Individuen begleiten oder sie unterstützen. Sobald diese Ihnen Probleme ihrer Lebensführung mitteilen, Sie dazu um eine Besprechung bitten, sind Sie schon mittendrin in einem Prozess der Einzelfallhilfe.

*Oft offener Beginn*

Nicht immer ist zu Beginn des Prozesses klar, worauf er hinauslaufen wird – weder was den Inhalt betrifft noch die Form und Dauer der Zusammenarbeit. Je nachdem, ob Ihre Einrichtung ein fixes Intake-Verfahren hat oder ob sich der Anfang eines Einzelfallhilfeprozesses wie in der offenen Jugendarbeit während eines Nachmittags – für sie eventuell sogar zufällig – ergibt, wie lange er dauert wird sich erst im Laufe der Zeit erweisen.

Die verschiedenen Formen sehen wir in der Tabelle 2. Sie zeigt nicht nur, wie viele Sitzungen geplant sind, sondern auch noch, welche anderen Formen der Unterstützung es außer der Beratung gibt. Die Beratung ist jedenfalls immer vertreten.

*Beratung*

Wenn die Beratung nicht aufgeführt ist, darf uns das nicht irritieren. Beratung ist ein recht umfangreiches Programm, es enthält aktives Zuhören, eine Phase der Exploration, den Versuch zu einer gemeinsamen Problemdiskussion zu kommen, Überlegungen zur Lösung, eine gemeinsame Einschätzung der Lage und eventuell bereits Vereinbarungen darüber, wer was in der nächsten Zeit machen sollte. Beratung ist also keineswegs nur zuhören und dann eine Idee von sich geben.

*Vereinbarungen*

Vereinbarungen stellen wesentliche Interventionen in der Einzelfallhilfe dar. Die Vereinbarungen können sowohl die Sozialarbeitenden betreffen als auch die Klientinnen. Zumindest die Klientinnen und Klienten – eine Vereinbarung, die nur die Sozialarbeitende beschäftigt, sollte es nicht geben. Im Wesentlichen müssen die Klientinnen und Klienten zu einer Verbesserung ihrer Situation etwas beitragen. Daher wird man ihnen selbst dann, wenn sie momentan nur wenig tun können, trotzdem eine Aufgabe geben, während wir ihnen zum Beispiel Dokumente beschaffen.

*Feldinterventionen*

Feldinterventionen sind Aktionen außerhalb der Beratungssituation. Sie richten sich an Verwandte, lebensweltliche Helfer, Organisationen und andere

Menschen in der Umwelt der Klientinnen und Klienten. Feldinterventionen stellen bei vielen Einzelfallhilfeprozessen einen Gutteil unserer Arbeit dar. Mit ihnen bereiten wir das Umfeld für die weiteren Versuche der Klientinnen und Klienten auf. Der Unterschied zwischen reiner Beratung und Einzelfallhilfe mit Feldinterventionen ist sehr bedeutend – wir sind im Feld auch anders sichtbar und müssen unsere Interventionen mit den Klientinnen und Klienten absprechen. Davor und danach.

Die Bereitstellung von Lebensweltsubstituten ist eine besondere Form von Sozialer Unterstützung. Lebensweltsubstitute sind Bereiche der Lebenswelt, zu denen der Klient oder die Klientin in seinem oder ihrem normalen Leben keinen Zugang hat. Das kann eine Wohnung sein, ein Sexualpartner oder ein Kulturprogramm. Man bedenke, dass Soziale Hilfe früher in Heimen oder Tagesstätten angeboten wurde. Beides sind Lebensweltsubstitute. Lebensweltsubstitute, welche die Klientinnen und Klienten in ein Setting bringen, indem sie sich vorwiegend mit Menschen treffen, die ihnen ähnlich sind – und mit Profis. Und wenn Sie sagen, dass das auch jetzt noch so ist, so kann ich ihnen gar nicht widersprechen. Übrigens: Es gibt Menschen, die sich gern in so eine Situation begeben. Man denke an die großen Communities für ältere Menschen in den USA, in »Gated Cities« treffen sie auf andere, ältere Menschen und sie achten darauf, dass sie unter sich bleiben. Vielleicht werden wir noch längere Zeit mit Heimen, Gated Communities und Behindertenwerkstätten leben müssen. Hier ist es wichtig, dass sich Einzelfallhilfe nicht unbedingt dadurch auszeichnet, dass sie Klientinnen und Klienten in ein Spital, ein Heim etc. bringt, aber sie kann das tun und sie kann Klientinnen und Klienten auch in der Heimsituation begleiten.

*Lebensweltsubstitute*

Tab. 2: Typologie von Interventionsformen/Prozesstypen in der Einzelfallhilfe

|  | Sitzungen | Kurzfristige Vereinbarungen | Mittelfristige Vereinbarungen | Feldinterventionen | Bereitstellung von Lebensweltsubstituten |
|---|---|---|---|---|---|
| Kurzberatung | 1 | nein | nein | nein | nein |
| Kurzintervention | 1–3 | ja | nein | ja | nein |
| Beratung | 2–? | ja | eventuell | nein | nein |
| Vollform der Einzelfallhilfe | 3–? | ja | ja | ja | nein |
| Begleitung | ∞ | ja | ja | ja | eventuell |
| Feldsubstitution | offen | ja | ja | ja | ja |

Die Varianten der Einzelfallhilfe

In Tabelle 2 sehen wir, inwieweit sich die Einzelfallhilfe von der bloßen Beratung entfernt. Kurzberatung und Beratung sind zwei Formen der Individualhilfe, in denen die Sozialarbeiterin keinen direkten Eingriff in die Lebenswelten der Klientinnen vornimmt, also (bisher) nichts anderes als Beratung praktiziert. Manchmal wollen die Klienten nicht, dass ihre Sozialarbeiter in ihrem Umfeld auftauchen. Als Berater hat man den Eindruck, dass die Klienten sich durchaus gut selbst helfen können, oder man denkt, dass eine direkte und zusätzliche Unterstützung im Feld noch nicht angemessen wäre.

*Interventionsformen*

In den weiteren Formen der Einzelfallhilfe gibt es aber andere Unterstützungsformen, wie sie für die Sozialarbeit typisch sind. Rechtien (2018) formuliert sie so:

- Beratung
- Verhandlung
- Intervention
- Vertretung
- Beschaffung
- Betreuung

Nun, das kann man so zusammenfassen. Jedenfalls sind viele Aktivitäten nicht darauf ausgerichtet, die Klientin zu ändern, sondern sie zielen auf ihre Umwelt ab. Es wird also dafür gesorgt, dass die Klientinnen einen besseren Zugang zur Welt haben, und versucht, Wege für sie freizumachen, Unterstützung zu besorgen und Mittel für das Leben zu beschaffen.

*Feldarbeit*

Das markante an diesen Formen ist, dass die Sozialarbeiterin im Lebensfeld der Klienten auftaucht – das ist eine besondere Situation, die eigentlich die Zustimmung des Klienten und eine dichte Steuerung unter dessen Beteiligung fordert, damit wir ihm in seinem Feld nicht schaden. Spätestens in diesen Fällen ist die Bedeutung der Sitzungen sehr relevant: Dort wird nicht nur beraten, sondern es wird auch berichtet, was zwischendurch sowohl die Klienten erlebt haben als auch was der Sozialarbeiter im Fall getan hat. Dort wird zusammengeführt, eingeschätzt und vorbereitet, was als nächstes zu tun ist. Die Sitzung ist das gemeinsame Steuerungskommando des Falls.

### Was ist die Einzelfallhilfe nicht?

Es fällt logischerweise alles nicht unter die Einzelfallhilfe, bei dem Sozialarbeitende mit Gruppen oder im Gemeinwesen arbeiten und nicht einer einzelnen Klientin oder einem einzelnen Klienten gegenüber verantwortlich sind. Aber auch, wenn sie zwar mit einzelnen Personen arbeiten, allerdings nicht fokussiert auf eine Problemlösung, ist dies keine Einzelfallhilfe – so zum Beispiel bei der Begleitung von Kindern oder Jugendlichen in einer Wohngemeinschaft der Jugendhilfe. Sie nehmen dort eine dauerhafte Rolle in der Alltagsgestaltung ein, wie es sonst familiäre Haushaltsmitglieder tun.

Aber vielleicht sollten wir uns diesen Prozess der Begleitung im Alltag doch genauer anschauen. Es ist ein klassischer sozialpädagogischer Prozess, wie er etwa in Heimen oder auch bei der Jugendbetreuung vorkommt. Im Heim oder der Wohngemeinschaft werden viele Betreuungspflichten übernommen, die bei den sogenannten »Erziehungsberechtigten« liegen, die also klassische Elternaufgaben sind. Dabei ist die Aufmerksamkeit für die Kinder ebenso wichtig wie die Gewährung eines altersentsprechenden Freiraums. Auch wird für einen familienähnlichen Alltag gesorgt. Man kümmert sich darum, dass Essen auf den Tisch kommt, streitet sich mit den Kindern übers Schlafengehen, sorgt für die Körperhygiene, spielt, verhandelt darüber, wann wer wieder zu Hause sein sollte und so weiter.

Hilfe direkt im Alltag

Selbstverständlich tauchen auch in dieser Beziehung Probleme auf. Die kleineren Probleme werden einfach gelöst, sie sind ein selbstverständlicher Teil des Alltags. Bei größeren Problemen, die sich aus der Herkunftsfamilie des Kindes ergeben oder mit der Inklusion der Jugendlichen zu tun haben, bedarf es intensiverer Gespräche, manchmal mit den Jugendlichen selbst, aber auch mit ihren Eltern, mit den Lehrkräften und anderen involvierten Helfern und Helferinnen. Sie werden das auch mit ihren Berufskollegen im Team besprechen, eventuell auch mit jemandem, der in der Organisation Verantwortung trägt. Können wir das dann schon als Soziale Einzelhilfe bezeichnen?

Das wird wesentlich davon abhängen, wie diese Problemlösung von der Sozialpädagogin inszeniert wird. Gibt es eine besondere Art und Weise, wie man das mit dem Kind oder Jugendlichen bespricht, etwa in einer Sitzung wie in der Einzelfallhilfe? Wie spricht man mit den anderen Fallbeteiligten? Wie wird das Kind bzw. der Jugendliche in die Problemklärung einbezogen?

### *Individualhilfe und Case Management*

In den letzten Jahren wurden einige Publikationen zum Case Management veröffentlicht, zur Einzelfallhilfe gab es kaum neue Publikationen. Man bedenke, wie Michael Monzer Case Management im Unterschied zur Beratung definiert:

- »Ausgehend von der Annahme, dass viele Menschen in der Lage sind, ihre Anliegen selbst zu managen, reichen häufig *Informationen* der Unterstützungsorganisation aus, die sich die Interessierten selbst besorgen.
- Besteht die Notwendigkeit einer personalisierten beziehungsweise individualisierten Information, kann mit *Beratung* unterstützt werden. In der Regel wird davon ausgegangen, dass Beratungen dazu führen, dass die Ratsuchen-

den danach in der Lage sind, ihre Probleme selbstständig zu lösen. Mitunter können auch mehrere Beratungseinheiten notwendig sein.
- ▶ Sind die Probleme kompliziert, der Lösungsweg allerdings bekannt und möglich, die Betroffenen jedoch nicht in der Lage den Lösungsprozess selbstständig umzusetzen, muss der Fall längere Zeit *begleitend unterstützt* werden. Hierzu sind die Regelhilfen aufgerufen.
- ▶ Erst wenn die Problemlage wegen ihrer Komplexität schwer zu überschauen ist, die Regelressourcen nicht ohne Weiteres ausreichen, die Veränderung für die Betroffenen fundamental sind, in der Vergangenheit Lösungsversuche scheiterten, viele Akteur*innen für die Versorgung koordiniert werden müssen, u. ä. m. muss *Case Management* mit seinen Netzwerken, Instrumenten und seiner organisatorischen Stellung eingesetzt werden.« (Monzer 2020)

*Case Management als Spezialform der Einzelfallhilfe*

Nun, hier versucht Monzer (wie viele andere auch) Case Management auf nur einige wenige Fälle einzuschränken. Darüber lässt sich diskutieren, ebenso über die Unterstellung, dass in Fällen wie denen, die er begleitende Unterstützung nennt, der Lösungsweg bekannt und möglich sei. Das ließe sich bei Jugendlichen, Armen, in der Drogenhilfe, bei Schulden und Spielsucht, psychischen Erkrankungen, bei Arbeitslosigkeit und Erziehungsschwierigkeiten, Kriminalität, gewaltförmigen Beziehungskrisen und so weiter wohl kaum sagen, vor allem dort nicht, wo Personen nicht nur von einem, sondern von mehreren dieser Probleme betroffen sind.

Man wird also, deutlich im Gegensatz zu dieser Einteilung, bei den »komplizierten« Problemen zu einer Einzelfallhilfe greifen müssen. Case Management, als Spezialform der Einzelfallhilfe, wird man dort einsetzen, wo es tatsächlich zu einem größeren Einsatz von Hilfsmitteln kommen wird, der auch über einige Zeit aufrechterhalten werden muss.

*Übung*
Überlegen Sie selbst, ob Sie als Erzieher oder Erzieherin in einer Wohneinrichtung für Jugendliche Einzelfallhilfe leisten. Wie würde das aussehen? Und wenn Sie das tun, leisten dann nicht auch die Eltern der Jugendlichen Einzelfallhilfe? Wieso nicht? Besprechen Sie das mit Ihren Kolleginnen und Kollegen.

## Ein zweiter kleiner Ausflug in die Geschichte

1922 veröffentlichte Mary Richmond ihr Buch »What is Social Case Work«. Ihr Verständnis der Besonderheit von Social Case Work ist in den Grundzügen immer noch gültig: das Bearbeiten des Verhältnisses von Person zur sozialen Umwelt, und zwar mit vier Mitteln:

»A. Insight into individuality and personal characteristics
B. Insight into the resources, dangers, and influence of the social environment
C. Direct action of mind upon mind
D. Indirect action through the social environment.« (Richmond 1922, S. 101 f.)

Für sie beginnt Social Case Work dort, wo diese vier Elemente zusammenspielen, es ist also mehr als ein bloßer Beratungsprozess. In der Typologie, die wir im vorigen Unterkapitel kennengelernt haben, ist Social Case Work nach Mary Richmond gleichbedeutend mit der Vollform der Einzelfallhilfe und umfasst auch Interventionen im sozialen Umfeld der Klienten und Klientinnen. Social Case Work ist mehr als Beratung

Ilse Arlt, eine originelle Denkerin der Sozialen Arbeit und Gründerin der ersten Ausbildungsstätte für professionelle Soziale Arbeit 1912 in Wien, hat darauf hingewiesen, dass »schematische Hilfe« zwar den Großteil der Investitionen des Staates in die soziale Hilfe ausmacht, die Klientinnen und Klienten der Sozialen Arbeit aber jene Personen sind, bei denen diese schematische Hilfe nicht ausreicht. Sie sind in der Regel mit mehreren, einander bedingenden Problemen konfrontiert. Daher bedürfe es einer individualisierten, nicht-schematischen Hilfe, die bei den konkreten Lebensverhältnissen der Menschen ansetzt. Sie propagierte auch den Respekt vor den Fähigkeiten der Menschen, sich in schwierigen Lebenssituationen selbst zu helfen. Gegenüber den Sozialbürokratien bewahrte sie sich einen äußerst kritischen Blick (vgl. dazu Pantuček 2009; Arlt 2010).

Über die weitere Entwicklung des Social Case Work möchte ich hier nur kurz berichten. Bereits bei den ersten Veröffentlichungen war der Versuch, sich auf einen Dialog mit den Klientinnen und Klienten einzulassen, eines ihrer Herzstücke. Und weil das Social Case Work aus der klassischen Fürsorge beziehungsweise Armenhilfe kam, waren die Versuche, mit den Klienten zu reden, keine Versuche von pädagogischer Beeinflussung, sondern, so wie bei Mary Richmond und Alice Salomon beschrieben, Versuche der Diagnose. Immer schon mitgedacht waren die verschiedenen Formen der Hilfe, die unter anderem auch materielle Hilfen sein konnten. Dass die Zuwendung vonseiten der Fürsorgerinnen den Klientinnen und Klienten selbst schon half, war jedenfalls Soziale Diagnose ein interessanter Nebeneffekt. Richmond und Salomon hielten die Leistung der Fürsorgerinnen bereits für eine Diagnose der Hilfsbedürftigkeit – und damit für eine Voraussetzung von wirksamer Hilfe. Zumal die Fürsorgerinnen in die Familien und in die Haushalte gehen sollten, wurden auch jene Formen einer respektvollen Beziehung gefunden, die eine gewisse Kooperation der Klientinnen und Klienten ermöglichten.

Diagnostische, funktionale, psychosoziale und problemlösende Schule

In den USA wurde das Social Case Work rasch weiterentwickelt. Es gab eine diagnostische, eine funktionale, eine psychosoziale und eine problemlösende Schule. Die Entwicklung des Case Works wurde von der Psychotherapie beeinflusst und wirkte gleichzeitig auf diese zurück. Die diagnostische Schule schloss noch an Sigmund Freud an. Heekerens (2016, S. 15–22) schildert den großen Einfluss, den der Wiener Otto Rank, ursprünglich Rosenfeld, vorerst ein Schüler Sigmund Freuds, später bei der Entwicklung der funktionalen Schule hatte. Rank war kein Psychoanalytiker mehr und hatte nicht nur in der Sozialarbeit, sondern auch in der Psychotherapie Einfluss. Die spätere, auch in der Sozialarbeit bewegende Entwicklung der klientenzentrierten Therapie, unter anderem durch Carl Rogers (1983, 1985, 2020) geschah unter der Rezeption von Rank. In der Folge wurde Case Work, wie Neuffer (1990, 2009) anmerkte, im Nachkriegsdeutschland rezipiert und es gab eine relativ enge Beziehung zur humanistischen Psychologie. Einerseits wurde die Einzelhilfe mehr in die Nähe der Therapie gezogen, andererseits wurde sie in den 1970er-Jahren und danach stark von den Linken unter Beschuss genommen, die sich eine politischere Sozialarbeit wünschten. Während die Einzelfallhilfe weiterhin den größten Teil der Sozialarbeit stellte, wurde allerdings die Lehre der Methodik der Einzelhilfe so gut wie eingestellt.

## Was ist eine Sitzung?

Als Sitzung bezeichnet man ein Gespräch zwischen Sozialarbeiterin und Klientin, das einige Standardelemente enthalten muss. Wenn wir bereits davon gesprochen haben, dass die Interaktion Soziarbeiter/Klient die Steuerungszentrale des Prozesses ist, so ist die »Sitzung« das Format, in dem diese Steuerung stattfindet. Es ist vielleicht nicht die einzige Begegnungsform zwischen den beiden Personen, aber eine herausgehobene, die sorgfältig inszeniert werden muss.

### Das Setting der Sitzung

Wir sprechen nun über das Setting einer Sitzung. Übrigens: Der Begriff des Settings hat mehrere Bedeutungen. Immer bezeichnet er eine soziale Lage, mit

Personen, Dingen, einem Ort etc. In der Gesundheitsförderung wird von einem Setting-Ansatz gesprochen – das ist eine Reaktion auf die alten Formen der Gesundheitsförderung, die nur mit gut gemeinten Ratschlägen zum Erfolg kommen wollten. Dort ist der Setting-Ansatz einer, der sich mit den genaueren Lebensbedingungen auseinandersetzt (Kilian/Brandes/Köstner 2008; Kooperationsverbund 2015; Engelmann/Halkow 2008). Das Setting ist dort die Lebenswelt der Adressaten.

In der Psychotherapie werden die Rahmenbedingungen der Sitzungen als Setting verstanden: Wie lange dauert eine Sitzung, wie oft trifft man sich, wie geht man mit dem Versäumnis einer Sitzung um?

An dieser Stelle sprechen wir jedoch über das Setting der Sitzungen in der Einzelfallhilfe. Dabei geht es um jene Vorbereitungen und jene Atmosphäre, in die das Beratungsgespräch eingebaut wird. Es stehen zum Beispiel die Räume und Möbel, aber auch die geistige Vorbereitung auf ein Gespräch im Mittelpunkt. Wir gehen zuerst davon aus, dass eine Sitzung in der Einrichtung stattfindet, andere Orte werden wir danach behandeln.

Zuallererst gehört es sich, sich auf das künftige Gespräch vorzubereiten. Man sollte sich vor der Sitzung vom vorigen Fall verabschiedet haben: Nötigenfalls eine kurze Nachbesprechung organisiert und das allernötigste dazu erledigt haben, sodass man sich auf den neuen Fall konzentrieren kann. Man erinnert sich anhand der Unterlagen, was zuletzt abgelaufen ist, und resümiert die Fragen und Ziele für dieses Gespräch. Jede Klientin und jeder Klient haben das Recht darauf, dass wir auf ihn oder sie vorbereitet sind.

Die Sitzung ist ein relativ intimer Kontakt zwischen den Sozialarbeitenden und den Klientinnen und Klienten. Sie ist ein Zweier-Kontakt, keine anderen Personen sollten in Hörweite sein und wenn es irgendwie geht, sollte man Störungen durch ein plötzlich läutendes Telefon vermeiden.

Damit haben wir aber auch die Risiken der Sitzung benannt. Wenn es ein relativ intimer Kontakt ist, so gibt es auch Gefahren, weil niemand überwacht, was hier gespielt wird. Das ist in den meisten Fällen kein Problem, aber in manchen Fällen kann es eines werden. Wir gehen einmal davon aus, dass Sie die Regeln des Anstandes einhalten. Ich gebe zu, das ist nicht immer so, aber Ihnen vertraue ich. Allerdings kann ich ähnliches Zutrauen nicht für ihre Klientinnen und Klienten haben. Manche von ihnen sind in einer schwierigen persönlichen Situation, manche fühlen sich angegriffen und manche sind in einer psychotischen Episode oder haben Alkohol oder ein anderes Mittel genommen, das ihre Selbstkontrolle beeinträchtigt. *Sicherheitsvorkehrungen*

Insofern ist es sinnvoll, das Setting so zu gestalten, dass sie notfalls Unterstützung bekommen. Vor allem ist das bei einem Erstkontakt der Fall. Es sollte noch jemand in der Einrichtung sein, den oder die man zu Hilfe rufen kann. Man sollte so sitzen, dass der Weg zur Tür nicht durch den Klienten oder die Klientin blockiert wird. Und nebenbei sollte man in der Einrichtung eine Vereinbarung haben, wie man Hilfe anfordern kann.

Ungeachtet der möglichen Gefahren bei einem Kontakt sollte das Setting aber auch noch für ein ausführliches Gespräch bereit sein.

### Schreibtisch und Besprechungstisch

*Computer und Schreibtisch*

Manches kann an einem Schreibtisch stattfinden. Man kennt das: Früher hatten die Sozialarbeitenden dort ihre Ordner, heute haben sie den Computer und wie üblich sieht man dort auch während eines Gespräches gern hin. Hier sollte man darauf achten, dass man nicht allein durch den Gebrauch des Computers eine schwierige Situation produziert. Hat der Klient oder die Klientin auch einen Computer vor sich? Oder ein Handy? Kann er oder sie dort während unseres Gesprächs auch draufschauen? In den meisten Fällen ist dem nicht so. Insofern ist es sinnvoll, den Computer so zu drehen, dass die Klientin oder der Klient mitschauen kann. Man rückt dabei in die Nähe der Klienten und verfolgt die Recherchen gemeinsam. Das ist eine sehr gute Ausgangsposition für ein besseres, vertrautes Verhältnis. Wenn Sie keinen Computer vor sich haben, sondern ein Tablet oder ein Handy, auf dem Sie einiges nachschauen, ist es auch hier sinnvoll, auf eine gewisse Gleichgewichtigkeit mit den Klientinnen und Klienten zu achten.

*Am Rande des Tisches*

Auf einem Schreibtisch gibt es zwei Möglichkeiten, wie sich die Klientinnen oder Klienten positionieren können. Sie sitzen hinter dem Schreibtisch und die Klientinnen sitzen entweder ihnen gegenüber oder sie sitzen an einem Rand des Schreibtischs. In allen Fällen ist der zweiten Variante der Vorzug zu geben. Die Beteiligten haben dabei mehr Möglichkeiten, sich zueinander anzuordnen – eher gegeneinander oder besonders zugewandt. Und man kann auch eine gemeinsame Position finden, wie beide einen Bildschirm betrachten. Ansonsten sollte der Schreibtisch halbwegs abgeräumt sein.

Wenn es kein Schreibtisch sein soll, dann ist auch ein Besprechungstisch möglich. In den Besprechungsräumen sollten keine Sitzlandschaften stehen: Für eine Sitzung sitzt man besser aufrecht – eine Haltung, die auch den Respekt vor dem Gesprächspartner ausdrückt und bei der man sich leichter konzentrieren kann.

### Andere Settings

Es sind auch noch zahlreiche andere Orte denkbar, in denen eine Sitzung stattfinden kann. Man denke zum Beispiel an einen Besuch im Spital, an ein Treffen in einem Kaffeehaus und an den Hausbesuch, aber auch an eine Einrichtung, die nicht in erster Linie für intime Gespräche vorgesehen ist, zum Beispiel ein Jugendzentrum.

Man sollte dort darauf schauen, dass das Gespräch in einer halbwegs ruhigen Atmosphäre stattfinden kann: Man sollte nicht durch andere Besucher oder Kolleginnen gestört werden und es ist gut, wenn niemand sich dazugesellen kann und zuhört, was besprochen wird. Die Abgeschiedenheit des Gesprächsorts ist ein Teil unseres Versprechens gegenüber unseren Klientinnen und Klienten, dass wir ihre Äußerungen geheim halten und dass wir nicht wollen, dass sich andere in unser Gespräch einmischen können. Dementsprechend ist es selbstverständlich, dass wir unser Telefon ausschalten und nicht abheben.

*Inszenierung der Sitzung*

In allen Settings sind wir für eine ordentliche Inszenierung der Sitzung verantwortlich:
- Wir bereiten uns so weit möglich auf die Besprechung vor.
- Wir sorgen für eine störungsfreie Umgebung.
- Wir begrüßen den Klienten und in den ersten Minuten sprechen wir ihn als Person an, reden über seine Anfahrt, über das Wetter oder über andere Dinge im Smalltalk, eventuell erkundigt man sich über die Kinder. Damit erweisen wir ihm bereits Respekt.
- Möglicherweise bieten wir ein Getränk an oder es sind am Tisch bereits Wasser und Gläser vorhanden.
- Nötigenfalls erklärt man, wie viel Zeit man hat, wenn für die Sitzung kein fixer Zeitrahmen vorgegeben ist.

In der Einzelfallhilfe gibt es, anders als bei der Psychotherapie, fixe vorgegebene Zeiten. Das heißt, dass man mit den Klientinnen den Rahmen vereinbaren muss. Dabei sollte man beachten, dass Gespräche nur eine begrenzte Zeit dauern sollten. Sitzungen, die mehr als 45 Minuten dauern, sind eindeutig zu lang. Und sollten Sie deutlich weniger Zeit zur Verfügung haben, müssen Sie das auch bereits am Beginn des Gesprächs anmerken und dann sollten Sie auch unbedingt zu jener Zeit Schluss manchen, die sie vorangekündigt haben.

In der Einzelfallhilfe schließt eine Sitzung in der Regel mit einer Vereinbarung ab: Es ist bis zum nächsten Mal etwas zu tun. Darüber werden wir im nächsten Abschnitt lesen.

*Inhaltlicher Ablauf einer Sitzung*

Die Abbildung 3 zeigt den Standardaufbau einer Sitzung.

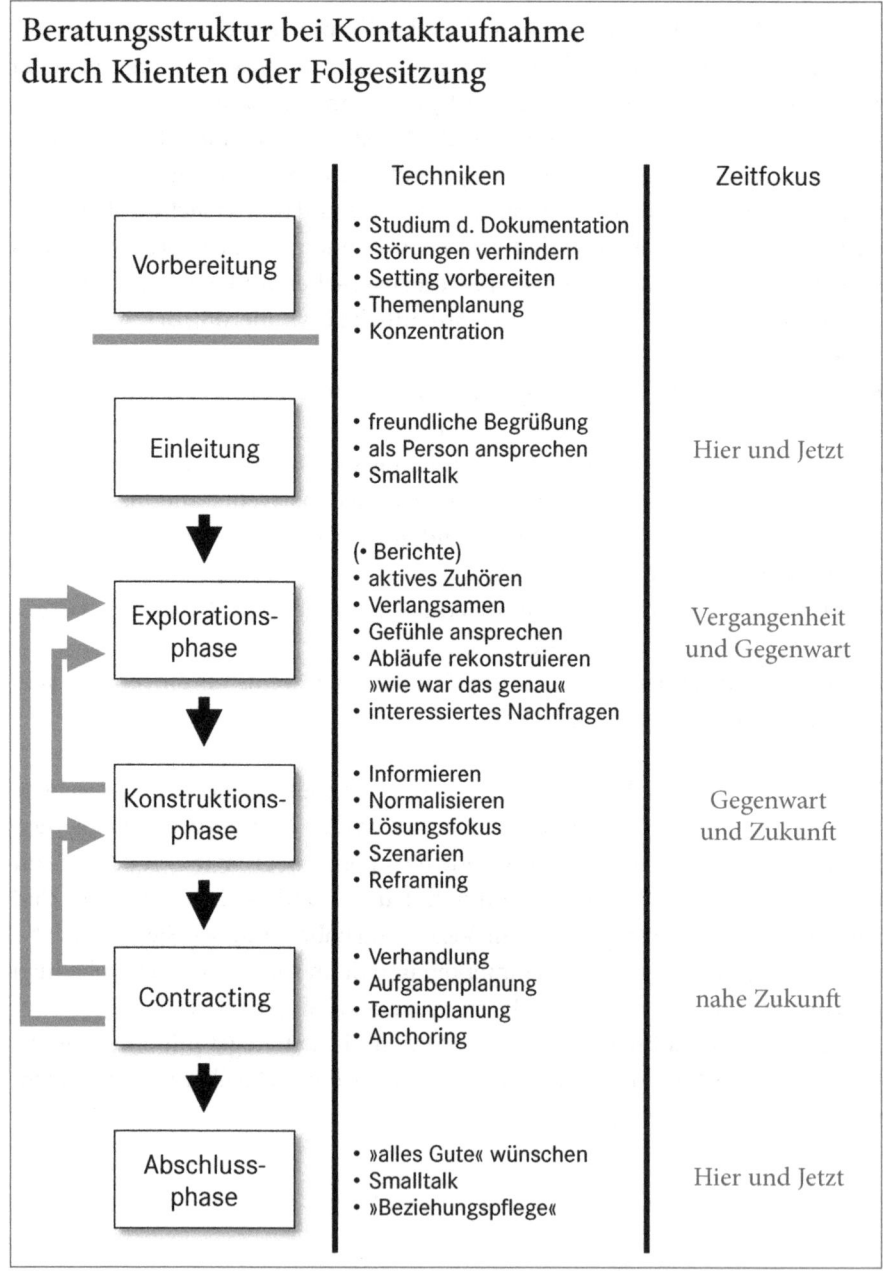

Abb. 3: Standardaufbau einer Sitzung (eigene Darstellung)

Wir sehen in der Struktur der Beratung, dass ein Gespräch in der Einzelfallhilfe sehr unterschiedliche Phasen hat. Neben der Einleitung, in der zuerst eine persönliche Plattform für das Gespräch herzustellen versucht wird, gibt es zuerst eine Explorationsphase. Bei einem Erstgespräch berichten dabei die Klientinnen und Klienten – wenn das Gespräch auf ihre Initiative zustande gekommen ist – über ihr Problem. Damit werden wir uns in der Folge noch deutlicher beschäftigen. Wenn die Sozialarbeitenden oder die Organisation das Gespräch veranlasst haben, liegt es an ihnen, zuerst die Ausgangssituation zu erklären und dann zu hoffen, dass der Klient oder die Klientin das akzeptiert und Informationen über die eigene Lage einspielt. Dann lässt sich, möglicherweise in beiderseitiger Abklärung, die Ausgangslage für den Fall explorieren. Letztlich sind es beide Sichten, die man in dieser Phase einander gegenüberstellt – allerdings wird je nach der Ausgangssituation immer der den Vorrang haben, der die Sitzung »einberufen« hat.

Exploration

In der Konstruktionsphase wird versucht, die Ausgangslage einzuschätzen und eine Sicht der Probleme und der Handlungsmöglichkeiten zu finden. Diese Sicht kann eine gemeinsame sein, sie kann sich aber auch unterscheiden. Eventuell gibt es nur kleine Überschneidungen zwischen den Einschätzungen der Klientin oder des Klienten und der Sozialarbeitenden. Schon kleine Übereinstimmungen können die ausreichende Basis für ein gemeinsames Handeln sein – wenn das überhaupt erwünscht ist. Bei einer einfachen Beratung kann es sein, dass die Sozialarbeitenden nichts weiter tun müssen, als dieses Gespräch zu führen.

Konstruktion

Zum Abschluss bedarf es noch die Vereinbarung über die weitere Vorgehensweise. Als Minimalprogramm gilt auch hier, dass die Sozialarbeitende dem Klienten oder der Klientin alles Gute wünscht und ihm oder ihr anbietet, sich noch einmal zu melden, wenn er oder sie eine weitere Beratung brauchen sollte. Darüberhinausgehend kann es umfangreiche Vereinbarungen geben, die sowohl die Klientinnen als auch die Sozialarbeitenden in den nächsten Tagen beschäftigen. Dann besteht auch ein fixer Termin für ein zweites Treffen.

Contracting

Bei Folgeterminen wird nach der Einleitung jeweils der Bericht von beiden Seiten eingeholt: Was hatte man vereinbart, was hat man gemacht, was waren die Erfolge, was ist schiefgegangen und was ist schließlich sonst noch passiert? Danach wird man dann die neu entstandene Situation einschätzen müssen, möglicherweise neue Ziele formulieren etc.

Zwischen den Sitzungen kann es je nach Setting auch andere Kontakte mit den Klientinnen geben: Man begegnet sich in den Räumen der Organisation oder bei einem Rundgang, man hat einen Termin vereinbart, bei dem nicht die Beratung, sondern eine Freizeitaktivität oder ein unterstützter Besuch bei einem

Verwandten im Vordergrund steht oder ähnliches. Einer der großen Vorzüge der Einzelfallhilfe ist es, dass sie wenig an bestimmte Settings gebunden ist, Teile von ihr können nahezu überall stattfinden – solange gewährleistet ist, dass der Prozess immer wieder durch Sitzungen resümiert, neue Ziele abgesprochen und Vereinbarungen getroffen werden. Die »Sitzungen« finden übrigens zumeist wirklich im Sitzen statt, weil dieses strukturierte Gespräch einen ruhigen Rahmen braucht, um konstruktiv sein zu können.

<small>Die Sitzung als Steuerungszentrale</small>

Es muss uns bewusst sein, dass die Sitzung das zentrale Steuerungsgremium der Einzelfallhilfe ist. Hier muss alles Wesentliche besprochen werden, hier müssen wir alle Informationen geben, auch jene, wie wir außerhalb der Sitzung im Fall vorzugehen gedenken und was wir schon getan haben. Jetzt kommt ein großes ABER: Der Erfolg des Prozesses entscheidet sich nicht in der Sitzung, sondern außerhalb im Lebenszusammenhang der Klienten.

Welche Ziele die Klientinnen verfolgen, was sie tun und lassen, welche Erklärungen und Deutungen sie sich zu eigen machen und welche nicht, das entscheidet sich auch nicht durch ihre Zustimmung in der Sitzung, sondern »draußen«, wenn sie nicht mit unserer Gegenwart konfrontiert sind, sondern mit der Gegenwart ihrer »echten« Welt. Sie selbst entscheiden, was davon sie uns berichten und was nicht. Es kann passieren, dass sich die Themenentwicklung in den Sitzungen von dem abkoppelt, was sich tatsächlich ereignet. Seien Sie auf diese Enttäuschung gefasst. Sie gehört dazu, sie gehört strukturell zur Situation der Einzelfallhilfe und ist nicht das Ergebnis eines moralischen Defizits der Klienten. Darüber verärgert zu sein, hilft wenig. Erfährt man davon, nimmt man es zur Kenntnis und setzt seine Arbeit fort – mit einem neuen Vertrauensvorschuss für die Klientinnen und ohne die eigene Enttäuschung zu zelebrieren – oder dem Klienten Vorwürfe zu machen. Das geht und Sie werden sehen, dass das nicht nur für die Klienten, sondern auch für Sie hilfreich und die mit Abstand beste Vorgehensweise ist.

Eine hervorragende Einführung in sozialarbeiterische Gesprächs- und Sitzungsgestaltung finden Sie bei Harro Kähler und Petra Gregusch (2014).

**Merksatz: Sitzungen**
Sitzungen sind die Steuerungszentrale des Einzelfallhilfeprozesses. In ihnen wird die aktuelle Situation besprochen, in sie fließen alle Informationen zusammen und in ihnen werden weitere Schritte geplant. Sie müssen vorbereitet werden und sichern ab, dass die Klientinnen und Klienten nie die Kontrolle über den Hilfsprozess verlieren.

## Die Eintrittskarte und das präsentierte Problem

Organisationen, die Sozialarbeit beziehungsweise Einzelfallhilfe anbieten, haben in der Regel eine definierte Aufgabe und sind nur für bestimmte Personen zuständig. Um Hilfe zu bekommen, muss man ein Merkmal aufweisen, das zum Profil der Organisation passt. Man muss das »richtige« Problem haben, eine »Eintrittskarte«. Bei der einen Organisation ist es Arbeitslosigkeit, bei der anderen Wohnungslosigkeit, bei der nächsten ein gewalttätiger Partner.

Ilse Arlt hat bereits darauf hingewiesen, dass Klientinnen und Klienten der Sozialarbeit charakteristischerweise nicht nur ein klar abgegrenztes Problem haben, sondern einige miteinander verbundene. Die Eintrittskarte, also das Vorhandensein des Problems, das die Zuständigkeit der Organisation begründet, ist häufig weder das einzige Problem der Klientinnen und Klienten, noch ist es jenes, dessen Lösung vordringlich ist und den Knoten öffnen kann. Hausegger (2012) hat bei arbeitslosen Klientinnen und Klienten erhoben, welche Probleme sie noch zusätzlich zur Arbeitslosigkeit haben – und hatte bei vielen festgestellt, dass man zuerst andere Probleme lösen muss, bis man sie wieder in die Arbeit schicken kann (gesundheitliche Probleme, Kinderpflege etc.). Was im Einzelfallhilfeprozess in welcher Reihenfolge angegangen wird, zeigt sich erst im Laufe der Zeit und nach einer Exploration, die man in einem Schritt nach dem anderen verfolgt.

*Präsentiertes Problem als »Opener«*

Das präsentierte Problem (»Presented Problem«) ist jenes Problem, das die Klientin oder der Klient am Beginn des Prozesses benennt. Mit dessen Präsentation erwirbt die Klientin die »Eintrittskarte« in den Prozess. Ein geschickt formuliertes präsentiertes Problem knüpft an die Zuständigkeiten der Organisation an. Sehr häufig unterscheidet es sich von jenen Problemen, die in der Folge tatsächlich bearbeitet werden. Zum Zeitpunkt, in dem es formuliert wird, ist sich die Klientin noch nicht sicher, welche Informationen sie preisgeben kann oder will, und hat noch keine klaren Vorstellungen von der Vertrauenswürdigkeit der Fachkraft. Möglicherweise hat sie selbst auch noch keine klare Vorstellung davon, was veränderbar ist und was nicht oder was sie verändern will und was nicht.

*Problemkontext*

Vor der Problembearbeitung beziehungsweise der Lösungssuche brauchen Klienten und Sozialarbeiter ein besseres Bild vom Problem und von dessen Kontext.
▶ Wer spielt eine Rolle?
▶ Wer ist zusätzlich davon betroffen?
▶ Wie lange besteht das Problem schon?
▶ Welche Lösungsversuche hat es schon gegeben?

- Waren einige davon erfolgreich?
- Tritt das Problem immer auf oder nur zeitweise?
- Was hat die Klientin veranlasst, gerade jetzt Hilfe zu suchen?
- Wie ist die Lebenssituation – gibt es weitere Schwierigkeiten bei der Lebensführung?
- Was gelingt der Klientin gut?
- Wer hat bisher geholfen, wer könnte noch helfen?
- Was sagen die nahen anderen (Partner, Kinder, Freunde) dazu?
- Was hat die Klientin sich schon selbst zu ihrem Problem gedacht und was denkt sie jetzt dazu?
- Wie soll die Lösung aussehen, was erwartet sie von ihr?

Diese und andere Fragen spannen den Kontext auf und machen Schritt für Schritt die Situation deutlicher. Es kann sein, dass sich Klient und Sozialarbeiterin danach darauf einigen, dass man doch vorher ein anderes Thema als das erstgenannte angehen sollte. Es kann auch sein, dass die erkannte Komplexität enorm gestiegen ist und man erst wieder ordnen und reihen muss, bevor man sich darauf einigen kann, was zuerst angegangen werden sollte. Sozialdiagnostische Verfahren können bei dieser Ordnung helfen (s. Unterkapitel Soziale Diagnostik).

### Zahme und bösartige Probleme

Ilse Arlt hat bereits beschrieben, wie sich verschiedene »Notformen«, wie sie es nennt, gegenseitig bedingen – sie beschrieb die Komplexität der Probleme. In der Individualhilfe haben wir es meist mit sogenannten bösartigen Problemen zu tun. Die Unterscheidung zwischen zahmen und bösartigen Problemen (»tame and wicked problems«) hat Horst Rittel in den 1960er-Jahren eingeführt – im Rahmen einer allgemeinen Theorie der Planung (Rittel 2013). Damals hat man sich auch bei der Planung von Computerprogrammen damit beschäftigt und es ging um die Voraussetzungen für eine künftige Artificial Intelligence. Newell (1967) hat sich dabei um die Besonderheiten der Methodenwahl bei Problemen gekümmert, die nicht so einfach zu lösen sind. Er hat diese Probleme nicht »bösartig« genannt, sondern »ill structured problems«. Dazu entwickelte er ein Schema des Problemlösers (s. Abbildung 4).

*Persönlichkeit des Problemlösers*

Wir sehen, dass Problemlösung nicht bloß die einfache Anwendung von Methodenwissen ist. Newell zeigt, dass es mehrere Phasen der Problemlösung gibt, bei denen die Persönlichkeit des Problemlösers eine Rolle spielt: erstens schon bei der Wahrnehmung des Problems, dann bei der internen Wahrnehmung und bei der Wahl der Methode und schließlich noch dabei, wie unter

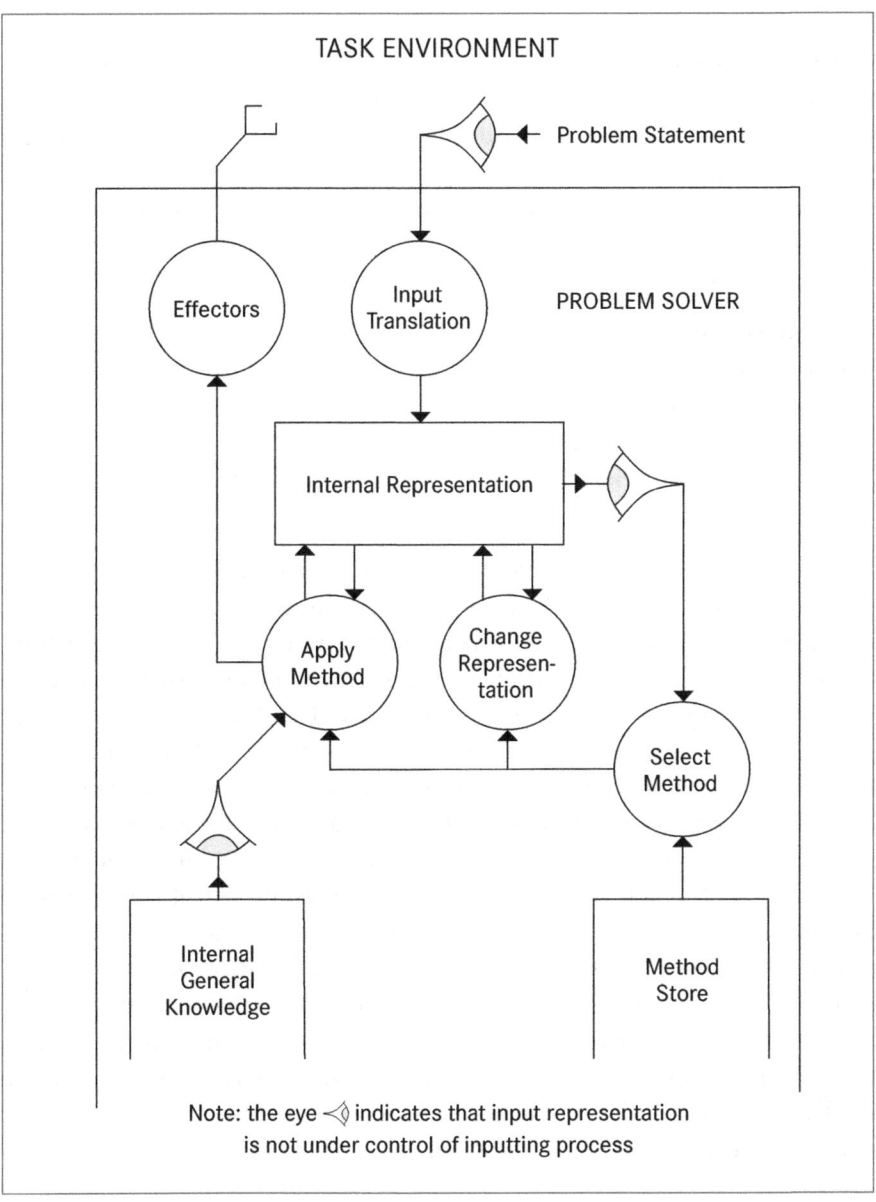

**Abb. 4:** Generelles Schema des Problemlösers (nach Newell)

Rückgriff auf das allgemeine Wissen von der Welt die Methode angewandt wird. Wichtig sind die Augen, die er in diese Ablaufgrafik eingefügt hat: Hier geht es nicht einfach um einen Ablaufprozess, den man voraussagen könnte, sondern um eine subjektive Einschätzung des Entscheiders. »Ill structured problems« sind nicht einfach zu lösen.

Um die verschiedenen Problemtypen zu verstehen, sollten wir uns zuerst ansehen, was die Merkmale von »zahmen Problemen« sind:

**Merkmale zahmer Probleme**
- Es ist klar, was das Problem ist.
- Es ist klar, wie die Lösung aussieht.
- Die Mittel und Wege zur Lösung sind bekannt.
- Es ist eindeutig erkennbar, wann das Problem gelöst ist.

Für die Bearbeitung solcher Probleme benötigt man in der Regel keine aufwändige Methodik wie die Einzelfallhilfe. Aber in die komplexen Probleme, mit denen wir in der Einzelfallhilfe konfrontiert sind, sind immer auch zahme, also erkennbare und lösbare Probleme, eingebettet, deren Lösung man auch entschlossen angehen sollte. Aus mehreren Gründen: Zum einen ist es immer gut, Lösbares zu erledigen. Das stimmt mich selbst zuversichtlich und schafft für die Klientinnen und Klienten Erleichterungen und Vertrauen. Zum Beispiel kann die schwierige Situation einer Migrantin dadurch zumindest erleichtert werden, dass man ihr bei der (Wieder-)Beschaffung von Dokumenten hilft.

*Zahme Probleme lösen*

Für den Aufbau von Vertrauen ist die Lösung von überschaubaren (zahmen) Problemen wichtig. Diese sollten auch angegangen werden, wenn mit den Klientinnen und Klienten noch keine Einigkeit über die künftige Orientierung hergestellt ist. Wo sich die Einzelfallhilfe in einem Kontext abspielt, der gewisse Zwangselemente für die Klientinnen und Klienten enthält, muss die Erledigung von Hilfen ganz im Vordergrund stehen, auch wenn sie keine direkte oder indirekte Beziehung zu jenen Problemen haben, die wichtiger sind und die wir oder der Klient mittelfristig lösen sollen.

**Merkmale von »bösartigen« (hochkomplexen) Problemen**
- Die Probleme des Falles sind nicht eindeutig und endgültig formulierbar.
- Die Lösungen sind nicht eindeutig und endgültig formulierbar.
- Für die Probleme und ihre Ursachen gibt es eine Vielzahl »richtiger« Erklärungen: Sie sind überdeterminiert.
- An den Problemen sind mehrere Akteure beteiligt.
- Jede Akteurin und jeder Akteur beschreiben die Probleme anders und was für A ein Problem ist, kann für B die Lösung sein.
- Die Akteurinnen und Akteure sind eigensinnig und sie halten nicht still, bis der Experte oder die Expertin das Problem gelöst hat.
- Jedes Fallproblem kann als Symptom eines anderen Problems aufgefasst werden.
- Die Situation ist dynamisch. Sie ändert sich auch ohne das Zutun der Expertinnen und Experten.
- Die Zahl der Einflussfaktoren ist groß und nicht alle sind bekannt.
- Wären alle Einflussfaktoren bekannt, wären die Akteure einschließlich der Expertinnen handlungsunfähig, weil die Komplexität des Entscheidungsprozesses zu groß wäre.
- Es gibt keine zwei gleichartigen Fallprobleme.
- Fallprobleme besitzen keine vollständige Liste von Lösungen, ebenso wenig lässt sich eine endliche Auflistung von möglichen Lösungsoperationen formulieren.
- Die Arbeit an der Problembeschreibung ist eine Arbeit an der Problemlösung.
- In die bösartigen (überkomplexen) Probleme sind zahme Probleme eingebettet, die konventionell bearbeitet und gelöst werden können.
- Es ist nicht sicher, ob bösartige Probleme gelöst werden müssen.
- Probleme, auf deren Bearbeitung sich die Akteurinnen im Bewusstsein der möglichen Unlösbarkeit kommunikativ einigen, verlieren ein wenig an Bösartigkeit.

Systemtheoretisch gesprochen, kann man bösartige Probleme nicht »lösen«, sondern nur »prozedieren«. Das hat einige Folgen für die Planung. Da nicht alle Einflussfaktoren bekannt sind, kann sich vieles während des Prozesses ändern. Manchmal ändern sich die Beschreibung des zu lösenden Problems und die konkreten Ziele besonders schnell.

Seien Sie also nicht enttäuscht, wenn Sie in einer Phase des Individualhilfeprozesses vermeinen, Klarheit zu haben, diese sich aber zwei Sitzungen später wieder verflüchtigt, alles ganz anders oder viel schwieriger aussieht und plötz-

*Bösartige Probleme lösen*

lich viel weniger erreichbar erscheint als zuvor gedacht. Das ist ein normaler Ablauf und kein Grund, entmutigt zu sein. Und es ist auch kein »Misserfolg« oder Scheitern. Es ist der im Grunde erwartbare Ablauf der Dinge beim Umgang mit bösartigen Problemen in einem komplexen Feld. Den auszuhalten und sich dabei die Professionalität und den ihr inhärenten Optimismus zu bewahren, ist Teil Ihrer Kompetenz als Einzelfallhelfer oder Einzelfallhelferin.

*Bösartige Probleme lassen sich verschieden definieren*

»Bösartige Probleme« erlauben im Gegensatz zu »gutartigen Problemen« keine Trennung zwischen Problemstellung und Problemlösung. Erst auf der Suche nach Lösungen beginnt man ein »bösartiges Problem« zu verstehen, da der Prozess des Problemlösens identisch mit der Problemformulierung ist. Somit kann es auch keine Kriterien dafür geben, wann die Lösung gefunden wurde beziehungsweise ob alle Alternativen betrachtet wurden. Für »bösartige Probleme« gibt es theoretisch eine Unsumme an potenziellen Lösungen.

Während es für »gutartige Probleme« im Allgemeinen objektive Kriterien der Beurteilung gibt (z. B. ob eine mathematische Rechnung richtig oder falsch ist), haben »bösartige Probleme« die Eigenschaft, dass es kein Kriterium dafür gibt, die Lösung eines Planungsproblems als »richtig« oder »falsch« einzustufen. Eine vorgeschlagene Lösung kann lediglich nach persönlichen Vorlieben als »gut« oder »schlecht« beurteilt werden.

Forster et al. (2021), die sich mit den Planungsproblemen in der Stadtplanung beschäftigen, formulieren die Lösung von bösartigen Problemen im Anschluss an Rittel so:

- »Es gibt keine ExpertInnen oder Spezialisten für ›bösartige‹ Planungsprobleme (mit Ausnahme für die Gestaltung des Planungsprozesses zur Behandlung von »bösartigen« Problemen). Das meiste Wissen über die Auswirkungen einer Planung haben dabei diejenigen, die davon betroffen sind. Sie sind folglich in den Planungsprozess einzubinden.
- Da Planungsprobleme nicht auf Grundlage von wissenschaftlichen Erkenntnissen, sondern auf Grundlage von Urteilen gelöst werden können, ist es besonders wichtig, wer den Planungsprozess wie durchführt.
- Zur Lösung von Planungsproblemen sind daher Methoden einzusetzen, die einen transparenten Planungsprozess und die Offenlegung verschiedener Meinungen und Werthaltungen ermöglichen.
- Da Planung auf Entscheidungen und Urteilen beruht und daher nicht objektiv bzw. wissenschaftlich ist, kann es letztendlich auch keine Expertinnen und Experten im klassischen Sinne geben, die ihre Entscheidungen durch mehr oder besseres Wissen legitimieren. Das bedeutet, jede und jeder ist berechtigt, seine Meinung zu einem Planungsentwurf zu äußern,

und niemand kann behaupten, dass ihr oder (s)ein Urteil besser sei als ein anderes.« (Forster et al. 2021)

Das gilt auch für die Soziale Arbeit. Bei ihr geht es um die Lebensqualität der Klientinnen und Klienten – die allerdings nicht allein vor sich hinleben, sondern in einem sozialen Netzwerk, in dem auch andere Personen ihre Anliegen haben, die sich möglicherweise von jenen der Klienten unterscheiden. Der Weg zu einer vernünftigen Planung in der Sozialarbeit liegt also in der Beteiligung jener Menschen, die am Fall beteiligt sind. Das ist vor allem die Klientin, aber auch noch weitere Fallbeteiligte: jenen Personen, die die Klientinnen und Klienten begleiten.

Das ist ein wesentlicher Punkt in der Einzelfallhilfe: Man ist zwar einer Person verpflichtet, aber diese ist nicht allein. Sie ist eingebunden in ein Netz von anderen: lebensweltlich andere (Verwandte, Freunde, Kollegen) und Helferinnen und Helfer. Jene anderen haben ihre eigenen Vorstellungen, was das Problem sein könnte, und haben ihre eigenen Ziele, die durchaus unterschiedlich von jenen unserer Klienten sein können. *Klient und andere Fallbeteiligte*

Wir können von Forster et al. auch lernen, was wir in der Sozialen Arbeit beachten müssen: Die Sozialarbeitenden sind nicht die Expertinnen oder Experten für die Lösung von bösartigen Problemen. Dabei sind sie gleichberechtigt mit den Klientinnen und Klienten, aber auch gleichberechtigt mit anderen Leuten aus dem Feld. So besehen kann man sagen, dass nicht nur die Sozialarbeitenden keine Lösung hätten, sondern auch die Klientinnen diese nicht notwendigerweise haben.

Das bedeutet einiges für die Einzelfallhilfe: Lösungen für bösartige Probleme lassen sich nicht in einer Sitzung mit den Klientinnen und Klienten finden, sondern in der Arbeit im Feld. Und die Lösungen können das Ergebnis von Verhandlungen sein. *Lösungen im Feld*

Eine diagnostische Frage in der Sozialen Arbeit ist es, mit den Klientinnen und Klienten durchzugehen, wie die anderen Personen in ihrem Umfeld das Problem sehen. Das ist vorerst einmal ein erster Schritt in die richtige Richtung: Man versucht die Vielfalt der Problemsichten in das Gespräch zu holen. Sollte man im Zuge der Einzelfallhilfe in das Feld gehen, wird man noch deutlicher damit konfrontiert – und dann hat man die Gelegenheit, moderierend für Fortschritte zu sorgen.

Leider gibt es noch zu wenige Formen der Sozialen Arbeit, in denen man den Klientinnen und Klienten und den Personen in ihrem Umfeld die Lösung der Probleme anvertraut. Der Familienrat (Früchtel et al. 2017) ist eine Form, bei der sich die Sozialarbeitenden bemühen, die Familie zu einer gemeinsamen *Familienrat*

Besprechung zu vereinen. Die Familie berät sich dann idealerweise allein, nachdem die Sozialarbeitenden und eventuell Juristen erklärt haben, was ihnen droht, wenn sie sich nicht einigen. Da kann es auch darum gehen, dass ein Kind ins Heim oder ein Familienmitglied ins Gefängnis muss. Die Beratungen laufen oft erfolgreich ab. Das Besondere daran ist, dass die eigentlichen Klientinnen und Klienten mit einer leichten Mithilfe der Sozialarbeit doch zu einer gangbaren Lösung kommen können. Der Familienrat gelingt zumeist dann, wenn die Sozialarbeitenden genügend Vertrauen in die Familien haben und dafür sorgen, dass die größere Familie und wichtige externe Partnerinnen teilnehmen. Der Familienrat ist so wie andere Formen des »Versammelns«, wie es Früchtel nennt, leider noch nicht so im methodischen Alltag angekommen, wie es wünschenswert wäre.

## Zielplanung in der Einzelfallhilfe

Wir haben zuerst von den Problemen gesprochen. Probleme sind das, was die Einzelfallhilfe antreibt, auch wenn Sozialarbeitende nicht gern darüber reden. Um eine Einigung über das Problem zu bekommen, wird zuerst über das präsentierte Problem gesprochen und nach einigen Kontextualisierungen und beiderseitigem darüber Reden entsteht daraus das Problem, das man in der Einzelfallhilfe vorerst angehen wird.

Was ist nun das Ziel, das man anstrebt? Ist es einfach die Problemlösung? Oder gibt es darüber hinaus größere Ziele, die man schließlich auch einmal formulieren sollte?

In einigen Texten findet man eine gute Zusammenfassung des Umgangs mit Zielen (Schwing/Fryszer 2008, S. 145–158). Was dabei oft noch unklar bleibt, ist die Möglichkeit der flexiblen Zielplanung. Dazu sollten Sie hier Grundinformationen erhalten haben und ich freue mich, wenn Sie in Ihrer Praxis damit auch gute Erfahrungen machen können.

Wir haben bereits einiges zur Planung gehört, vor allem zur Planung bei bösartigen (oder schlecht strukturierten oder schlecht definierten) Problemen. Wir haben dabei gelernt, dass es keine klaren Lösungen dafür gibt. Damit haben wir auch das Problem, ein klares Ziel zu benennen.

*Zielkontexte*

Nun haben wir ein Problem, wenn wir kein Ziel der Interventionen oder des Prozesses voraussagen können. Wozu sollte man sich treffen, wer sollte das zahlen?

Wir können davon ausgehen, dass die Klientinnen und Klienten Ziele haben, manchmal auch widersprüchliche. Und wir können davon ausgehen, dass die

Sozialarbeitenden Ziele haben. Es herrscht also kein Mangel an Zielen vor. Es ist eher das Problem, diese Ziele auch zu formulieren und miteinander abzugleichen, was oft gar nicht so einfach sein kann.

Die Ziele der Klientinnen und Klienten sind sehr unterschiedlich, nicht nur inhaltlich, sondern auch in ihrem Kontext. Während die Sozialarbeitenden ihre Ziele aus ihrer Arbeitssituation heraus definieren, sind die Ziele für die Klienten etwas, was sie in ihrer Lebenssituation realisieren müssen. Für die Sozialarbeitenden sind das die Ziele für den Fall. Für die Klientinnen und Klienten sind es die Ziele für ihr Leben.

*Zielhierarchien*

Es gibt nahe und ferne Ziele. Die nahen Ziele lassen sich am besten beschreiben: Wenn man ein neues Reisedokument braucht, dann muss man sich fotografieren lassen, muss einige Dokumente bereitstellen, einen Antrag ausfüllen, vielleicht benötigt man auch einen festen Wohnort. Und dann weiß man, wie lange die Behörde für den Antrag braucht. Und wenn wir das Reisedokument in der Hand halten, haben wir das Ziel erreicht. Sie sehen, das ist ein einfaches Ziel – keine komplexe Situation, kein ill structured problem. Es ist eine Aufgabe, die man in der Einzelfallhilfe nebenbei erledigt.

Schwieriger wird es, wenn man zum Beispiel in Wien eine Verlängerung des Aufenthalts benötigt. 2021 wurde viel über die Behörde der Stadt berichtet. Man konnte dort niemanden erreichen, die Anträge blieben sehr lange liegen, manche Anträge verschwanden, sie wurden nicht entsprechend den Vorschriften bewilligt. Die Behörde war in einem Zustand, der aus einem einfachen Problem ein recht komplexes Ziel machte. Das konnte zwar für manche Leute bedrohlich wirken, aber ein besonders bösartiges Problem war es noch nicht. Zumindest war klar, dass man es nicht selbst in der Hand hatte, ob man das Ziel rechtzeitig erreichte.

*Schlecht planbare Ziele*

Die nahen Ziele kann man als »SMART-Ziele« beschreiben. Sie sollen erreichbar und überprüfbar sein: spezifisch, messbar, attraktiv, realistisch und terminiert. Wir freuen uns alle, wenn wir solche Ziele definieren können.

Dann gibt es übergeordnet noch die Rahmenziele und schließlich die Oberziele. Ein Grundsatzziel könnte für den Klienten oder die Klientin das Erreichen eines fixen Aufenthaltsstatus sein, oder aber auch eine völlige Integration, oder eine Ehe mit Kind, oder auch die Ruhe vor den Sozialarbeitenden. Die Rahmenziele könnten ein fester Wohnsitz, eine Arbeit, eine Freundin sein – oder dass man nur noch einmal im Monat die Sozialarbeitenden sieht.

Das Interessante an dieses Zielen ist jedenfalls, dass die unteren Ziele gleichzeitig als Mittel für jene Ziele fungieren, die in der Hierarchie einen oberen

Platz einnehmen. Wenn man so will, kann man eine Hierarchie mit vielleicht fünf bis sechs Ebenen erstellen, wobei die meisten Ziele dann auch Mittel darstellen. Haben Sie Ihr Leben so geplant? Ein Großteil der Menschen wird sein Leben nicht so geplant haben. Man sollte also gegenüber den Klientinnen und Klienten nachsichtig sein. Das eigene Leben so zu planen, ist durchaus nicht leicht und es wird sich damit auch nur schwer in den Griff bekommen lassen.

*Eigene Ziele nennen*

Aber nicht nur die Klientinnen und Klienten haben manchmal Schwierigkeiten, ihre eigenen Ziele zu nennen. Auch die Sozialarbeitenden tun sich damit schwer und oft nennen sie nicht ihre eigenen Ziele, sondern das, von dem sie glauben, dass es die Klientinnen und Klienten tun sollten. So ist dann alles bereit für Zielvereinbarungen, an die sich niemand hält.

### Zielverhandlungen

Im günstigsten Fall setzt man sich Ziele, die man ausverhandelt hat. Sowohl die Sozialarbeitenden als auch die Klientinnen und Klienten haben Ziele – die können miteinander übereinstimmen, in vielen Fällen unterscheiden sie sich aber. Wie man trotz sehr unterschiedlicher Grundsatzziele doch zu einfachen SMART-Zielen kommt, sehen Sie in Abbildung 5. Dabei geht es um eine Einzelfallhilfe am Jugendamt, also in einem Zwangskontext.

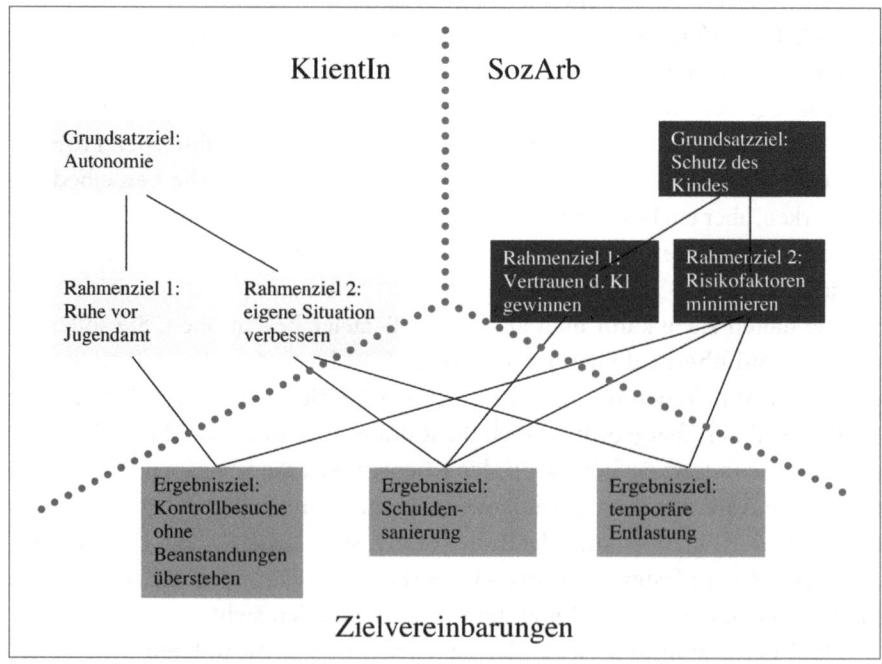

Abb. 5: Zielvereinbarungen (eigene Darstellung)

Die Ergebnisziele, auf die man sich einigen konnte, passen sowohl in das, was die Klientin wollte, als auch in das, was die Organisation in diesem Fall möchte. Dabei können sowohl die Klientin als auch die Sozialarbeitende weiterhin ihre unterschiedlichen Ziele verfolgen – und das ist auch gut so.

*Wann sind welche Ziele sinnvoll?*
Im Prozess der Einzelfallhilfe vereinbart man verschiedene Ziele. Zu Beginn sind sie anders als nach zwei Monaten und nach drei Monaten steht vielleicht wieder etwas Neues im Vordergrund. Die Ziele ändern sich je nachdem, was die Klientinnen und Klienten von ihrem Fallkontext verraten, und sie ändern sich, indem sich die Klientinnen und Klienten ändern. Und schließlich ändern sie sich, wenn sich etwas Neues im Umfeld der Klientinnen und Klienten ergeben hat. Man braucht Ziele, um etwas zu erreichen, aber sie können sich ändern und wir sollten das auch bemerken.

Wie Sie an unserem obigen Beispiel gesehen haben, sind einige Ziele, die wir erreichen wollen, vorwiegend auf den Prozess gerichtet. Wir wollen, dass die Klientinnen und Klienten mit uns im Gespräch bleiben. Wir wollen, dass sie ein gewisses Vertrauen zu uns aufbauen. Und wir wollen einige Risikofaktoren verringern. Das kann vor allem in den ersten Phasen des Prozesses so sein, wenn wir noch wenig Informationen über die Gesamtzusammenhänge haben. Und Schritt für Schritt werden wir zuerst kleine Ziele und dann auch größere mit den Klientinnen und Klienten verhandeln können. Prozessziele

*Strategische Zielplanung*
Eine klassische Zielplanung sehen wir beim Bau eines Hauses. Man weiß, was gemacht wird, man weiß, wie lange man für etwas braucht, man weiß, wann das Baumaterial an der Baustelle sein muss, und man weiß, wer was zu machen hat – und die wissen das dann auch. Ein Haus zu bauen, ist ein Vorhaben, das einige Monate dauert und bei dem viele verschiedene Handwerker beteiligt sein müssen. Man braucht auch die Technikerin und die behördlichen Verfahren dafür. Und es kann trotzdem einiges passieren. Aber eines nicht: ein ill structured problem. Ein Haus zu bauen, ist anstrengend, aber vieles ist in der Regel sicher: Das Baumaterial, das zur Baustelle geliefert wurde, bleibt dort und läuft nicht weg. Die Handwerkerinnen wollen nicht ein ganz anderes Haus bauen. Und mitten während des Hausbaus meint der Bauherr nicht, lieber doch eine Garage bauen zu wollen.

Ein Hausbau benötigt eine strategische Zielplanung. Bei einer strategischen Zielplanung überlegt man, wer was wann machen soll, und man verlässt sich Hausbau darauf, dass das dann auch so geschieht. Kein Wunder, die Handwerker bezahlt man ja auch dafür.

Die strategische Zielplanung ist nur leider selten in der Sozialarbeit anzuwenden – auch wenn man vielleicht sogar gern einen schönen Netzplan zeichnen würde. In der Sozialarbeit funktionieren Netzpläne nicht deswegen nicht, weil sie niemand zeichnen kann. Es gibt einen anderen Grund dafür. Kurt Possehl (2002, S. 6) hat das recht deutlich formuliert:

»Dies ist ein methodisches Kernproblem bei der Übertragung des Managementkonzepts Führen mit Zielvereinbarungen auf die Arbeit mit KlientInnen. Äußere Lebenssituationen von KlientInnen sind nämlich oft komplexe, hoch eigendynamische, chaotische Multiproblemsituationen. Sie stehen zudem noch häufig in massiver, sich ergänzender und verstärkender Wechselbeziehung zu der chaotischen inneren Lebenssituation von KlientInnen, wenn diese sozialisationsbedingt, meist auf der Basis frühkindlicher Bedürfnisversagungen (deutlich seltener: auf der Basis exzessiver Bedürfnisbefriedigungen) Bedürfnisspannungen generell oder sektoriell kaum aushalten und durch sofortige Bedürfnisbefriedigung abzubauen versuchen (vgl. z. B. Schuldner-, Budgetberatung, Arbeit mit Drogenabhängigen oder mit Straftätern); deren Handlungssteuerung ist generell oder sektoriell vor allem bedürfnis- und eben gerade nicht zielorientiert; deshalb bringen sie reichlich ungünstige Voraussetzungen für das mittelschichtorientierte Zielvereinbarungskonzept mit.«

Also besser keine Zielvereinbarungen? Doch, aber sie müssen anders strukturiert sein. Ein strategischer Zielplan wird nicht funktionieren.

*Flexible Zielvereinbarungen*

Eine flexible Zielplanung ist jene Form, die in der Einzelfallhilfe häufig vorkommt. Man sollte also bereit für diese Form sein, bei der man sich mit den Klientinnen und Klienten verständigen und nicht verzweifeln muss, wenn sie wieder einmal nicht das machen, was man vereinbart hatte. Ich folge hier in meiner Argumentation weiterhin Kurt Possehl und ich habe – wie er auch – Klaus Dörner (2003) gelesen – sehr hilfreich, wenn man sich fragt, wie es Menschen gelingt, mit guten Vorsätzen Scheiße zu bauen.

Hier geht es aber um sinnvolle Strategien der Zielplanung, nämlich um flexible. Derer gibt es einige, wieder nach Possehl:

Die Variante 1 scheint mir sehr aufwändig: Man müsste die vereinbarten Ziele ständig überprüfen und regelmäßig revidieren. Das kann sehr arbeitsaufwändig sein. Die weiteren nennt Possehl (2002, S. 5) so:

»Variante 2: Zunächst Formulierung nur eines oder mehrerer relativ vager Globalziele. Zwischenziele parallel zur Ausführung aufgrund der während der Ausführung gewonnenen Erfahrungen.
Variante 3: Formulierung eines Zieles nur für den nächsten Handlungsschritt. Wiederholtes Neuentscheiden über weitere Ziele in Abhängigkeit von den jeweils erreichten Zwischenergebnissen. Neuentscheidung über weitere Ziele so weit möglich nach dem Effizienz-Divergenz-Prinzip, d. h. so, dass möglichst viele verschiedene Handlungsmöglichkeiten mit jeweils hoher Erfolgswahrscheinlichkeit offenbleiben.
Variante 4: Weitgehender Verzicht auf Zielplanung, sog. ›Reparaturdienstverhalten‹, ›Durchwursteln‹. Irgendein Missstand, ein unbefriedigender Zustand wird [...] identifiziert; Ziel ist Beseitigung oder Veränderung dieses Missstandes ohne weitere Orientierung an übergeordneten Zielen. Dieses Vorgehen ist als ultima ratio und nur nach entsprechender Situationseinschätzung dann sinnvoll, wenn konkrete Ziele nicht formuliert werden können und die Beseitigung sinnfälliger Missstände besser ist als Nichtstun.«

Sie werden sehen, dass diese Varianten häufig in den Einzelfallhilfeprozessen auftauchen können. Sie entsprechen den Lebenspraxen der Klientinnen und Klienten besser und sie verlangen von den Sozialarbeitenden eine hohe Flexibilität. Possehl meint, das sei die »höhere Mathematik« von Planungsprozessen. Wir wünschen Ihnen viel Glück dabei.

Und schließlich wollen wir noch ein Beispiel nennen, das der Bestsellerautor Frank Dobelli (2017) gebracht hat: Er ist der Meinung, dass ein Flug von Frankfurt nach New York nicht 90 % und auch nicht 80 % genau auf Kurs ist. Er ist in Wirklichkeit nie auf Kurs. Pausenlos berechnet der Autopilot die Abweichung vom Kurs und schickt seine Korrekturbefehle an die Leitwerke. Das ist das, was das Leben ausmacht. Jeder Plan ist wichtig, allerdings muss man ihn jedes Mal korrigieren, weil die Welt sich doch anders verhält, als man es vorgesehen hatte. Die Korrektur ist wichtig. Pläne sind nichts, planen ist alles, sagte angeblich Dwight D. Eisenhower. Als General wusste er zu planen und gleichzeitig zu korrigieren.

*Korrektur*

## Multiproblemfälle

Über die übliche Komplexität von Individualhilfefällen hinausgehend sind manche Fälle besonders herausfordernd. Sogenannte Multiproblemfälle weisen nicht nur Komplexität auf, sondern auch einige besonders schwerwiegende Problembereiche, in denen die Belastung der Beteiligten groß ist. Es sind zumeist bereits länger andauernde, eventuell sich verschlimmernde Lebenssituationen, in denen möglicherweise die Hoffnung auf Besserung schon geschwunden ist und man nicht weiß, wo man mit den Lösungsversuchen beginnen könnte. In solchen Fällen kann es sein, dass man es mit apathischen oder verzweifelten Klienten zu tun hat oder mit solchen, die kaum noch eine Hoffnung auf Besserung zulassen.

<small>Womit anfangen?</small>

Merken Sie sich als Faustregel, dass es nicht aussichtsreich ist, mehr als zwei bis drei Fragen/Themen gleichzeitig anzugehen. Das heißt, dass man bei solchen Fällen, bei denen man schier überwältigt von den vielen Themen und Problemen ist, gemeinsam mit den Klienten eine Entscheidung treffen muss, womit man sich zuerst beschäftigen will und was man vorerst beiseitelässt. Noch besser ist es, wenn die Klientinnen selbst diese Entscheidung unbeeinflusst durch uns treffen. Unbeeinflusst durch uns, das bedeutet, dass die Entscheidung nicht in einer Sitzung fallen kann. Einfache Mittel können dabei helfen, zum Beispiel die Aufforderung, all ihre Probleme aufzulisten und dann danach zu reihen, was ihnen am dringlichsten erscheint, das eventuell noch mit Personen ihres Vertrauens zu besprechen und die Liste zur nächsten Sitzung mitzubringen.

> **Merksatz: Zahme und bösartige Probleme**
> Einzelfallhilfe ist dort indiziert, wo es »bösartige« Probleme gibt. Diese sind komplex und nicht eindeutig lösbar. Bösartige Probleme enthalten auch zahme Probleme. Diese zu lösen, schafft Vertrauen als Voraussetzung einer Kooperation der Klientinnen und Klienten.

## Gespräche führen

Darüber, wie ein Gespräch in der Einzelfallhilfe zu führen ist, gab es in ihrer Geschichte zahlreiche Konzepte – ein Großteil davon nahm Anregungen aus verschiedenen Schulen der Psychotherapie auf. Diverse Schulen des Case Work stellten psychoanalytische Ansätze aus der »klientenzentrierten« Psychotherapie nach Rogers, verhaltenstherapeutische Ansätze und kognitiv orientierte oder systemische Konzepte in den Vordergrund, manche aber auch solche, die mehr an Vorgehensweisen des Verhandelns orientiert waren.

Ein großer Vorteil der an therapeutischen Konzepten orientierten Gesprächsführungstechniken war, dass sie das »Individualisieren« beförderten. Das war besonders wichtig, weil Sozialarbeit vielfach im Umfeld von Behörden oder behördenähnlichen Kontexten ausgeübt wurde (und wird) und damit ständig gegen Schematismus, autoritäre oder paternalistische Tendenzen anzukämpfen hatte. Mit den individualisierenden Techniken und Methoden, die sie aus den psychotherapeutischen Schulen bezog, konnte sie sich dagegen zur Wehr setzen. Ein Problem, das sich daraus ergab, war die Fokussierung der psychotherapeutischen Techniken auf das Gespräch zwischen Fachkraft und Klient und die geringe Aufmerksamkeit, die dem Umfeld der Klientinnen entgegengebracht wurde, das allerdings ein wesentlicher Aktionsbereich der Individualhilfe ist. Inhaltlich bringen diese Gesprächstechniken eine Fokussierung auf das – in modischer Sprache ausgedrückt – »Mindset« der Klienten und Klientinnen, andere Faktoren erhalten wesentlich weniger Beachtung und manche sind weniger für eine Einzelfallhilfe in ihrer Vollform geeignet, bei der die Fachkraft auch eine aktive und nicht nur beratende Rolle einnimmt.

*Der soziale Kontext des Gesprächs*

Auf den besonderen Sozialen Kontext eines Beratungsgesprächs sei vorerst einmal verwiesen: Klientin und Sozialarbeiterin sind in verschiedenen »Feldern« zu Hause. Sie stammen möglicherweise aus anderen Schichten, kulturellen Zusammenhängen, haben eine andere Biografie, sind sehr unterschiedlich in der Gesellschaft verankert. Dabei sind sie zwar einerseits »Individuen« mit einer persönlichen Geschichte, einem selbsterfahrenen Leben und einer spezifischen Konstellation von sozialem Umfeld und eigenen Fähigkeiten, werden also in eben dieser individuellen Lage gewürdigt werden müssen. Gleichzeitig aber gibt es kollektive Fallgeschichten, auf denen die individuellen aufbauen (s. dazu Schütze 2021, S. 207–210). Man denke an die verschiedenen Erfahrungen der Migration, an Arbeiterfrauen, an Langzeitarbeitslose etc. Die Klientinnen sind Teil einer kollektiven Geschichte, die ihrerseits typische Biografien hervorbringt. Die Fallerzählung ist dann eine kollektive, aber auch eine hochindividuelle.

Daraus ergibt sich eine besondere Bedeutung des Sozialarbeitsgesprächs. Die Klienten und Klientinnen sind Teil einer speziellen Kultur und sie müssen sich den Sozialarbeitenden auch als Teil dieser Kultur präsentieren – und als Individuum. Teil der persönlichen Integrität sind einerseits jene Kulturen, denen man zum Beispiel durch die eigene Herkunft ausgesetzt war, wie auch jene Kulturen, denen man sich in der eigenen Sozialisation angenähert hat und die man als erwachsener Mensch erfahren hat. Für die Sozialarbeit sind diese Ausschnitte, diese Identitätsbestandteile (Keupp 2002; 2011), besonders bedeutend. Sie sind bedeutender als in anderen helfenden Berufen, weil sie wesentlich für die Klientin, den Klienten stehen, seine oder ihre sozialen Verpflichtungen markieren und sein oder ihr Selbstverständnis begründen.

Kulturen und Identität

Die Einzelfallhilfe ist eine kontextabhängige Hilfe, eine soziale Hilfe, die nie nur die Beeinflussung der Klientinnen zum Ziel hat, sondern die Beeinflussung der Lebenssituation. Sie ist damit grundsätzlich eine sozialräumliche Hilfe. In diesem Sinne ist es wichtig, wie die Klienten und Klientinnen sich in der Welt bewegen und verstehen – zentral ist ihre Identität.

*Akzeptanz und Grenzen der Akzeptanz*

Eines der größeren Probleme in der Einzelhilfe ist jene besondere Beziehung, die sich zwischen den Klienten und Sozialarbeitern entwickelt. Die Rolle der Sozialarbeiterinnen ist weniger stark auf eine klar definierbare Hilfe ausgerichtet, als es jene der Ärzte sein mag. Jene Hilfen, die die Sozialarbeitenden bringen, mögen manchmal, vor allem wenn es um materielle Hilfen geht, gut erkennbar sein, einige andere Hilfen sind aber nicht so leicht auszumachen und werden von den Klientinnen nicht immer geschätzt. Es kann passieren, dass die Sozialarbeitenden als lästig eingestuft werden, als jene, die – so wie viele andere – nur daran erinnern sollen, dass eine Person sich außerhalb der Norm bewegt. Das wird einerseits erwartet, gleichzeitig aber auch abgelehnt. Man kann diese Haltung als eine der widersprüchlichen Anforderungen an die Sozialarbeit sehen – und sie fordert eine geschickte Lösung.

> Nicht zu wissen, was für die anderen gut ist

Wir haben das bereits bei den Prinzipien der Einzelfallhilfe angeführt: individualisieren, Ausdruck von Gefühlen, kontrollierte emotionale Anteilnahme, Akzeptanz, nicht-richtende Haltung, Selbstbestimmung und Vertraulichkeit. Das Individualisieren bedeutet, dass ich verstehen muss, weshalb jener Mensch in die Situation gekommen ist, in der er oder sie sich befindet. Akzeptanz und die nicht-richtende Haltung bedeuten, dass es nicht um die Beurteilung der Person geht. In diesen drei Schritten der Prinzipien der Einzelhilfe wird deutlich, dass die Sozialarbeitenden nicht von vornherein zu wissen glauben, was für die Klientinnen und Klienten gut wäre. In diesem Sinne sind die Helfenden eben nicht »die anderen« und reden mit den Klientinnen nicht in erster Linie über das, was sie nach ihrer oder der vorherrschenden Meinung unbedingt tun müssten. Damit wird erst das Feld der Auseinandersetzung geöffnet: Die Klientinnen und Klienten müssen sich nicht gegen die Sozialarbeitenden verteidigen. Sie können mit ihnen anders sprechen als mit den meisten Personen in ihrem Umfeld.

Diese Haltung haben Sozialarbeitende im Laufe ihrer Ausbildung entwickelt. Sie bedarf einer gewissen Zurückhaltung, eines Bremsens der eigenen moralischen Überzeugung und Empörung, einer Langsamkeit bei der Einschätzung von Personen und Situationen. Offen ist aber noch, was man sich von den Klienten anhören sollte. Wir haben uns dazu bekannt, dass wir ihre Variante ihrer Geschichte hören wollen, inklusive all ihrer Zweifel, aber auch all der Illusionen, die sie sich darüber machen. Gleichzeitig werden manche auch Angriffe auf andere Personen vortragen: auf Familienmitglieder, Leute aus ihrem Umfeld, oder aber Menschen, die sie für das Schlechte in der Welt verantwortlich machen (Einwanderer, Juden, Kapitalistinnen …).

Wir haben mit vielen Sozialarbeitenden (noch vor der Coronakrise) diskutiert, wie man mit Klientinnen und Klienten umgeht, die sich rassistisch äußern. Manche Sozialarbeitende fanden, man müsse das ertragen – so wie auch andere Äußerungen der Klienten. Ist es das, was das »Akzeptieren« und die »nicht-richtende Haltung« bei den Prinzipien der Einzelfallhilfe meint? Dürfen wir den Klientinnen und Klienten nicht widersprechen, wenn sie menschenfeindliche Äußerungen von sich geben? Am Ende gar im Gespräch mit uns, in jener Zeit, die wir für sie reserviert haben? — Rassistische Äußerungen

Wir haben uns klar gegen ein solches Verbot ausgesprochen, und zwar gerade aus der Haltung des Akzeptierens und der nicht-richtenden Haltung heraus. Wenn man den Sozialarbeitenden mit rassistischen Äußerungen begegnet, so erklärt das nicht, was die Klientin bisher gemacht hat. Es ist ein Versuch des Klienten, nicht über sich zu reden. So wie es andere Versuche gibt, von sich abzulenken: Man schimpft über Verwandte und versucht einen Schuldigen zu finden, der das eigene Unglück verursacht hat. Es ist ein Versuch, über etwas anderes zu sprechen, statt über die eigene Verantwortung und die eigenen Chancen, selbst seine Zukunft zu gestalten. Und gerade deshalb wird man es im Einzelfallhilfegespräch nicht akzeptieren. Man kann fragen, weshalb die Klientinnen nicht über sich und ihren Alltag reden wollen. Es ist sehr wohl möglich, dass man bereit ist, die Zeit mit dem Klienten zu verbringen, allerdings nicht mit rassistischen Äußerungen über Dritte.

## *Eigene Betroffenheit*

Die Sozialarbeitenden befinden sich nicht nur in einer anderen Lebenssituation, sondern haben bestimmte Erfahrungen, die für die Klientinnen und Klienten wesentlich sind, selbst nicht gemacht. Manchmal wird man von den Klienten darauf hingewiesen: Haben Sie selbst Kinder, haben Sie selbst schon sexuellen Missbrauch erfahren, waren Sie drogensüchtig, hatten Sie bereits eine schwere chronische Krankheit, wurden Sie rassistisch beschimpft, wurden Sie von Ihrem Mann alleingelassen, hatten Sie schon als Patient mit der Psychiatrie zu tun? Viele gravierende Erlebnisse haben Sie nicht gehabt – und das unterscheidet Sie als Beraterin von Ihren Klientinnen.

Nun ist es aber nicht so, dass Sie den Klienten durch diese fehlenden Erfahrungen besonders hilfreich erscheinen. Worauf die Klientinnen mit ihren Fragen anspielen, ist, dass Sie als Berater nicht aus eigenem Erfahren jene Drucksituation spüren können, in der sich die Klienten befinden. Und damit haben sie recht.

**Betroffene in der Beratung**

In manchen Bereichen der Sozialen Arbeit versucht man (ehemals) Betroffene in die Betreuung einzubeziehen, im günstigen Fall haben sie auch eine umfangreiche Ausbildung erhalten. Relativ früh wurde das in der Drogenhilfe angewendet, später dann auch bei Psychiatriepatienten, in der multikulturellen Arbeit und zusehends in vielen Feldern der Sozialarbeit. Jene Menschen, die eine entsprechende Karriereerfahrung mit sich bringen, sind nur ein Teil der Sozialarbeitenden. Und, wie wir bereits oben beschrieben haben, wird es trotzdem noch viele Teile geben, bei denen sie andere Erfahrungen als ihre Klientinnen gemacht haben. Die Fremdheit der Sozialarbeitenden ist also ein Teil der Hilfe. Mit ihr muss man sich anfreunden.

Ich folge hier Keupp et al. (2019, S. 46 f.). Sie haben über die Untersuchungen an der Odenwaldschule geschrieben, in der über viele Jahre sexueller Missbrauch stattgefunden hat. Sie interviewten ehemalige Schüler und Lehrer. Dabei beschrieben sie, wie man als Interviewer wahrgenommen wurde: Als Nicht-Betroffene, als Mann beziehungsweise als Frau. Und sie beschreiben einige Kommunikationsmuster wie Dominanz, Konkurrenz und Beschämung. Wir werden an einem anderen Ort noch über die Unterscheidung zwischen Mann und Frau schreiben – keineswegs bloß eine oberflächliche Unterscheidung mit wesentlichen Konsequenzen in manchen Fällen. Hier jedoch geht es um die andere Unterscheidung, die zwischen Betroffenen und Unbetroffenen.

**Parteiliche Beratung?**

In einer aktuellen Meldung im Berliner Tagesspiegel (Onken 2021) wird von einer Beratungsstelle der Humboldt-Universität berichtet. Sie hat eine Ausschreibung für eine Beratungsstelle für Rassismusfragen publiziert und hat dabei »weißen« Personen von einer Bewerbung abgeraten. Die Ausschreibung wurde selbst als rassistisch bezeichnet und musste zurückgezogen werden. Die zweite Ausschreibung verlangte von den Bewerberinnen und Bewerbern, dass sie selbst bereits Erfahrungen mit Rassismus gemacht haben. Sie sollten also selbst »Betroffene« sein. In der Ausschreibung hieß es, die Beratung findet

> »aus parteilicher Perspektive statt. Parteilich bedeutet hier eine Beratung, die sich an den Bedürfnissen der ratsuchenden Person orientiert, um einen Raum zu schaffen, in dem sich Betroffene von rassistischer Diskriminierung wohlfühlen können, ihre Erfahrung zu teilen.« (Onken 2021)

Diese Ausschreibung erhielt größere Aufmerksamkeit, es geht aber vor allem um jene oben zitierte Parteilichkeit, die dazu fähig ist, diskriminierten Menschen das »Wohlfühlen« in der Beratungssituation zu ermöglichen.

*Übung*
Diskutieren Sie jene »Parteilichkeit«, die den Berater oder die Beraterin selbst als ebenso Betroffenen verlangt. Welche Vor- und Nachteile hat das für die Klientinnen und Klienten, welche Chancen für individuelle und gesellschaftliche Veränderung eröffnet es? Ist es nötig, dass sich die Klientinnen und Klienten in der Beratungssituation wohlfühlen?

### Aktives Zuhören, Echo und Paraphrase

Hier sei nur kurz auf einige Gesprächs- und Beratungstechniken verwiesen, die sich auch in der modernen Einzelfallhilfe als sehr nützlich erwiesen haben:

In der Gesprächsphase der Exploration sind die Techniken des »aktiven Zuhörens«, der »Echo-Fragen« und des Paraphrasierens hilfreich. Das »aktive Zuhören« stammt aus dem Arsenal der Gesprächstherapie nach Carl Rogers, dazu gibt es einen akzeptablen Wikipedia-Artikel, der Sie genauer darüber informiert. Im Wesentlichen geht es dabei um die Aufmerksamkeit, die man als Zuhörerin dem Erzähler widmet. Man zeigt sie nicht nur durch das verstehende Zuhören, sondern man zeigt sie auch durch Äußerungen und Verhalten während des Gesprächs. Der Soziologe Emanuel Schegloff beschäftigte sich mit diesen zustimmenden Aktionen, er nannte sie »response tokens«. Pierre Bourdieu (1997, S. 783) schreibt dazu:

*Aktives Zuhören*

> »Diese feed-back-Zeichen, [...] also diese ›Jaja‹, ›aha‹, ›selbstverständlich‹, diese ›oh‹ und das zustimmende Kopfnicken, die Blicke, das Lächeln und all die informations receipts, körperliche und verbale Zeichen der Aufmerksamkeit, des Interesses, der Zustimmung, der Ermunterung und der Anerkennung, sind die Voraussetzung für den guten Fortgang des Austausches (das geht so weit, dass ein einziger Moment der Unaufmerksamkeit oder des Abschweifens des Blicks genügt, um beim Befragten eine Art Geniertheit hervorzurufen, wodurch er in seinen Äußerungen den roten Faden verliert), im richtigen Moment gesetzt, zeugen sie von der intellektuellen und emotionalen Anteilnahme des Interviewers.«

Bourdieu verweist darauf, dass bereits ein einziger Moment ausreicht, um den Gesprächspartner aus dem Konzept zu bringen. Wir sollten noch einmal darauf hinweisen, dass das sozialarbeiterische Gespräch in der Individualhilfe eine hochkonzentrierte Tätigkeit darstellt. Man sollte sich gut darauf vorbereiten und während des Gesprächs die Aufmerksamkeit hochhalten.

Neben der Aufmerksamkeit, die man auf die Klientinnen und Klienten richtet, und den einfachen Rückmeldungen, dass man zuhört, gibt es noch einige

Redewendungen, die die Personen dabei unterstützen, ihre Geschichte darzulegen:
- »Echo-Fragen« sind eine ganz einfache Technik: Man wiederholt das letzte von der Gesprächspartnerin gesprochene Wort in Frageintonation – eine meist aufgegriffene Aufforderung, weiter bzw. genauer zu erzählen.
- Paraphrasieren bedeutet die Zusammenfassung der Inhalte des Gesagten in eigenen Worten, was auch mit einem »Wenn ich Sie richtig verstanden habe …« oder ähnlich gerahmt werden kann.
- Verbalisieren bedeutet, dass man die Emotionen des Gegenübers spiegelt: »Ich sehe, dass dich das aufregt, wenn du es erzählst.«
- Beim Nachfragen wiederholt man, was man verstanden hat, und sucht die Bestätigung der Person, dass sie es auch so gemeint hat.
- Und schließlich ist das Zusammenfassen das Resümee des Gehörten. Bei all diesen Techniken des aktiven Zuhörens sucht man die Bestätigung des Gesprächspartners.

Diese Liste findet man ähnlich bei Hancken (2020, S. 103). Sie schlägt eine Übung vor, die ich Ihnen auch empfehle:

*Übung*
Suchen Sie sich eine Partnerin oder einen Partner. Reden Sie mit der Person über deren Hobby, seine oder ihre Berufswahl oder einen Urlaub. Verwenden Sie die oben angeführten Techniken. Am Ende formulieren Sie, was Ihnen leichtgefallen ist und was schwieriger war und inwieweit das Einfluss auf das Gespräch genommen hat.

### *Motivierende Gesprächsführung*

Hilfreich sind auch eine Reihe von Techniken der motivierenden Gesprächsführung – Motivational Interviewing. Diese Gesprächstechnik wurde von William R. Miller und Stephen Rollnick (2015) für den Suchtbereich entwickelt und dort bekannt. Inzwischen hat sich die Methodik allerdings weiterverbreitet und ist eine Hilfe für Klientinnen und Klienten, die eine große Veränderung in ihrem eigenen Leben planen.

Das Motivational Interviewing versucht nicht, die Klientinnen und Klienten von einer Veränderung des Suchtverhaltens zu überzeugen. Die Motivation zur Veränderung muss von den Klienten selbst kommen. Man versucht, in der Gesprächsführung alles so vorzubereiten, dass die Wahrscheinlichkeit größer wird, dass sie sich selbst für eine Änderung motivieren. Die Autonomie der

Klientinnen steht im Vordergrund und die Berater drängen sie nicht zu einer bestimmten Entscheidung. Also – im Gegensatz zu dem, was man bei einem »Motivational Interview« erwarten würde – geschieht hier keine Überredung.

Der Prozess des MI wird so beschrieben:
1. Herstellung der Beziehung, in den Kontakt mit Klientinnen gehen, eine vertrauensvolle Atmosphäre aufbauen,
2. das Anliegen der Klientin bzw. des Klienten klären und herausarbeiten,
3. Motivation zur Veränderung entlocken
4. und schließlich Schritte der Veränderung planen.

Damit haben wir einen ähnlichen Prozess wie in der Sozialen Arbeit, allerdings: In der Einzelfallhilfe ist die große Veränderung, die das Motivational Interviewing plant, nicht das einzige Ziel. Hier sind die Techniken des MI eine Ergänzung zu den alltäglichen Arbeiten.

MI versucht sich auf die Diskrepanzen zu beziehen, die zwischen den Zielen der Personen und ihrem jetzigen Leben bestehen. Man geht davon aus, dass die Personen selbst diese Diskrepanzen sehen und dass man sie dabei unterstützen muss, diese zu formulieren. Keine Hilfe wäre, wenn man ihnen erklärt, was man von ihnen erwartet. Das haben schon zu viele Leute getan und die Personen sind es schon gewöhnt, ihre Autonomie gegen die guten Ratschläge zu verteidigen. Insofern ist die Weigerung der Berater, eine Empfehlung abzugeben, eine Voraussetzung für die Entwicklung der intrinsischen Motivation.

Bei MI gibt es auch noch eine besondere Form, mit dem Widerstand der Klientin umzugehen. Es wird nicht versucht, dem Widerstand mit Gegenargumenten zu begegnen. Es gibt eine Reihe von Möglichkeiten, »mit dem Widerstand zu gehen«. Ich empfehle Ihnen, sich mit den Techniken des Motivational Interviews vertraut zu machen, es wird Ihnen in der Einzelfallhilfe deutlich helfen.

*Lösungsorientierte Kurzzeittherapie*
Eine für die Einzelfallhilfe ebenfalls sehr gute Technik ist die der Lösungsorientierten Kurzzeittherapie – eine systemische Technik. Der Klassiker dieser Kurzzeittherapie war Steve de Shazer (2014) und seine Beratungstechnik ist sehr gut mit der Beratungssituation in der Einzelfallhilfe zu vereinbaren. De Jong und Berg (2014) und Bamberg (2015) liefern ebenfalls die Grundlagen, Haselmann (2007) und Roessler, Gaiswinkler und Hurch (2014) haben sich darauf bezogen. Die lösungsorientierte Kurzzeittherapie richtet ihr Augenmerk auf die Ressourcen, die die Klienten und Klientinnen mitbringen, konzentriert sich auf das, was

bisher schon gelungen ist, und will ausbauen, was bisher klappt. Die lösungsorientierte Kurzzeittherapie kennt zwar die Probleme, aber sie orientiert das Gespräch auf jene im Jetzt bereits bedeutsamen Zeichen, dass etwas besser wird.

Ich empfehle Ihnen, sich ausführlich mit dieser Gesprächstechnik zu befassen. Sehr hilfreich sind einige Bücher, nicht alle direkt aus der Sozialen Arbeit. Zuallererst sind vielleicht Werner Pfab (2020) und Kati Ahl (2019) eine gute Referenz zum Einsteigen in eine professionelle Gesprächsführung.

### Vertrauen

Wenn wir über die Gespräche reden, die Sozialarbeitende mit ihren Klientinnen und Klienten führen, so reden wir nicht nur über einzelne Wendungen, über Gesprächstechniken sowie den sozialen Unterschied zwischen den Rollen. Wir reden auch über Vertrauen, das in mehrfacher Hinsicht das Gespräch und seine Auswirkungen rahmt. Gesprächstechniken können zwar helfen, dieses Vertrauen zu generieren, aber Vertrauen ist eine wesentliche Kategorie der menschlichen Kommunikation, die von intrinsischen und extrinsischen Faktoren abhängt. Das Vertrauen, das in der Sozialen Arbeit einen Teil des Beziehungsgeflechts zwischen den Sozialarbeitenden und den Klientinnen, aber auch dem sozialen Umfeld der Klientinnen und Klienten ausmacht, ist daher ein Mittel, das in der Fallarbeit eingesetzt werden muss. Insofern werden wir uns dem Vertrauen, seinen Voraussetzungen und seinen Grenzen hier ausführlicher widmen.

*Sozialkapital* — Robert D. Putnam (2000; Pantuček 2008) definierte das Sozialkapital einer Gesellschaft als das notwendige Vertrauen, das als Basis für die menschliche Kommunikation und für das Wirtschaften gebraucht wird. Im Wirtschaftslexikon (Wirtschaft und Schule o. J.) wird das Sozialkapital so ähnlich definiert:

»Unter Sozialkapital versteht man Vertrauen, Normen, gegenseitige Unterstützung und informelle Beziehungen in einer Gesellschaft, die ein koordiniertes Verhalten der Mitglieder ermöglichen.«

Wir sehen hier, dass Sozialkapital nichts ist, was die einzelnen Mitglieder besitzen, sondern die Gesellschaft als Ganzes. Dabei muss die Gesellschaft aber auch dafür sorgen, dass ihre Mitglieder die Normen einhalten und zum Beispiel in der Wirtschaft einander vertrauen.

In einer normalen Sozialisation lernen Menschen, anderen Menschen zu vertrauen. Sie erleben andere Menschen als hilfreich, natürlich in erster Linie die eigenen Eltern. So bildet sich, etwas vereinfacht gesagt, ein Grundvertrauen in die Welt. Kinder in schwierigen Familiensituationen haben möglicherweise entgegengesetzte Erfahrungen, sie sind daher eher misstrauisch gegenüber anderen Menschen oder distanzlos. Hier können wir dem nicht nachgehen, wichtig ist nur, dass es bereits so etwas wie eine intrinsische Motivation dafür gibt, dass uns Menschen vertrauen. Wir können nicht nur mit Personen rechnen, die uns offen gegenüberstehen, sondern wir werden als Sozialarbeitende auch mit Personen zu tun haben, die uns entweder misstrauisch begegnen oder sich zurückhalten und uns nicht zu viele Informationen geben wollen. Zum Ausgangspunkt jedes Einzelfallhilfeprozesses haben wir es mit vertrauensvollen Menschen zu tun, oder aber mit schüchternen, skeptischen und vorsichtigen. Jene vermeintliche »Offenheit«, die sie vielleicht gern in einer Beratungssituation hätten, wird man nur ausnahmsweise vorfinden.

Susanne Arnold (2009) hat sich mit dem Vertrauen, das Klientinnen und Klienten den Sozialarbeitenden entgegenbrachten, beschäftigt. Sie hält in ihrem Resümee (S. 374–386) fest, dass es in manchen Bereichen nur eine schlechte Ausgangsbasis für ein Vertrauen der Klientinnen und Klienten in die Sozialarbeitenden gibt. Sie nennt dabei die Jugendhilfe, man kann aber auch noch an andere Bereiche denken, in denen Sozialarbeiter die Möglichkeit eines Eingriffs in wesentliche Teile des Lebens der Klientinnen haben. Diese schlechten Rahmenbedingungen sind in einem Widerspruchsverhältnis zu den imposanten Vorstellungen, die die Sozialarbeitenden dazu haben: Sie meinen, dass Vertrauen wesentlich ist, da nur vertrauende Klientinnen und Klienten kooperieren können.

*Schlechte Rahmenbedingungen*

Susanne Arnold hält fest, dass die Klientinnen und Klienten sehr wohl vertrauen, und dass das damit zu tun hat, wie die Sozialarbeitenden in der Kommunikation mit ihnen umgehen. Diese Zusammenfassung folgt ihrem Resümee (2009, S. 378–384):

▶ Es ist das verstehende Zugehen, das eine Grundvoraussetzung des Vertrauens ist. Mit Aufforderungen zur Selbstexploration, Fragen nach Informationen oder Motiven schaffen Sie die Basis und gewährleisten, dass Sie anknüpfend an die Äußerungen der Klientinnen agieren.

*Vertrauen aufbauen*

▶ Weiter ist es das Entstehen von Freiräumen für die Klientinnen – und dazu zählen auch Pausen in den Gesprächen. Das sind die Pausen, die man im Gespräch macht, wo man nicht gleich auf jede Äußerung etwas sagt, sondern sich und den anderen Zeit zum Nachdenken gibt. Das sind aber auch die Pausen von einer Sitzung zur anderen, in denen die Klientinnen und Klienten sich mit etwas beschäftigen können, ihre eigene Haltung klären.

▶ Das Vertrauen muss aufgebaut werden: Das eigene Verhalten muss vorhersagbar und berechenbar sein. Man zeigt deutliche Sicherheitssignale.

▶ Man muss die Rahmenbedingungen des Gesprächs klarmachen, die Klientinnen und Klienten verstehen nicht von vornherein, dass wir zum Schwei-

gen verpflichtet sind, dass dieses Schweigen nicht gegenüber Kolleginnen gilt, sie müssen wissen, ob ihnen durch mich Gefahr droht, zum Beispiel ob ich Kontrollaufgaben gegen sie habe.
- ▶ Vertrautheit ist Voraussetzung für Vertrauen. Man erklärt, was man selbst tut. Man fordert den anderen auf, das für sein Verhalten zu tun. Man erklärt, was man tun kann und was man nicht tun wird.
- ▶ Man zeigt, dass man eine Distanz zur eigenen Rolle hat und dass man andeutet, wie man zukünftige Interventionen begründen mag. Man signalisiert Unterstützungsbereitschaft und stellt die eigenen professionellen Zuständigkeiten klar.

*Humor*

Damit haben wir eine recht klare Handlungsanleitung, wie man das Vertrauen in uns als Sozialarbeitende aufbauen kann. Eine interessante Entdeckung hat Susanne Arnold auch gemacht: Humor ruft eher Missverständnisse hervor, als dass er das Vertrauen fördert. Humor braucht ein stilles Basis-Verständnis in der Beziehung, eine Grundsympathie. Hat man die nicht, sollte man eher auf Humor verzichten.

Im Wesentlichen ist es die offene Haltung gegenüber den Klienten, die das Vertrauen ermöglicht. Es ist also etwas, was die Sozialarbeitenden durch ihre Kommunikation herstellen. Vertrauen ist ein Effekt der Methodik – vorausgesetzt, man verhält sich wie oben beschrieben. Und man hat es nicht mit Klientinnen und Klienten zu tun, die aufgrund eigener traumatischer Erfahrungen oder aufgrund einer psychischen Erkrankung nicht vertrauen können. Hier können wir aber feststellen, dass die Klientinnen nicht mit uns kooperieren müssen. Die Einzelfallhilfe lässt sich auch im Konflikt durchführen.

Eine besondere Herausforderung bedeutet es, wenn die Hilfe in einem Kontext durchgeführt wird, in dem die Klientinnen und Klienten vorerst nicht freiwillig kommen. Nicht immer ist es formeller Zwang, manchmal ist es auch der dringende Wunsch einer vertrauten Person. In diesem Fall benötigt der Aufbau des Vertrauens eine an diese Ausgangssituation angepasste Form. Bei Klug und Zobrist (2021), Schwarze und Schmidt (2008), Zobrist (2012) und bei Kähler (2005) erhalten Sie eine gute Unterstützung für Personen in Pflichtklientschaft.

*Psychotherapie und Sozialarbeit*

Die Einzelfallhilfe in der Sozialarbeit hatte immer schon eine Nähe zur Psychotherapie. Man erkennt das in klassischen Schulen des Case Work, die sich eng an die Entwicklungen der Psychotherapie anschließen. Zuerst war es die Psychoanalyse (Aichhorn, A. 1972; Aichhorn, T. 2012, 2014; Dworschak 1969; Freud, A. 2011; Perner 2010; Günter/Bruns 2010), später dann auch die Entwicklung der humanistischen Psychologie (Rogers 1981, 1983, 2020; Weinberger 2013) und schließlich die systemischen Ansätze (de Shazer 2014; Miller/Rollnick 2014; Kleve et al. 2021), die von der Sozialarbeit mit Interesse verfolgt wurden und die über einzelne Kolleginnen und über Fortbildungen das Spektrum der Einzelfallhilfe wesentlich erweitert haben. Bei all der Beobachtung der Psychotherapie blieb die Sozialarbeit deutlich als eine eigene Profession vorhanden. Sozialarbeiterische Hilfe lernte zwar manches von der Psychotherapie, wollte aber nicht Psychotherapie werden.

Was die sozialarbeiterische Beratung mit der Psychotherapie verbindet, ist, dass sie sich nicht nur an dem orientiert, was die Klientinnen und Klienten jetzt bereits ausdrücken können. Sie versucht einerseits ihre Klientinnen dazu zu ermutigen, mehr über ihre Situation zu erzählen – und so auch die Chancen zu einer Änderung in den Blick zu bekommen. Und in der Einzelfallhilfe weiß man, dass die Klienten weiterhin noch einiges nicht gesagt haben – manchmal, weil sie es selbst nicht wissen, manchmal, weil sie sich schämen, manchmal, weil sie es nicht veröffentlichen wollen. Auch nicht in der Beziehung zum Sozialarbeiter.

Eine weitere Parallele zur Psychotherapie finden wir in der Rolle der Klientin oder des Klienten. Nicht alles, was die Sozialarbeiter erreichen können, braucht die aktive Mithilfe der Klientinnen und Klienten. Aber viele wesentliche Fortschritte benötigen die Aktivität der betroffenen Personen. Und diese kann man nicht durch »Anweisungen« erreichen, sondern durch eine gute Beziehung, durch Geduld und gern auch durch die eine oder andere günstige Wendung im Leben der Klientinnen.

Teile der Psychotherapieforschung sind für die Sozialarbeit sehr interessant. Speziell das »Kontextuelle Metamodell« nach Wampold (Wampold et al. 2018) erklärt die Wirkung der Psychotherapie nicht aus der genauen Anwendung von Wissen, sondern aus der Person der Therapeutin oder des Therapeuten und aus lebenspraktischen Ereignissen heraus. Das ist insofern interessant, als auch bei den Sozialwissenschaften manche von einer »Anwendung des Wissens« oder von einer »Anwendung der Theorie« ausgehen.

Miller et al. (2014) haben diese Erfahrungen über die Wirkungen der Psychotherapie zusammengefasst und in der Sozialarbeit wissen wir, dass viele Besserungen zustande kommen, da die Sozialarbeitenden Vertrauen in die Klienten setzen, sie ermutigen und den Blick für günstige Gelegenheiten im Lebensfeld offenhalten. Man kann das auch Beziehungsarbeit nennen.

»Letztlich bleibt die Psychotherapie eben eine ganz normale Profession, die sich unter anderem dadurch auszeichnet, unsichere Lagen unter hoher Unsicherheit zu bearbeiten, die es mit einer Überfülle an unbekannten Wechselwirkungen zu tun hat und in der schon die Komplexität der Interaktionssituation wirksam ausschließt, das Vorgehen als pure Applikation irgendeiner Art von »Wissen« zu verstehen, das stets adäquat abgerufen und umgesetzt werden könnte.« (Beher 2020)

Nun, das kann man über die Soziale Einzelhilfe auch sagen, obwohl es die Forschung nach deren Erfolgen noch um einiges schwerer machen würde – zumal sie ja nicht das individuelle therapeutische Setting als Einflussnahme hat, sondern auch noch selbst, teils mit den Klientinnen und Klienten koordiniert, in deren Lebenswelt Interventionen setzt. Die Bedeutung der Sozialarbeitenden für die Erfolgsdiagnose kann man wohl annehmen, ebenso wie die wesentlich bessere Prognose, wenn sie von Beginn an davon überzeugt sind, dass sich die Klienten und Klientinnen verbessern können.

## Motivation und »Widerstand«

Seit es Case Work gibt, beschäftigen sich Fachkräfte und Autorinnen mit Fragen der Kooperation der Klientinnen und Klienten – und zwar unter verschiedenen Stichworten: »motivierte« versus »unmotivierte« Klienten, »Widerstand«, Freiwilligkeit versus Zwang, Zwangskontext sowie Ambivalenz von Hilfe und Kontrolle.

Das ist auch nicht weiter verwunderlich, und zwar aus mehreren Gründen:
- ▶ Die Reaktion des Staates und der Gesellschaft auf soziale Probleme ist nicht immer eindeutig eine der Hilfe, sondern umfasst auch Kontrolle und Repression. Die Sozialarbeit ist Teil dieses Systems. Ihr gegenüber skeptisch zu sein, kann also durchaus vernünftig sein.
- ▶ Klientinnen und Klienten der Sozialen Arbeit können selbstschädigende Verhaltensweisen zeigen und eine Änderung verweigern. Diese Erfahrung ist vor allem für Berufsanfängerinnen irritierend und frustrierend.
- ▶ Sie können auch fremdschädigende Aktionen gesetzt haben und setzen, zum Beispiel gegen ihre Partnerinnen und Kinder, womit sie die Akzeptanzbereitschaft der Fachkräfte auf eine herbe Probe stellen.
- ▶ Klientinnen und Klienten können die Auflagen und Vorschriften, die ihnen auferlegt werden, als Zumutung oder als Demütigung empfinden und sich verweigern.

*Einzelfallhilfe funktioniert auch bei wenig motivierten Klienten*

Einer der großen Vorzüge der Sozialen Einzelhilfe ist, dass sie mit solchen schwierigen Situationen umgehen kann. Sie ist nicht darauf angewiesen, dass die Klientinnen sich freiwillig in eine Ordination oder Praxis begeben, sondern hat auch dann ein methodisches Instrumentarium, wenn Klienten auf Distanz gehen oder sich teilweise entziehen und zeitweise schwer erreichbar sind.

Nach einer Erkundung der Lebenssituation der Klientinnen tauchen bei uns in aller Regel Vorstellungen auf, wie sie diese Lage verbessern könnten. Das ist nur natürlich und vorerst auch legitim. Als erfahrene Sozialarbeiterin weiß man aber auch, dass damit noch kein Weg für eine wirkliche Verbesserung der Situation oder eine Lösung des Problems gefunden ist. Im Gegenteil: Unsere zuerst aufkommenden Ideen sind zumeist jene, auf die auch schon andere Personen im Umfeld der Klienten gekommen sind und die sie ihnen auch schon mitgeteilt haben. Genützt hat es nichts, sonst säße die Klientin nicht bei uns. Wir müssen uns also damit abfinden, dass die scheinbar so einfache Lösung keine Lösung ist. Es ist den Klienten bisher nicht möglich, diesen Weg zu gehen, sonst wären sie ihn schon gegangen.

Solche Vorstellungen über die mögliche Lösung durch Verhaltensänderung der Klienten können toxisch sein. Ihr Widerstand gegen unsere vermeintlich klaren und aussichtsreichen Vorschläge kann uns aufregen und im schlimmsten Fall führt er dazu, dass wir die Klienten verurteilen und versuchen, Druck auf sie aufzubauen. So verständlich diese Reaktion ist, führt sie doch in eine Sackgasse. Der Widerstand der Klientinnen hat uns dann dazu veranlasst, einige Prinzipien der Einzelfallhilfe (s. Kapitel 1.11) zu missachten.

*Professionelle Haltung auch bei Widerstand*

Wesentlich ist, sich nicht mit dem Widerstand der Klientinnen abzufinden. Widerstand kann die Sozialarbeitenden dazu bringen, dass sie versuchen, dominant zu werden, mit Vorschreibungen zu agieren oder dass sie die Unterstützung für die Klientinnen und Klienten einstellen und die Kommunikation beenden. Sinnvolle Gesprächskonzepte weisen da einen anderen Weg. Bei der lösungsorientierten Therapie schlägt Steve de Shazer vor, den Widerstand als etwas zu interpretieren, was von den Sozialarbeitenden und den Klienten gemeinsam erzeugt wurde. Wenn die Klientin widerständig ist, dann ist die richtige Form der Kommunikation mit ihr noch nicht gefunden worden. Klienten kooperieren immer. Wenn sie »widerständig« sind, dann ist das die Form, mit der sie derzeit kooperieren können. In der lösungsorientierten Gesprächsführung konzentriert man sich auf die »Ausnahmen«, dort wo die Schwierigkeiten weniger auftauchen, und man lobt die Klientinnen und Klienten für alles, was sie bisher schon getan haben.

Ähnlich geht die motivierende Gesprächsführung vor: Sie besagt, dass man »mit dem Widerstand gehen muss«. Gesprächstechnisch heißt das, dass man dem Widerstand zustimmt. Es könnte tatsächlich für die Klientinnen und Klienten gefährlich sein, wenn sie das tun, was wir oder andere von ihnen verlangen.

*Kluge Interviewführung*

Sie müssen uns dann nicht überzeugen, sie werden dann nicht in eine ausweglose Situation getrieben, wo sie schon allein deshalb im Widerstand bleiben müssen, weil sie sonst uns (ober anderen) unterliegen müssten. Menschen verlieren nicht gern. Deshalb sollte man ihren Widerstand nicht zu etwas machen, was im Dialog geklärt werden muss. Es geht um Ausweichmethoden, um eine kluge Interviewführung.

*Bedürfnisse und Motivation*

Einige Gesprächskonzepte wie das Motivational Interviewing (Miller/Rollnick 2015) und die (systemische) Lösungsorientierte Gesprächsführung (de Shazer 2014; Roessler et al. 2014) setzen darauf, die Klienten auch dort auf ihre eigenen Entscheidungen zu verweisen, wo sie das nicht erwarten. Sehr deutlich bei der motivierenden Gesprächsführung, die ja aus der Arbeit mit Suchtpatientinnen kommt. Auch wenn die Klienten erwarten, dass ihnen wieder jemand sagt, sie sollten abstinent werden, verweigert man das. Sie hören, dass die Beraterin nicht wisse und nicht wissen könne, was für den Klienten am besten ist. Möglicherweise sei es auch das Beste, weiterzumachen wie bisher. Damit wird ein Raum eröffnet, in dem der Klient seine eigenen Überlegungen anstellen kann, ohne sich gegen Bevormundung wehren zu müssen. Genaugenommen wird die Klientin gerade beim Motivational Interviewing nicht »motiviert«, sondern es wird die Möglichkeit geschaffen, dass sie sich selbst motivieren kann.

*Drei Grundbedürfnisse*

Damit sind wir schon bei der Frage, wie die Motivation von Klienten unterstützt werden kann. Dazu haben Richard M. Ryan und Edward L. Deci (2017; 1996) eine Antwort. Empirisch gut unterfüttert sprechen sie in ihrer Self-determination Theory von drei psychischen Grundbedürfnissen: Kompetenzerfahrung, Autonomie und Soziale Einbindung. Diese Bedürfnisse seien elementar und die Grundlage dafür, wie sich Personen entscheiden und was sie motiviert anstreben. Wenn die Erfüllung eines dieser Bedürfnisse gefährdet ist, kann nicht erwartet werden, dass Menschen freiwillig und freudig tun, was wir oder der staatliche Auftraggeber von ihnen zu ihrem vermeintlichen Besten wollen. Leider gibt es keine deutschen Übersetzungen der Werke von Deci und Ryan. Einen Überblick über die Selbstbestimmungstheorie können Sie sich auf der Website selfdeterminationtheory.org verschaffen.

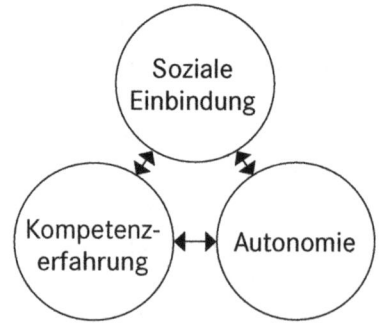

**Abb. 6:** Psychische Bedürfnisse nach Ryan und Deci (eigene Darstellung)

*Autonomie:* Sich als selbständiges, entscheidungsfähiges Individuum erleben, als selbständiges und entscheidungsfähiges Wesen behandelt werden.

*Kompetenzerfahrung:* Darüber wird auch unter dem Stichwort »Selbstwirksamkeit« gesprochen und geschrieben. Es geht dabei um die Erfahrung, etwas zu wissen und zu können und damit auch etwas bewirken zu können.

*Soziale Einbindung:* Ja, Menschen sind soziale Wesen und sie wollen nicht die Verbindung zu jenen Menschen verlieren, die ihnen nahe sind. Sie wollen wohlwollend von anderen beobachtet werden und selbst anderen wohlwollend und helfend begegnen können (schon Ilse Arlt hat davon gesprochen, dass auch die Klientinnen und Klienten selbst etwas geben wollen).

Ich nehme an, das klingt auch für Sie logisch – ja, sogar selbstverständlich. Wenn Sie sich selbst beobachten, dann werden Sie leicht diese Bedürfnisse erkennen – und auch, wie Ihre eigenen Entscheidungen davon beeinflusst werden.

Wenn man die Lebenssituationen vieler Klientinnen und Klienten betrachtet, kann man erkennen, dass die drei Bedürfnisse nicht immer gleichzeitig »bedient« werden können. Die eigene Autonomie durchsetzen zu wollen, kann zum Beispiel heftigen Widerstand der nahestehenden Personen provozieren. Einen Widerstand, der Angst macht, man könnte seine soziale Einbindung verlieren.

Richtet man den Blick auf jene drei Bedürfnisse, dann werden viele scheinbar irrationale Handlungsweisen erklär- und verstehbar. Noch wichtiger ist es aber, dass wir damit auch einen Leitfaden für die Gestaltung von Unterstützungsprozessen haben. Die Erfolgswahrscheinlichkeit wird in dem Maße größer, als es gelingt, an diese Bedürfnisse anzuknüpfen und nicht gegen sie zu arbeiten. Das ist zwar einfacher gesagt als getan, aber trotzdem ein alter Grundsatz der Einzelfallhilfe. Mit zum Teil anderen Formulierungen und Begriffen haben alle wesentlichen Autorinnen und Autoren, die über die Methoden der Sozialarbeit geschrieben haben, genau das gesagt: Die Autonomie der Klienten respektieren und stärken, sie bei der Entwicklung ihrer Kompetenzen, ihres Wissens und ihrer Fähigkeiten unterstützen, ihre soziale Einbindung beachten und zu verbessern versuchen.

<small>Personen handeln rational – in ihrer Welt</small>

Ein weiteres Element, das mitentscheidend für einen möglichen Erfolg von Problemlösungen ist, ist die Energie, die Klientinnen und Klienten für die Lösung aufwenden können. Da ist einmal das allgemeine Niveau an Energie, das ihnen zur Verfügung steht. Ryan und Deci sprechen von »*Vitality*« (2017, S. 256 ff.). Dann ist noch fraglich, wieviel dieser Energie frei für die Lösungsanstrengungen ist. Wenn alle Kraft schon für das Sichern des Überlebens oder für die Erledi-

<small>Für Wandel braucht man »Energie«</small>

gung eines höchst prekären Alltags aufgeht, dann bleibt vorerst einmal wenig für weitere Aktionen übrig.

Wir kennen dies in der weit verbreiteten Form der Bedürfnispyramide von Maslow (s. Abbildung 7).

Abraham Maslow war ein amerikanischer Psychologe, der von 1908 bis 1970 lebte. Er hat jene Pyramide entworfen, die in der Ausbildung zu beratenden Berufen, in der Betriebspsychologie und dem Management immer noch weit verbreitet ist. Diese Pyramide wird Ihnen sicher begegnen oder Sie kennen sie schon.

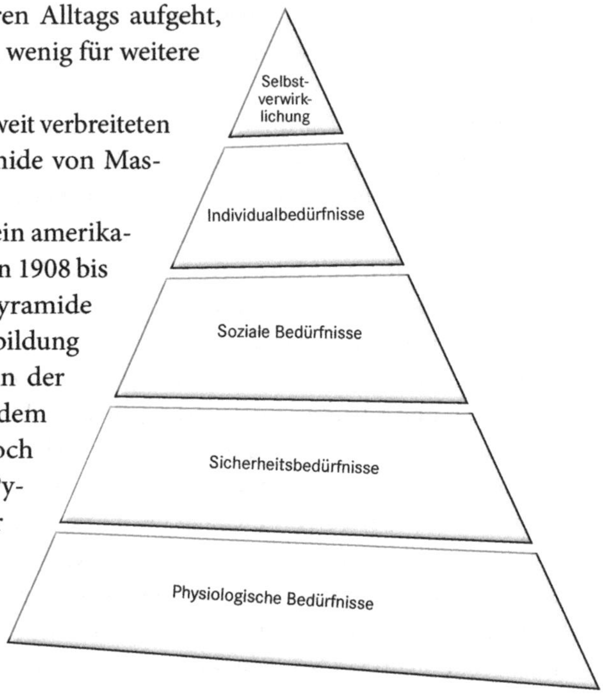

Maslow war ein humanistischer Psychologe. Er beschränkte sich auf die konstruktiven Bedürfnisse und die Hierarchisierung war die eigentliche herausragende Bedeutung seiner Bedürfnistheorie. Zahlreiche Manager, Psychologinnen und Sozialarbeiter auf der ganzen Welt haben dieses Bild der Bedürfnispyramide vor Augen. Und sie glauben, dass die physischen Bedürfnisse vor den sozialen kommen. Maslow meinte, dass eine tiefere Schicht der Bedürfnisse zumindest zu 70 % befriedigt werden musste, damit sich Menschen mit den höheren Bedürfnissen auseinandersetzen könnten. Und Maslow hat keine destruktiven Bedürfnisse in seine Konstruktion hereingeholt.

*Maslow'sche Bedürfnispyramide*

*Kritik an Maslow*

Abb. 7: Bedürfnispyramide nach Maslow (eigene Darstellung)

An der Bedürfnistheorie von Maslow gibt es einiges zu kritisieren. Sie ist nicht empirisch fundiert, die »Hierarchie« der Bedürfnisse stimmt – allerdings nur in westlichen Gesellschaften. Viele Bedürfnisse sind nicht klar einer Stufe zuzuordnen: Das Essen zum Beispiel mag ursprünglich ein physisches Bedürfnis sein, aber es ist auch ein soziales beziehungsweise ein ästhetisches Bedürfnis. Und schließlich ist unklar, was die Hierarchisierung bedeutet. Ist es tatsächlich so, dass soziale und individuelle Bedürfnisse von Menschen erst dann angestrebt werden, wenn sie genug zu Essen gehabt haben?

Pater Joseph Wresinski, Theologe und der Gründer der ATD Fourth World (2012), hat sich für die Rechte der Armen eingesetzt – und uns aufgefordert, von den Armen zu lernen. Er hat sich auch mit der Maslow'schen Bedürfnispyramide auseinandergesetzt und die Organisation ATD bezweifelt die Hierarchie der Bedürfnisse. Das würde bedeuten, dass die Ärmsten dieser Erde kein Bedürfnis nach Selbstverwirklichung oder nach Spiritualität hätten. Sie äußerten daher einen anderen Vorschlag: Die Bedürfnisse müssten gleichrangig sein und man könne mit jedem und jeder darüber sprechen, welche Bedürfnisse für ihn oder sie vorrangig sind (Blunschi-Ackermann 2005, S. 55 f.). Ein solches Modell finden Sie in Abbildung 8. Jona Rosenfeld schildert in einem Interview seine Begegnung mit Pater Joseph Wresinski und wie seine Idee, von den Armen zu lernen, seine sozialarbeiterische Einstellung geändert hat (Rosenfeld 2020, S. 142-147). Jona Rosenfeld ist nicht nur in Israel ein hervorragender Sozialarbeiter, der sich vor allem um »hard to reach«-Klientinnen und Klienten gekümmert und dabei eine nachgehende Arbeit bevorzugt hat (Rosenfeld 1998).

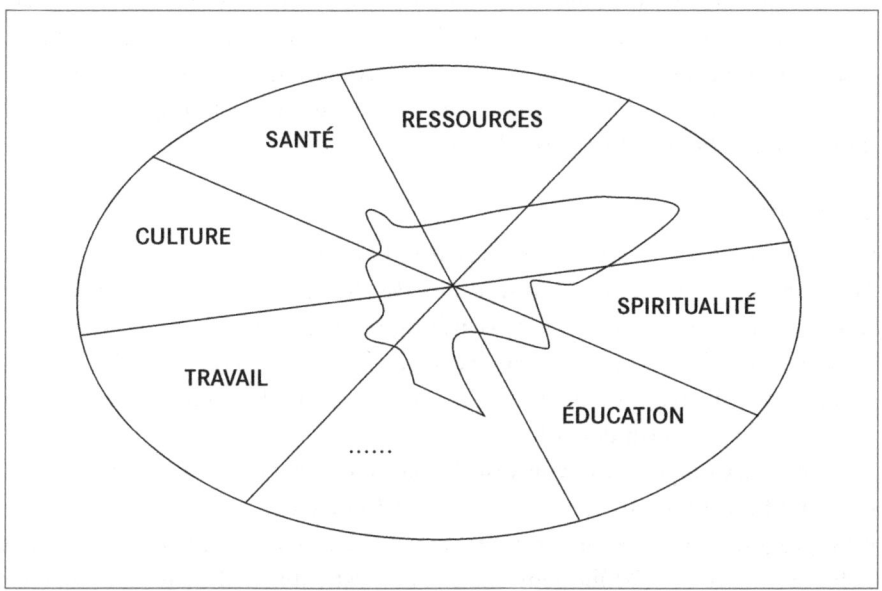

**Abb. 8:** Ein Modell der Gleichwertigkeit der menschlichen Bedürfnisse. Groupe de recherche action-formation Quart Monde Partenaire (2002, S. 147)

Für die Einzelfallhilfe ist die Maslowsche Pyramide ein Hinweis auf die verschiedenen menschlichen Bedürfnisse, die die Klientinnen und Klienten bewegen – und damit auf die verschiedenen Einflüsse auf deren Entscheidungen. Letztlich hat Einzelfallhilfe mit all diesen Bedürfnissen zu tun.

Vitality  Wir können diese Pyramide allerdings auch als Hinweis auf die Vitalität (Vitality) nennen, die Deci und Ryan angesprochen haben: Wenn für die Aufrechterhaltung des physischen Lebens, oder aber auch der sozialen Kontexte des Lebens sehr viel der Energie eingesetzt werden muss, bleiben eben nur noch wenige Ressourcen für die Lösung anderer Probleme.

Für die Einordnung der psychischen Bedürfnisse scheint mir der Text von Deci und Ryan instruktiver. Menschen müssen Soziale Einbindung, die Erfahrung ihrer eigenen Kompetenz und ihre Autonomie garantieren können. Bei vielen Entscheidungen gibt es Konflikte zwischen diesen drei Bedürfnissen.

## Alltag, Gewohnheit, Selbstschädigung

Wenn wir darüber sprechen wollen, wie wir bei der Beratung und dem Hilfeplan vorgehen, müssen wir uns auch mit all den Schwierigkeiten beschäftigen, die uns die Klienten machen. Man kann das ganz einfach sehen: Entweder kooperieren sie oder sie kooperieren nicht. Dafür gibt es auch einige Vokabeln. Die einen sprechen von »Compliance« oder »Adhärenz«, andere sprechen vom »Willen«. Ich meine, dass alle drei keine hilfreichen Bezeichnungen darstellen und sie uns auf eine falsche Spur lenken.

### *Compliance*

Dazu zuerst, in aller Kürze, was diese drei Begriffe meinen. Compliance oder Adhärenz sind in der Medizin und der Psychotherapie die Bereitschaft der Klientinnen und Klienten zur Mitwirkung bei therapeutischen Maßnahmen. Compliance geht von einer paternalistischen Struktur aus (Franz 2019; Mühlig 2013), in der Medizin, vor allem bei chronischen Erkrankungen, verwendet man heutzutage den Begriff der Adhärenz.

Compliance und Adhärenz  Während Compliance davon ausgeht, dass das Behandlungsprogramm durch den Arzt bestimmt wird, geht man bei Adhärenz davon aus, dass das Behandlungsprogramm gemeinsam von Arzt und Patientin festgelegt wurde. Man hat sich also eine gewisse Mühe gemacht und den Patienten in die Aushandlung der Therapie einbezogen. Die Aushandlung geschah allerdings in dem asymmetrischen Setting, bei dem der Patient nicht »auf Augenhöhe« mit der Ärztin kommunizieren konnte. Und die Patientin oder der Patient hat noch einen weiteren Vorteil: In seinem oder ihrem Leben trifft er oder sie selbst die Entscheidungen. Nicht im Gespräch mit dem Arzt, sondern laufend. Die Non-Adhärenz ist dann eine konsequente Abweichung des Patienten vom vereinbarten Programm: Sport wird nicht gemacht, es wird weitergeraucht, die Lebensstiländerungen zum Beispiel beim Essen werden nicht eingehalten, die Medikamente werden nicht oder nur in unzureichendem Maß genommen.

Wenn man sich nun auf die Compliance beziehungsweise die Adhärenz im Rahmen der Einzelfallhilfe bezieht, so finden wir auch hier die Abweichungen der Klientinnen vom einmal vereinbarten Plan, ja auch von solchen Plänen, denen sie im Gespräch heftig zugestimmt haben. Man kann davon ausgehen, dass zahlreiche Klientinnen nicht das tun, was man mit ihnen vereinbart hat. Auch hier gibt es diese schwierige Situation: Im Gespräch erscheint mir die Umstellung meines Lebens als sinnvoll, aber im täglichen Leben spricht sehr viel dafür, so weiterzutun wie bisher.

Man könnte auf diese Non-Adhärenz mit moralischer Verurteilung reagieren: Die Klienten haben ein Ziel, man hat mit ihnen ausführlich besprochen, wie sie dieses Ziel erreichen könnten, das Erreichen des Zieles könnte ihnen auch ein besseres Leben bescheren. Und dann machen sie nicht, was ihnen den Weg dorthin öffnen würde. Sie schädigen sich anscheinend selbst. Nun ist es aber nicht in erster Linie ein moralischer Fehler, denn die Klienten haben deutliche Gründe, die ihnen einen Neubeginn ihres Lebens erschweren. Es sind wesentliche Teile ihres Lebensstils, die sie sich in einer feindseligen Umgebung angeeignet haben. Was sie als feindselig empfunden haben, liegt in ihrer Biografie begründet. Man überlege, wie man selbst das Leben, dessen Herausforderungen oder andere Menschen als potenziell feindselig empfunden hat und wie man seine eigenen Strategien zu einem für sich akzeptablen Leben gefunden hat. Das Akzeptieren dieser Gründe in der Beratung ist ein wesentlicher Teil des Hilfeprozesses. Die moralische Empörung kann man sich also sparen.

Non-Adhärenz

Wir stoßen auf einige Schwierigkeiten im Verhältnis von Sozialarbeiter und Klient oder Sozialarbeiterin und Klientin. Bei der vermeintlichen »Compliance«, oder der Adhärenz und der Nicht-Adhärenz, sind wir ganz nah an dem, was die Kommunikation zwischen beiden Seiten kontaminieren kann. Peter Sloterdijk (2000, S. 30) hat bereits darauf hingewiesen: »Entwicklung ist evidentermaßen nicht ohne Kränkung des zu Entwickelnden zu haben, denn wer entwickeln will, lässt sich zum Nicht-Entwickelten herab.« Und so können Sozialarbeiter den Klientinnen vorkommen: als solche, die sich zu ihnen herablassen, manchmal auch als solche, die bereits vorweg genau wissen, was die anderen zu tun hätten – und die das noch dazu aus einer Position tun, in der sie offensichtlich wenig oder zumindest zu wenig Erfahrungen über das Leben der Klientinnen und über das Leben in schwierigen Situationen aufweisen.

Entwicklung und Kränkung

Wir kennen das auch aus der Diskussion zur Entwicklungsforschung (Schenk/Korf 2021; Korf/Rothfuß 2016): Die stolzen Ziele, die sich die Helfer und Helferinnen in der Entwicklungspolitik gern setzen, werden kaum jemals erreicht. Die Mitglieder der Ziel-Gesellschaften sind nicht einfach dankbar, wenn europäische Experten ihnen sagen, was sie tun sollen. Wir haben ein Problem bei der Entwicklungshilfe für die ärmsten Staaten: Die internationalen Hilfsorganisationen funktionieren zwar gut, aber gleichzeitig sind zahlreiche Entwicklungsprogramme, wie es scheint, vergeblich. Die Innovationen werden nicht angenommen, die Brunnen nicht gepflegt, Gebäude verfallen. Die Helferinnen haben einen guten Willen, aber sie werden von den Klienten als nicht ausreichend kompetent angesehen. Und wenn wir genauer hinschauen, dann haben die Klientinnen und Klienten manchmal sogar recht. Die Helfer betrachten dann die Klienten, die »Einheimischen«, als nicht-compliant, als nicht-adhärent.

<small>Persönliche Bereitschaft</small>

Die Helfer und Helferinnen erreichen die Klientinnen und Klienten nicht und das ist ein Problem ihres mangelnden Verständnisses für die Alltagslogik. So gesehen ist es ein Problem der Helfenden, das möglicherweise durch eine verbesserte Diagnose behoben werden könnte. Man kann es aber auch anders sehen: Die Helfenden verstehen zwar das Problem durchaus richtig, aber sie haben kein Werkzeug, um es zu ändern. Ändern können es nur die Klientinnen und Klienten. Und sie werden es erst dann ändern können, wenn sie persönlich dazu bereit sind, und dafür benötigt es einige Voraussetzungen, die ein Helfer nicht bereitstellen kann. Man kann sagen, dass Sozialarbeitende (und Entwicklungshelferinnen) nur einen kleinen Teil der Bedingungen beeinflussen können, zahlreiches bleibt außerhalb ihres Einflusses.

### Willen

Ein zweiter Weg, die Klientinnen in vermeintlich gute und schlechte Klienten einzuteilen, ist die Betonung ihres Willens, besonders im sogenannten »Fachkonzept Sozialraumorientierung« (Hinte 2009), recht verbreitet in der Kinder- und Jugendhilfe.

Im Gegensatz zu anderen Ansätzen der Sozialen Arbeit wird dort eine Unterscheidung zwischen dem »Willen« der Klienten gemacht, der im Gegensatz zu ihren Wünschen steht. Diese Unterscheidung nimmt Wolfgang Hinte aus Erfahrungen der Stadtteilarbeit – dort ergibt sie auch Sinn. In der Einzelfallhilfe allerdings führt sie zu einer allzu frühen Einteilung in jene Klientinnen und Klienten, die eine Änderung wollen, und in jene, die resigniert sind, sich noch nicht entscheiden können.

<small>Äußerungen liefern kein Abbild des Willens</small>

Eine solche Unterscheidung ist nicht einfach und zu Beginn einer Klientin-Sozialarbeitenden-Beziehung kaum zu leisten. Denn was die Klientinnen und Klienten sagen, ist oft noch relativ weit von dem entfernt, was sie beschlossen haben und wozu sie sich in Zukunft entschließen werden.

Jede Kommunikationssituation ist gleichzeitig ein Spiel, bei dem man seinen Status verteidigt, sich nicht zu sehr in die Hände des anderen begeben will. Hier einige Überlegungen, die im Gespräch beeinflussen, was ich sage – und was nicht:
- Bias der sozialen Erwünschtheit – die Leute sagen das, wovon sie glauben, dass es beim Gesprächspartner anschlussfähig ist. Sie geben keine »ehrliche« Antwort auf eine Frage, sondern ihre Antwort dient der Beziehung zu mir.
- Menschen suchen nach Resonanz und versuchen, die Anschlussfähigkeit der eigenen Kommunikation herzustellen. Anschlussfähigkeit bedeutet, dass ich mit ihnen sprechen kann und dass sie dann auch etwas sagen können. Manchmal ist es wichtig, Probleme nicht zu groß zu machen, damit Kommunikation weiterhin möglich ist.
- Vermeiden von Resonanz, sich selbst vor zu großer Verwundbarkeit schützen: Ich steuere durch meine Beiträge, was als Thema in dieser Kommunikation, in dieser Beziehung zugelassen ist.
- Klientinnen und Klienten wissen, dass sie nicht zurücknehmen können, was sie einmal als Information gegeben haben, und dass sie ein einmal zugelassenes Thema in der Zukunft nicht mehr aus der Kommunikation heraushalten können. Es wird in allen künftigen Kommunikationen mit dieser Person ein mögliches, erlaubtes Thema bleiben. Was ich also über mich sage, sage ich nicht nur für die Gegenwart, sondern ich sage es in die Zukunft hinein.
- Im Gespräch sagt man vieles, manches auch nur, weil es gerade sinnvoll erscheint. Nicht alles, was ich sage, ist mein »letztes Wort«. Es kann sich noch ändern. Es kann sich ändern, dass ich mich nicht ändern will. Es kann sich ändern, dass ich das Problem lösen will.
- Ich urteile über eine Möglichkeit (eine Chance, ein potenzielles Ziel) anhand der mir derzeit bekannten oder vermeintlich bekannten Optionen, aufgrund meiner derzeitigen Einschätzung der Chancen und Gefahren, auf Basis jener Bilder, die mir derzeit zur Verfügung stehen. Morgen können mir andere Bilder helfen, es doch zu versuchen.

Die Herausbildung eines »Willens«, das heißt der Bereitschaft, Energie und Ressourcen für ein Ziel einzusetzen, bedarf eines Vorspiels, eines Prozesses der Entscheidungsvorbereitung und der Verfestigung dieser Entscheidung. Und der Bereitschaft, ein Ziel zu priorisieren, also andere Ziele dafür aufzugeben, und sei es nur das Ziel einer Beibehaltung meines bisher zwar nicht großartigen, aber doch leidlich funktionierenden Alltags. Die Bereitschaft, mir auch Schwierigkeiten zu bereiten, indem ich ein neues Ziel priorisiere.

Ich kann eine Situation, eine Lebensweise, eine Form des Alltags für unbefriedigend, ja für völlig unzulänglich halten, mich aber trotzdem in ihr eingerichtet haben. Ich weiß, dass sie schmerzt, ich weiß aber auch, dass ich diesen Schmerz überlebe – zumindest bisher.

Ich kann Angst vor dem Misserfolg haben: Wenn ich scheitere, stehe ich schlechter da als zuvor. Ich habe nunmehr auch die Erfahrung, dass mir eine Änderung nicht gelingt. Ich kann besser damit leben, dass ich eine Änderung für möglich halte, sie aber nicht versuche. Irgendwann werde ich es vielleicht versuchen und solange ich keine Erfahrung des Scheiterns habe, kann ich bezüglich künftiger Versuche optimistisch bleiben.

*Arbeit am Wollen*

Roessler, Gaiswinkler und Hurch weisen auf jene Klientinnen und Klienten hin, die keine Vorstellungen von einer anstrebenswerten Zukunft formulieren können, die kein Ziel haben:

»In diesem Fall heißt ›Arbeit am Wollen‹, Hoffnung und Zuversicht zu befördern, indem zum einen kleine Erfolge sichtbar gemacht, zum anderen Bewältigungsstrategien erforscht werden (Coping Questions) und außerdem Wertschätzung für die schwierige Situation signalisiert wird, und zwar dann, wenn die Klientin ein Problem oder eine Klage formuliert.« (Roessler et al. 2014, S. 15)

Isebaert und van Coillie (2005, S. 68) sehen, dass Hilfe für Personen, die noch keinen Willen zur Veränderung haben, in Schwierigkeiten führt: »Wenn wir versuchen, Patienten zu helfen, die keinen Hilfswunsch haben, werden wir nur Widerstand auslösen. Je mehr wir uns anstrengen, Rat zu geben und Hilfe zu bieten, desto mehr Widerstand werden sie leisten.« Der Prozess geht weiter und was man ihnen anbieten kann, ist nicht eine Arbeit an dem, was andere von ihnen wollen, sondern an etwas, was sie selbst beseitigen möchten. Zum Beispiel, dass ihre Verwandten oder andere Helferinnen sie bedrängen.

Personen ernst zu nehmen, bedeutet nicht, jede ihrer Äußerungen für bare Münze und für das letzte Wort zu halten. Es heißt, sich dieser vielen Gründe für ein Ausweichen bei der Kommunikation bewusst zu sein, sie zu respektieren und einen Weg zu suchen, wie die Kommunikation trotzdem weitergeführt werden kann. Das »Wollen« steht oft nicht am Anfang eines Einzelfallhilfeprozesses, sondern es wird erst mit der Zeit gebildet. Der Prozess der Einzelfallhilfe ist ein Prozess, in dem das Problem manchmal auch im Zuge mehrerer Sitzungen erkannt wird und es Vorbereitungen gibt, damit Klientinnen und Klienten ihr Wollen entwickeln.

*Ambivalenz als normale Entscheidungsform*

Ambivalenz (Jekeli 2002; Burkhard 2002) ist eine normale Erscheinungsform der Motivation von Personen. Soziale Beziehungen und eigene möglicherweise gefährliche Gewohnheiten sind mit durchaus widersprüchlichen Gedanken verbunden – und als einigermaßen gesunder Mensch hält man diese Widersprüche auch aus. Diese Fähigkeit, widersprüchliche Gefühle zu tolerieren und nebeneinander bestehen zu lassen, gleichzeitig jedoch handlungsfähig zu bleiben, wird als Ambivalenztoleranz oder als Ambiguitätstoleranz bezeichnet.

Wenn ich die Ambivalenz soeben als normal bezeichnet habe, so werden mir nicht alle Menschen zustimmen. In der Geschichte wurde Ambivalenz zuerst von dem Schweizer Psychiater Bleuler 1911 als typische Erscheinungsform der Schizophrenie beschrieben. Außerdem wird Ambivalenz als typische Form von psychischen Erkrankungen erkannt, zum Beispiel beim Borderline-Syndrom. In diesen Fällen spricht man von einer pathologischen Ambivalenz. Betroffene Personen können die unterschiedlichen Stimmen in ihrem eigenen Bewusstsein nicht aushalten. <!-- marginalie: Ambivalenz als psychische Erkrankung -->

Wir alle aber haben solche unterschiedlichen Gefühle und müssen diese auch aushalten, wir alle richten unser Leben nicht nur nach den Fragen der Gesundheit aus und haben gemischte Gefühle zu uns nahestehenden Personen. Sigmund Freud hat das in »Libido« und »Todestrieb« zusammengefasst (Freud 2015). Menschen sind deswegen mit der Ambivalenz vertraut, weil sie diese zu ihrer weiteren Entwicklung benötigen. Gleichzeitig können nicht getroffene Entscheidungen zu einer quälenden Schwierigkeit im Alltag werden. Man denke dabei zum Beispiel an die schwierige Phase vor der Trennung in einer Beziehung. <!-- marginalie: Ambivalenz als Alltag -->

In der Einzelfallhilfe arbeiten wir mit dieser Ambivalenz. Menschen, bei denen alles klar ist, sind meist keine Klienten der Einzelfallhilfe, sie brauchen uns nicht. Die Schwierigkeit bei der Verarbeitung von Ambivalenz in der Beratung liegt darin, dass die Klientinnen und Klienten sich auch als autonome Wesen zeigen wollen und dass sie, wenn die Beraterin oder der Berater sich auf eine Seite der Ambivalenz schlägt, gleichzeitig die zweite Seite ins Spiel bringen wollen. Wenn man sagt, dass es doch sinnvoll sei, sich von dem schwierigen und manchmal übergriffigen Mann zu trennen, kann es sein, dass gerade dann jene Argumente in den Vordergrund treten, die für einen weiteren, den vielleicht zehnten Versuch mit ihm sprechen. Es gibt diese Dynamik in der Beratung, die Widerstand hervorruft.

Daher ist es für Beratende sinnvoll, sich auf die »falsche« Seite der Ambivalenz zu stellen. Oder, wie es im Motivating Interview heißt, »mit dem Widerstand zu gehen«. Schwing nennt es so: »Ambivalenz-Coaching: Man betont das Bestehende, um dem System die Chance zur Änderung zu geben« (Schwing 2018, S. 250).

Soziale Arbeit ist eine Form, die den Alltag begleitet und Menschen helfen kann, die sich noch nicht eindeutig für eine Änderung ihrer Situation entschieden haben. Menschen abzuweisen, die noch ambivalent sind, sich noch nicht für die eine oder andere Form ihres künftigen Lebens entschieden haben, ist eine Hilfeverweigerung. Ebenso wie es eine Hilfeverweigerung ist, jenen nur mit Druck und Zwang und Auflagen zu begegnen.

*Gewohnheit*

Einzelfallhilfe ist eine methodische Form, die sich mit dem Alltag beschäftigt. Sie ist nicht dazu da, irgendeine fantasierte »soziale Krankheit« zu beseitigen – obwohl sie in Programmen eingesetzt wird, die der Staat für Drogenabhängige, Arbeitslose, psychisch Kranke oder andere Personen einrichtet, welche für den Staat ein soziales Problem darstellen. Manches, was den Klientinnen Schwierigkeiten bereitet, ist in ihren Alltag eingeschrieben, sie sehen es nicht als etwas, das sie stets neu entscheiden müssten, sondern als Teil ihres alltäglichen Lebens.

Menschen können zwar viel entscheiden, aber manche Entscheidungen treffen sie nur einmal oder ein paar Mal und dann tun sie routiniert, was einst ihre Entscheidung gewesen ist. Nehmen wir das Autofahren. Sie können sich sicher noch daran erinnern, wie Sie das Fahren gelernt haben. Sie mussten sich alles einprägen, was Sie machen mussten – einschalten, Spiegel einrichten, Gas geben und gleichzeitig das Kupplungspedal loslassen etc. Am Anfang mussten Sie sich noch darauf konzentrieren, mussten sich auf die Straße konzentrieren und darauf achten, alles rechtzeitig zu machen. Je öfter Sie gefahren sind, desto mehr wurde es zur Gewohnheit. Gewohnheit heißt nicht nur, dass Sie das bereits alles gemacht haben, sondern es bedeutet auch, dass es in Ihrem Gehirn nicht mehr vom Bewusstsein gesteuert wird. Gewohnheiten sind in den Basalganglien gespeichert, im limbischen System. Unter dem Stichwort »Gewohnheit« schreibt Werner Stangl (2021) in seinem Online-Lexikon:

> »Bekanntlich ist nichts so beständig wie eine Gewohnheit, denn eine solche loszuwerden legt man sich mit dem härtesten Gegner an, den das Gehirn zu bieten hat: den Basalganglien tief in unserer Hirnstruktur, die das gewohnheitsmäßige Handeln steuern.«

Wer mehr über Gewohnheiten lernen will, kann sich bei Duhigg (2013) informieren. Er ist Journalist und beschreibt anschaulich, was man heute über Gewohnheiten weiß – aus der Psychologie, der Soziologie und der Gehirnforschung. Er beginnt seine Schilderung mit dem Bericht über eine Frau, die mit 16 zu rauchen und zu trinken begonnen hatte, übergewichtig war, 10.000 Dollar Schulden hatte und deren bisherige Arbeitsverhältnisse meist nur kurz waren. Man könnte sie sich als Klientin der Sozialarbeit vorstellen. Sie hat das alles überwunden. Als es ihr besonders schlecht ging, hat sie sich entschieden, das Rauchen aufzugeben, und sich ein Ziel gesetzt.

Für die Soziale Arbeit weiß man, dass vieles, was manche Klienten daran hindert, ein besseres Leben zu führen, sich in ihnen als Gewohnheit gefestigt hat. Sie schaden sich nicht bewusst selbst, sie entscheiden sich nicht jeden Tag dazu, zu viel zu Essen, zu trinken, ihre Kinder zu schlagen, nicht zur Arbeit zu gehen. Sie hatten sich einmal dazu entschieden – oft aus guten Gründen. Und später machten sie es, weil sie es konnten und weil es keine neuen Entscheidungen verlangte. Es war in ihren Basisganglien.

Wenn Klientinnen ihre bisherigen Gewohnheiten ändern sollen, ist das kein leichtes Unterfangen. Sie müssen erst einen Zugang zu ihren Gewohnheiten finden und vor allem eine Alternative zu ihrem bisherigen Vorgehen haben, die ihnen auch eine Belohnung einbringt. Eine Beraterin (Strigun 2021, S. 8) hat zusammengefasst, was man braucht, um Gewohnheiten zu ändern:

1. »Ziel realistisch und attraktiv stecken
2. Stresssituation meiden (Stresshormone fahren die Funktion des bewussten Systems herunter. Das limbische System arbeitet hingegen wie gewohnt weiter)
3. Teachable moments nutzen (= Lernbereite Situationen, in denen sich die Lebensumstände drastisch verändern, z. B. Umzug, Geburt eines Kindes, Jobwechsel)
4. Einbindung in soziale Gruppen nutzen
5. Mindestens 30 Tage durchhalten
6. Umfeld ändern«

Nun, manche Gelegenheiten werden sich nicht dann einstellen, wenn wir das von den Klientinnen und Klienten wollen. Die Teachable Moments und das Umfeld ändern sich dann, wenn die Klientinnen und Klienten es wollen. Wir müssen bereit sein, darauf zu warten.

### Die wichtigen anderen

Das Machtgefälle zwischen Sozialarbeitenden und Klienten erschwert es den Klientinnen und Klienten zusätzlich, hier frei und offen zu agieren. Sie müssen versuchen, der Beschämung oder Demütigung zu entgehen. Beziehungsweise, wie man auch innerhalb der lösungsorientierten Therapie festgestellt hat, ist bereits der Vorschlag der Sozialarbeitenden, auch wenn er noch so gut gemeint war, selbst eine Demütigung.

Für Klientinnen und Klienten spielen allerdings noch lebensweltliche andere eine wichtige Rolle. Jene Personen, mit denen sie leben, mit denen sie eine Beziehung haben und zum Teil jene Personen, mit denen sie keine Beziehung mehr haben, die aber noch in ihren Gedanken präsent sind (s. Stiggelbout 2007, speziell für Fragen der Medizin). Manchmal ist es für die Klientinnen hilfreich, sich von jenen Menschen zu distanzieren, um eigene Entscheidungen treffen zu können.

In der Einzelfallhilfe können wir diese Position wahrnehmen: Wir raten den Klientinnen und Klienten dazu, ihre eigenen Entscheidungen zu treffen. Manchmal benötigen sie die Bestätigung, dass ihre Entscheidungen genau ihnen zugerechnet werden. Man könnte es auch so sagen: Sie haben das Rauchen aufgegeben, nicht weil ihre Frau das so wollte, sondern weil sie es für sich entschieden haben, ganz egal was die Freunde dazu gesagt haben. Und manchmal ist es genau umgekehrt: Sie entscheiden sich für etwas, was ihre nächsten Menschen verunsichert. In beiden Fällen brauchen sie jeweils den eigenen Willen, aber sie brauchen auch jemanden, der sie bestärkt.

### Verhandlungen

Verhandeln: Harvard Methode

Wir haben schon darüber gesprochen, dass in Einzelfallhilfeprozessen nicht nur das therapeutische Gespräch stattfindet. Manchmal muss man mit den Klienten verhandeln, sehr oft aber mit anderen Fallbeteiligten, und zwar mit Behörden, Organisationen und Personen aus dem nahen Umfeld der Klientinnen. Die Kenntnis der Grundlagen von guter Verhandlungstechnik kann daher nicht schaden. Der Goldstandard dabei – und nebenbei äußerst nah an den diesbezüglichen Bedarfen der Sozialarbeit – ist die sogenannte Harvard-Methode (Fisher/Ury/Patton 2015).

Die Harvard-Methode trennt genau zwischen der Beziehungsgestaltung und dem inhaltlichen Teil der Verhandlung. Egal, wie weit man inhaltlich voneinander entfernt ist, muss man auf eine gute Beziehung zum Verhandlungspartner achten, sich um ihn oder sie und seine oder ihre Persönlichkeit kümmern. Bezüglich der Inhalte empfiehlt die Harvard-Methode, keine Forderungen zu stellen, sondern sich auf die eigentlichen Verhandlungsziele zu konzentrieren. Die können oft auch anders erreicht werden als durch das, was ich durchsetzen wollte.

Ich empfehle Ihnen jedenfalls, sich mit Verhandlungstechniken zu beschäftigen, am besten mit der Harvard-Methode. Sie werden es oft benötigen.

*Information*

Nach diesen Hinweisen, die Ihnen die Beschäftigung mit einigen sehr hilfreichen Ansätzen empfehlen, die man in Auszügen in der Individualhilfe einsetzen kann, abschließend noch einige Ergänzungen:

Es ist nicht leicht, für uns offensichtlich problematische Entwicklungen zu thematisieren, ohne dabei in einen anklagenden Modus zu verfallen, der dann wieder von den Klienten als respektlos oder als Angriff auf ihre Autonomie empfunden wird. Ein oft recht gut funktionierender Ausweg ist, von der eigenen Sorge zu sprechen. Damit wird das eigene Interesse am Leben der Klientinnen betont, als ICH-Aussage enthält es normalerweise keinen Angriff und keine Beschuldigung und lässt den Klientinnen und Klienten viele Möglichkeiten der Reaktion offen. *(Sorgen formulieren)*

Es dürfte sich schon herumgesprochen haben, dass es weder für die Klientinnen und Klienten noch für den Unterstützungsprozess besonders hilfreich ist, mit Ratschlägen um sich zu werfen, also den Klientinnen und Klienten zu sagen, was sie unserer Meinung nach zu tun hätten. Und – je früher diese Ratschläge kommen, um so unnötiger sind sie. Etwas anderes gehört aber unbedingt zu einer gelingenden Beratung in der Individualhilfe: das Bereitstellen von Informationen. Unsere Klientinnen haben ein Recht auf jede Information, die ihnen bei der Einschätzung der Situation helfen kann. Kompetent gibt man eine Information dann, wenn man sie genau auf die Situation und die Bedürfnisse der Klientinnen und Klienten zuschneiden kann, also nach der Erkundung des Kontextes eines Problems oder einer Frage. Dann sollte die Information vollständig und zuverlässig gegeben werden. Dabei geht es häufig um rechtliche Fragen, um mögliche Ansprüche, um die Erklärung von medizinischen Diagnosen, um die Erläuterung von Dynamiken bei typischen schwierigen Lebenssituationen (zum Beispiel bei Trennungen) etc. Die Klienten haben auch ein Recht auf jene Informationen, die ihnen Wege eröffnen, die zu gehen wir ihnen eigentlich nicht raten würden. *(Informieren)*

Eine besondere Form der Information ist die Erzählung. Anstelle der Erteilung eines Rats erzählt man die Geschichte einer anderen Person, eines anderen Klienten, seiner gelungenen oder misslungenen Versuche, seine Probleme zu bewältigen. Damit können Beispiele gegeben werden, deren Bewertung der Nützlichkeit den Klientinnen überlassen bleibt. Manche Autoren empfehlen auch Geschichten, die keinen so konkreten, sondern eher einen metaphorischen Bezug zur Situation und den Entscheidungsoptionen der Klientinnen haben. Beschrieben wird das bei einigen Autoren, eine angenehm zu lesende Annäherung findet sich bei Trenkle (2017). *(Erzählen)*

Eine gut anwendbare Methode ist die Szenarientechnik (Pantuček 1998, S. 204 f.). Dabei werden mögliche anstehende und für die Klientinnen und Klienten schwierige Situationen im Detail vorbesprochen, eventuell auch geübt. *(Szenarientechnik)*

> **Beispiel**
> Eine Klientin beabsichtigt, sich von ihrem Lebenspartner zu trennen. Man bespricht mit ihr die Möglichkeiten, wie sie das tun kann, im Detail. Wenn sie ihm die Trennung in der gemeinsamen Wohnung mitteilt, was ist zu erwarten? Was kann alles passieren? Wie kann sie reagieren, wenn er aggressiv wird? Wen kann sie und sollte sie zu ihrer Unterstützung vorinformieren? Wohin kann sie gehen? Gibt es andere Varianten mit geringerem Risiko? Welche Aktionen seitens des Partners sind zu erwarten? Wie könnte sie darauf reagieren?

Es geht immer darum, auch an Worst-Case-Varianten zu denken und sie genau zu besprechen. Die Gefährlichkeit des Szenarios im angeführten Beispiel mag unmittelbar einleuchten. Aber auch vermeintlich wesentlich harmlosere Situationen können für Klientinnen und Klienten bedrohlich sein.

> **Beispiel**
> Ein Klient sollte wegen akuter körperlicher Beschwerden dringend zu einem Arzt gehen und sich untersuchen lassen. Er hat aber Angst davor, dort nicht ernst genommen zu werden, und wenn doch, dann eine für ihn bedrohliche Diagnose zu erhalten. Deswegen hat er bisher einen Arztbesuch verweigert. Man bespricht nun mit ihm im Detail, wie die Situation sich beim Arzt, im Warteraum und bei der Konsultation selbst entwickeln könnte, welche Gefühle dabei auftreten könnten, wie er reagieren könnte. Eventuell werden auch einige Situationen mit ihm durchgespielt. Das Ziel ist, dass er sich durch das genaue Durchspielen und Durchdenken der Situation und ihrer möglichen Entwicklungen der Herausforderung gewachsen sieht. Eventuell ist das Ergebnis auch, dass er eine Begleitung benötigen wird.

*Weitere einfache Techniken*

Es gibt noch eine Reihe von anderen nützlichen Gesprächstechniken (zum Beispiel das Ordnen, das Evaluieren, die Verlangsamung, das Normalisieren), die charakteristisch für die Einzelfallhilfe sind. Einige davon seien hier nur kurz beschrieben.

▶ *Ordnen:* Die Erzählungen der Klientinnen und Klienten sind mitunter recht chaotisch, springen assoziativ von einem Thema zum anderen. Das Ordnen kann man mit einem Absichtssatz einleiten (»Das ist alles sehr viel und unübersichtlich. Es muss schwierig für Sie sein, da den Überblick zu bewahren. Ich will sicher sein, dass ich auch verstehe, worum es geht. Ich will eine

Liste machen, helfen Sie mir dabei?«). Dann strukturiert man das Gespräch entlang der Frage, was in die Liste aufgenommen werden sollte.
- *Evaluieren:* Darunter versteht man resümierende und bewertende Gesprächssequenzen. Was haben Sie, habe ich getan? Was waren die erkennbaren Ergebnisse und Folgen? Waren wir also erfolgreich, inwiefern haben sich unsere Erwartungen erfüllt? Müssen wir die Erwartungen revidieren? Hatten wir ein falsches Bild der Situation? Was heißt das für künftige Bemühungen?
- *Verlangsamen:* Das ist eine Gesprächstechnik, die übereilte und schlecht abgesicherte Einschätzungen und Entscheidungen verhindern soll. So manche Einschätzung und Entscheidung resultiert aus einer spontan auftretenden Gefühlslage beziehungsweise einer vermeintlichen Intuition, manchmal auch daraus, dass der Klient oder die Klientin ganz einfach Ruhe haben möchte und deshalb sagt, was der Berater oder die Beraterin vermeintlich hören will. Solche Entschlüsse sind prekär und halten nicht lange. Beim Verlangsamen stimmt man diesem Entschluss nicht freudig zu, sondern fragt noch einmal nach den Bedingungen, äußert Bedenken und stellt in den Raum, dass das auch eine falsche Einschätzung/Entscheidung sein könnte.
- *Loben:* Im Zuge eines Gesprächs ergeben sich viele Gelegenheiten, die Klientin oder den Klienten zu loben, ihm oder ihr Anerkennung zu zeigen. Abgesehen davon, dass das gesprächstaktisch klug ist, hat man auch allen Grund dazu. Zumeist befinden sie sich in sehr schwierigen Lebenssituationen. Vergegenwärtigen Sie sich, wie viel Kraft sie benötigen, um diese durchzustehen, welche originellen Lösungen sie finden, um weitermachen zu können. Dann wird Ihr Lob für die Klienten nicht oberflächlich, sondern ehrlich sein – auch wenn nicht alles so laufen mag, wie Sie es sich vorgestellt haben.
- *Zeit für eigene Entscheidungen geben:* Lassen Sie Klientinnen Zeit, sich ihre Entscheidungen zu überlegen und eventuell auch mit anderen Personen ihres Vertrauens zu besprechen. Das gilt vor allem für Entscheidungen, die für die Klienten wesentliche Änderungen in ihrem Leben beziehungsweise im Vergleich zu ihrem bisherigen Alltag mit sich bringen. So wird es ihnen möglich, selbst die Verantwortung zu übernehmen.
- *Cheerleading:* Das ist die fröhliche und zuversichtliche Unterstützung für (beabsichtigte) eigene Schritte der Klientinnen und Klienten.
- *Normalisieren:* Klientinnen und Klienten, die durch eine schwierige Phase gehen, sind dazu geneigt, sich Gefühle oder Handlungen, die in dieser Lage normal und nur allzu verständlich sind, als Schwäche zuzuschreiben. Normalisieren heißt, ihnen deutlich zu sagen, dass diese Gefühle, diese vermeintlichen Fehler in einer solchen Situation normal sind, dazugehören. Das kann die Klienten wesentlich entlasten. »Ja, so ist das, in einer solchen

Situation fühlt man sich so.« Bei allem »Individualisieren«: In belastenden Situationen, beispielsweise der Trauer, der quälenden Ambivalenz in einer Trennungskrise, dem Zorn auf das eigene Kind, dem Gefühl der Hilflosigkeit gegenüber der pubertierenden Tochter oder der Angst vor einer medizinischen Untersuchung, ist es gut zu hören, dass diese Gefühle, diese Phasen normal sind, dass die Sozialarbeiterin darüber nicht überrascht ist. Was »normal« ist, ist auch zulässig und so nicht besorgniserregend. Normalisieren ist unmittelbare Hilfe.

Gespräche zu üben, ist ein sehr nützlicher Weg zur Verbesserung der eigenen Performance als Sozialarbeiterin. Nutzen Sie Möglichkeiten für einschlägige Weiterbildungen, um Ihr Repertoire an Gesprächstechniken zu erweitern.

*Übung*
Einige der oben beschriebenen Techniken des Gesprächs kommen auch in privaten oder beruflichen Alltagsgesprächen vor beziehungsweise können manchmal auch dort eingesetzt werden, ohne die Gesprächspartner allzu sehr zu irritieren. Versuchen Sie das mit zwei oder drei dieser Techniken. Beobachten Sie sich dabei. Wenn Sie das probieren, üben Sie sich auch in Takt: In Alltagsgesprächen können Sie nicht auf die geborgte Autorität Ihrer Sozialarbeiterinnenrolle zugreifen. Sie müssen also genau darauf achten, dass Ihre Gesprächssteuerung nicht anmaßend wirkt. Viel Vergnügen!

## Soziale Diagnostik

Im Laufe des Prozesses werden zwangsläufig viele Daten über die Klientinnen und Klienten und ihre Lebenssituation gesammelt. Ein Teil dieser Daten wird schriftlich (heutzutage meist digital) festgehalten. Formulare leiten bei der Datenerhebung an. Möglicherweise liegen Daten bereits vor, bevor man die Klientin zum ersten Mal sieht. Andere Daten werden nicht oder nur auszugsweise schriftlich festgehalten: Wenn die Klienten erzählen, liefern sie uns laufend Informationen über sich und ihre Situation. All diese Informationen aufzuschreiben, wäre nicht nur zu aufwändig, sondern auch gar nicht möglich, daher wird eine Auswahl getroffen.

Daten strukturiert sammeln und einschätzen
Mithilfe von Verfahren der Sozialen Diagnostik kann die Datensammlung so geordnet und strukturiert werden, dass die Klientinnen und Klienten einen besseren Überblick über ihre Situation, die Gefahren und ihre Möglichkeiten erhalten.

Ganz ohne Bewertung und Einschätzung kommt man als Fachkraft nicht aus. Man hört die Problembeschreibungen und die Situationsschilderungen, macht sich spontan ein Bild davon und zieht Schlussfolgerungen. Von diesen Schlussfolgerungen lässt man sich dann bei der weiteren Vorgehensweise leiten. Das ist Daten sammeln: Entscheiden, welche Daten man für relevant hält, und diese interpretieren. Es enthält also jene Schritte, die auch ein diagnostischer Prozess umfasst. Daten sammeln ist ein Verfahren, wie wir es aus dem Alltag kennen – dort wenden wir es laufend an. Es hat den Vorteil der Schnelligkeit – und den Nachteil der Schnelligkeit.

*Schnelles Denken und Langsames Denken*
Daniel Kahnemann hat mit seinem Partner Amos Tversky in jahrzehntelanger Forschung untersucht, wie das Denken und die denkende Problemlösung bei Menschen funktioniert. Er unterscheidet zwischen zwei Systemen:
- Das System 1 funktioniert schnell, automatisch, ist immer aktiv, stereotypisierend und unbewusst. Es hilft uns bei fast allen Herausforderungen des Alltags.
- Das System 2 ist langsam, anstrengend, selten aktiv, logisch, berechnend und bewusst.

Kahnemann (2012) beschreibt auch zahlreiche Denkfehler, die uns passieren, unter anderem weil wir dazu neigen, schnell handlungsfähig zu werden. Einer davon ist, dass wir gern den kleinen Ausschnitt aus der Wirklichkeit, den wir schon kennen, für die ganze Wahrheit halten. Ich empfehle Ihnen die Lektüre seines Buches, Sie werden danach viel weniger Vertrauen zu Ihren spontanen Einschätzungen haben – und das ist gut so.

Verfahren der Sozialen Diagnostik helfen, ein vollständigeres Bild zu erhalten und Ihre Einschätzungen der Situation auf eine solide Basis zu stellen. Es sind Instrumente, mit denen Sie sich (und Ihre Klientinnen/Klienten) bei richtiger Anwendung aus der Beschränktheit des schnellen Denkens befreien können. Drei der wichtigsten Verfahren sind die Netzwerkkarte (www.easynwk.com), der Biographische Zeitbalken (www.easybiograph.com) und das Inklusionschart IC4 (www.inklusionschart.eu). Diagnostische Verfahren

Mit der Netzwerkkarte wird das soziale Netz der Person erhoben und dargestellt. Sie dient der Auffindung von Ressourcen in diesem Netz und als Grundlage des Gesprächs über die Gestaltung der persönlichen Beziehungen.

Der Biographische Zeitbalken ist eine umfassende grafische Darstellung der persönlichen Geschichte in den Dimensionen Familie, Wohnen, Bildung, Arbeit, Gesundheit, Hilfe (und ggf. weiteren Dimensionen).

Das Inklusionschart (IC4) bietet eine umfassende Darstellung der Lebenslage auf den drei Achsen Inklusion/Exklusion (Teilhabemöglichkeiten), Niveau der Lebenssicherung (in den Dimensionen Wohnen, Güter des Alltags, Sicherheit und Social Support) sowie der Funktionsfähigkeit.

Diese drei Instrumente sind erprobt und sehr gut in Interviews mit den Klientinnen und Klienten zu verwenden. Nicht nur die Sozialarbeitenden bekommen ein besseres Bild der Situation, sondern auch die Klienten selbst.

## Inklusions-Chart IC4

| Klientln, Alter: | Robert Reindorf, 20a | | | | | erstellt von: | EG | erstellt am: |
|---|---|---|---|---|---|---|---|---|
| **Presenting Problem** | | | | | Jugendtreff, Bilanzgespräch | | | |

| **1. Inklusion in Funktionssysteme** | | **Teilhabe** | | | | **Tendenz Dynamik** | **Informationen** |
|---|---|---|---|---|---|---|---|
| | | voll | weitgehend | mangelhaft | exkludiert | 3: positiv, 2: stabil, 1: negativ, 0: gefährlich | (Daten und Fakten) |
| A. Rechtsstatus | | | | x | | — | öst. Staatsbürger, keine Vorstrafen, aber schon einige Polizeikontakte |
| B. Arbeitsmarkt | | | | x | | ↘ | arbeitslos; überbetriebliche Lehre 02-04/2014 (abgebrochen, weil nur 300 € Lohn), kein Plan, wie es weitergeht; Termin bei AMS. Spaß an handwerklicher Arbeit, geht aber zzt. wg. Hand nicht (siehe Gesundheit), evtl. Security |
| C. Sozialversicherung | | | x | | | — | BMS, MA40, 827€ |
| D. Geldverkehr | | | x | | | — | eigenes Konto, dzt. kein Überziehungsrahmen. Vmtl. nicht kreditwürdig |
| E. Mobilität | | x | | | | — | Mobilpass + Monatskarten (17€) via MA40 |
| F. Bildungswesen | | | | x | | — | Hauptschulabschluss, Lehre abgebrochen |
| G. medizinische Versorgung | | x | | | | — | Hausarzt, »kommt drauf an, ob ich Bock hab« |
| H. Medien | | x | | | | — | Internet auf Handy, heute/Österreich, Facebook und Youtube |
| I. Adressierbarkeit | | | | x | | — | Postadresse bei Josi, E-Mail, Handy, wertkarten Handy |

Welches Verfahren Sie auch verwenden, es sollte nicht nur Sie als Fachkraft klüger machen, sondern auch Ihre Klientinnen und Klienten. Darüber hinaus gibt es noch zahlreiche andere sozialdiagnostische Instrumente unterschiedlicher Qualität und Nützlichkeit (s. dazu Buttner et al. 2018; Pantuček-Eisenbacher 2019).

| | unterstützt (+) | stv. Inklusion (1:rot, 2:gelb, 3:grün) | Aktionen |
|---|---|---|---|
| | | | |
| | | | |
| | | | Kontakt mit Personenschutzfirma zu Ausbildung läuft; Vermittlung zwischen Fremdbestimmung (Familie), Wünschen (Handwerk) und Möglichkeiten (Hand, Mathe) |
| | | 3 grün | |
| | | | |
| | | 3 grün | |
| | | | |
| | | | |
| | | | |
| | | | |

**Abb. 9:** Inklusionschart IC4, 1. Blatt

| 2. Niveau der Existenzsicherung | adäquat | weitgehend | mangelhaft | nicht gewährl. | Substitution in % | Tendenz (Dynamik) 3: positiv, 2: stabil, 1:neg., 0: akut | Informationen (Daten und Fakten) |
|---|---|---|---|---|---|---|---|
| A. Wohnen | | | x | | ◐ | — | Bei der Oma, kein eigenes Zimmer, sondern Sofa in Küche oder Wohnzimmer; offiziell: »mal hier, mal da«. Will eigene Wohnung, geht aber nicht wegen Familie. |
| B. Güter des Alltags | x | | | | ◐ | — | Alles da, gewährleistet durch Oma |
| C. Sicherheit | | | x | | ○ | — | Es gibt immer wieder Vorfälle im Parkmilieu, die in Körperverletzung münden. Gaspistole zum »Selbstschutz«. Seither sagt er, er fühlt sich supersicher. |
| D. lebensweltl. Support | x | | | | ◔ | — | Oma/Tante »auf ihre Art«, oft Meinungsverschiedenheiten; Freunde, Jugendeinrichtungen; decken alles ab |

| 3. Funktionsfähigkeit | sehr gut 4, eingeschränkt 3, mangelhaft 2, gefährdend 1 | | | | | Tendenz (Dynamik) 3: positiv, 2: stabil, 1:neg., 0: akut | Informationen (Daten und Fakten) |
|---|---|---|---|---|---|---|---|
| A. Gesundheit | | | | | | — | An sich gesund, oft Kopfweh, manchmal Schmerzen und Taubheit am Arm (Schusswunde) und Finger (Stichwunde) -> Arbeit |
| B. Kompetenzen | | | | | | — | 3-sprachig (Deutsch, Russisch, Tschetschenisch), bissi Englisch und Serbisch; unsicher bei Englisch und Russisch; Mathe: schwierig; Schreiben: sicher in Russisch und Tschetschenisch, Englisch geht auch. |
| C. Sorgepflichten | | | | | | | Ab und zu auf Kinder von Tante schauen |
| D. Funktionsniveau | Einschätzung nach GAF-Scale | | | | | | |

Formular ©peter pantucek-eisenbacher 2005-2016. Verwendung unter Beibehaltung des Copyright-Hinweises frei

## Ziele der Einzelfallhilfe

Wenn wir das Inklusionschart als Muster nehmen, dann können wir mögliche Ziele der Einzelhilfe entlang der Zeilen des IC beispielhaft aufzählen.

Besserung der rechtlichen Situation:
- Beschaffung von Dokumenten,
- Aufenthaltstitel,
- Arbeitsnachweise,
- juristische Hilfe vor Gericht oder bei Behörden,
- Überwindung von ausschließenden Situationen – Meldung, Hilfe bei Asylverfahren etc.

|   | Aktionen |
|---|---|
|   |   |
|   |   |
|   |   |
|   |   |
|   | Aktionen |
|   |   |
|   |   |
|   |   |
|   | max/J  73  aktuell |

**Abb. 10:** Inklusionschart IC4, Blatt 2

Arbeit und Einkommen:
- Unterstützung bei der Bewerbung (Training, Üben, Begleiten),
- Vermittlung von Arbeit,
- Aufrechterhalten der Arbeit (Beratung, Hilfe im Beruf, Verhandeln mit dem Arbeitgeber),
- Unterstützung, um Arbeit zu ermöglichen, zum Beispiel bei der Kinderbetreuung,
- Vermittlung in den zweiten oder dritten Arbeitsmarkt.

Sozialversicherung:
- ▶ Sicherung der Sozialversicherung,
- ▶ überprüfen, ob aus der Sozialversicherung Leistungen abgerufen werden können,
- ▶ gegebenenfalls Unterstützung der Klientinnen dabei, die Leistungen auch abzurufen,
- ▶ bei fehlender Sozialversicherung Ersatzleistungen beantragen, zum Beispiel aus der Sozialhilfe,
- ▶ informieren der Klientinnen und Klienten über jene Leistungen, die ihnen zugänglich wären.

Geldverkehr:
- ▶ gemeinsame Überprüfung der Schuldensituation,
- ▶ verhandeln mit Gläubigern,
- ▶ Haushaltsliste erstellen, überprüfen der laufenden Ausgaben,
- ▶ Hilfe bei der Errichtung eines Kontos,
- ▶ Hilfe bei aktueller Notsituation.

Mobilität:
- ▶ Hilfe bei der Besorgung von subventionierten Tickets für den Öffentlichen Nahverkehr,
- ▶ Hilfe für Fahrtendienste,
- ▶ Möglichkeiten, Taxis zu nutzen,
- ▶ Beratung zu Fahrrad und anderen Mobilitätsformen, Hilfe beim Einkauf,
- ▶ Unterstützung bei der Erhöhung der Mobilität, Angstabbau.

Bildungswesen:
- ▶ Motivation zum Lernen,
- ▶ adäquate Bildung aufspüren und anbieten,
- ▶ Unterstützung bei eigenen Bildungsaktivitäten.

Medizinische Versorgung:
- ▶ Sicherstellung der akuten medizinischen Versorgung,
- ▶ Coaching, um Klientinnen und Klienten auf dem Weg zum Arzt zu unterstützen,
- ▶ den Klientinnen und Klienten den Sinn medizinischer und pflegerischer Unterstützung erklären, Information über das Risiko, Informationen über medizinische Befunde,

- gegebenenfalls organisieren nachgehender beziehungsweise gratis zugänglicher medizinischer Hilfe.

Medien:
- Zugang zu Kommunikationsmedien sichern,
- Schutz vor zu intensivem Konsum von Medien, Abbau von Mediensüchten,
- Zugang zu erzieherischen Medien sichern.

Adressierbarkeit:
- Sicherstellung einer Postadresse, eines E-Mail-Accounts, eines Telefonanschlusses, WhatsApp und anderer Messengerdienste,
- die Klientinnen und Klienten können ihre Freunde und Verwandten erreichen und umgekehrt.

Wohnen:
- Verbesserung der Wohnung (Aufräumarbeiten, Geräte und Möbelage sichern),
- suchen nach neuer Wohnung oder wohnähnlicher Unterkünfte,
- Erhöhung der Wohnkultur,
- ermöglichen, dass die Klientinnen und Klienten die Wohnung ausstatten können, dass sie ihre Sachen sicher verwahren können,
- Erhöhung der Privatheit.

Güter des Alltags:
- Verbesserung der Essensversorgung,
- Hilfe beim Einteilen des Monatseinkommens,
- Sicherung wichtiger Güter des Alltags, von Herd, Kühlschrank, Computer etc.,
- Verbesserung der monatlichen Einkünfte.

Sicherheit:
- gegebenenfalls Notfallplan,
- Erhöhung der Sicherheit über Sicherung des Aufenthaltsstatus,
- Sicherheit vor Personen erhöhen,
- Erhöhung der Sicherheit in der eigenen Wohnung,
- Absprechen der Sicherheit.

Lebensweltlicher Support:
- Arbeit am eigenen Netzwerk: einzelne Kontakte aktivieren, andere minimieren,
- Versuch der Reparatur von desolaten Beziehungen,
- Personen ansprechen, um sie in eine verantwortlichere Rolle zu befördern,
- Familienrat als Beratungsgremium.

Gesundheit:
- Check der Gesundheit der Klientinnen und Klienten,
- Hilfe bei der Einschätzung der eigenen Gesundheit und der nötigen Schritte,
- eventuell Überzeugungsarbeit,
- Hilfe beim Weg zum Arzt, zur Impfung, bei gesunder Ernährung.

Kompetenzen:
- Unterstützung dort, wo die eigenen Kompetenzen der Klientinnen und Klienten nicht ausreichen,
- suchen von derzeit nicht ausgeschöpften Kompetenzen,
- lebensweltliche Hilfe bekommen, wo sie gebraucht wird,
- realistische Einschätzung der Arbeits- und Leistungsfähigkeit.

Sorgepflichten:
- Hilfe bei Versorgungaufgaben,
- Bereinigung von Schulden (z. B. bei Sorgepflichten),
- neue Vereinbarungen über die Aufteilung von Sorgepflichten.

Die hier angeführten Ziele sind mögliche Ziele, auf die man sich mit den Klientinnen und Klienten einigen kann. Bei jeder der Zeilen könnten noch zahlreiche weitere Ziele auftauchen. Ein Großteil dieser Ziele ist geeignet, das Leben und die soziale Einbindung der Menschen zu verbessern. Was wir hier allerdings noch nicht in den Fokus genommen haben, ist die Arbeit mit den Ängsten und Befürchtungen von Menschen. Ängste bezüglich einiger ihrer Rollen und ihrer geringen Selbstachtung.

## Mit dem Umfeld arbeiten

Beschränkt sich die Hilfe auf Beratung, dann bleibt es den Klienten überlassen, ob und was sie davon berücksichtigen und wem sie davon berichten. Es bleibt ihnen die volle Autonomie, sie haben die Kontrolle über die Wirkungen des

Prozesses in ihrem Lebensfeld. Individualhilfe kann aber mehr. Als Methode, die das Verhältnis von Personen zu ihrer sozialen Umwelt bearbeitet, kann sie auch Interventionen außerhalb des Beratungssettings setzen.

Hier vorerst einige Beispiele für solche Interventionen:
- Begleitung des Klienten oder der Klientin bei Gängen zu Behörden, Unterstützung bei seinen oder ihren Verhandlungen,
- Gespräche mit Personen aus dem Umfeld der Klientin,
- Stellen von Anträgen, um dem Klienten Ressourcen zugänglich zu machen,
- Gespräche und Verhandlungen mit Organisationen oder Behörden,
- Hausbesuch oder Treffen mit dem Klienten im öffentlichen oder halböffentlichen Raum.

In allen diesen Fällen wird man im Lebensfeld der Klientinnen und Klienten sichtbar, was auch heißt, dass die Klienten darauf angesprochen werden können – sie müssen dann unsere Anwesenheit erklären und zu uns Stellung beziehen.

Interventionen im Feld müssen jedenfalls mit der Klientin abgesprochen sein. Es würde zum Beispiel das Vertrauen der Klientin in Sie untergraben, wenn Sie ohne ihr Einverständnis Kontakt zu ihrer Mutter aufgenommen hätten und sie das dann von ihrer Mutter erfahren würde. Unabgesprochene Feldinterventionen sind schwere Eingriffe in die Autonomie der Klienten und haben nur bei Gefahr in Verzug ihre Berechtigung. Gefahr in Verzug bedeutet, dass ein Aufschieben der Intervention einen nicht wiedergutzumachenden Schaden anrichten könnte.

*Kontrolle der Klienten aufrechterhalten*

Das Ziel von Feldinterventionen ist immer, die Response des Umfelds auf die Bedürfnisse der Klienten zu verbessern – bei Wahrung und möglichst sogar Stärkung von dessen Autonomie.

## Werkzeuge für die Arbeit im Lebensfeld

Reden und Schreiben (Korrespondieren) sind auf den ersten Blick auch für die Arbeit mit dem Umfeld der Klientinnen und Klienten die wichtigsten Instrumente. Bei genauerer Betrachtung dessen, was und wie mit dem Umfeld kommuniziert wird, zeigt sich der Einsatz einer Reihe von Instrumenten, die typisch für das Instrumentarium der Sozialen Arbeit sind. Hier finden Sie eine kleine, unvollständige Aufzählung.

### Sichtbarkeit und Status

Sichtbar werden für Personen im Umfeld der Klienten ist die erste Intervention außerhalb des Klient-Sozialarbeiter-Interaktionssystems (also des reinen Beratungssettings) und schon sie kann wirksam sein. Es wird signalisiert, dass der

*Status als Ressource*

Klient oder die Klientin nicht allein ist, sondern Unterstützung hat. Hilfreich ist dabei der Status, den Sozialarbeiterinnen und Sozialarbeiter haben. Als Vertreter einer Organisation traut man ihnen einiges zu – zum Beispiel, dass sie ihrerseits über ein größeres soziales Netzwerk verfügen oder dass ihnen an wichtigen Stellen möglicherweise mehr geglaubt wird als den Klientinnen. Unsere Sichtbarkeit kann also schon dazu beitragen, dass sich Personen unseren Klienten gegenüber vorsichtiger verhalten.

Unseren Status können wir auch bei Verhandlungen gezielt einsetzen. Wir haben eine größere Chance als die meisten unserer Klientinnen und Klienten, auf Anfragen eine Antwort zu erhalten oder rechtskonforme Entscheidungen zu erwirken. Letzteres vor allem auch deswegen, weil wir eine Organisation als Ressource zur Verfügung haben, die nötigenfalls den Rechtsweg beschreiten oder Entscheidungen auf einer höheren Hierarchieebene anfechten kann.

### Beobachtung und Präsenz

*Präsenz als Hilfe*

Die Sichtbarkeit der Sozialarbeiterin oder des Sozialarbeiters im Lebensfeld der Klienten ist ein Element sozialer Kontrolle – zum einen natürlich für die Klientin, denn ihre Darstellung ihrer Lebenswirklichkeit wird nun durch eigene Wahrnehmungen der Sozialarbeiterin und durch die Darstellungen anderer Personen ergänzt. Zum anderen aber auch für die Personen in ihrem Umfeld, sie werden auch beobachtet und sind sich dessen bewusst. Allein das kann bereits eine günstige Wirkung haben. Wenn Personen sich nicht nur vor dem Klienten, sondern gegebenenfalls auch vor der Sozialarbeiterin rechtfertigen müssen, kann das zu einem vorsichtigeren und überlegteren Agieren beitragen.

In akuten Krisen- und Konfliktsituationen ist diese Form der Präsenz im Feld besonders indiziert und dient dem Schutz der Klientinnen vor Kurzschlusshandlungen oder einer gefährlichen Eskalation.

### Nachgehende Arbeit

Die Sozialarbeit hat ein breites Repertoire an nachgehenden Interventionsformen. Nachgehend bedeutet, dass der Kontakt zu den Klienten aktiv gesucht wird. Dazu gehören auch aufsuchende Interventionen, also das physische Besuchen der Klientinnen und Klienten in ihrem Lebensraum.

*Nachgehen als Zeichen der Sorge*

Eine einfache nachgehende Intervention ist, das Nicht-Erscheinen einer Klientin oder eines Klienten zu einem vereinbarten Gesprächstermin nicht einfach hinzunehmen, sondern sich telefonisch oder auf einem anderen Kommunikationsweg zu erkundigen: »Ich habe Sie erwartet, ich hoffe, es geht Ihnen gut. Was war der Anlass für Ihr Nicht-Erscheinen? Wann können wir das Gespräch nachholen?«

Es kann zwar in manchen Situationen für die Klienten unangenehm sein, wenn sie nicht »in Ruhe gelassen« werden – die zentrale Botschaft ist aber, dass man sich um sie sorgt, dass es nicht gleichgültig ist, was sie tun und ob sie Gesprächstermine einhalten oder nicht. Man zeigt damit Respekt vor den Klientinnen.

### Hausbesuch

Eine intensive Form nachgehender und aufsuchender Arbeit in der Einzelfallhilfe ist der Hausbesuch. Der Hausbesuch wird an vielen Stellen beschrieben: Conen/Cecchi 2007, Dahlvik/Reinprecht 2014, Lüngen 2010, Rüting 2009. Man kann sich dort genauer über die Dynamik des Hausbesuchs klar werden. An dieser Stelle müssen wir einige Charakteristika hervorheben.

Arbeitet man nicht gerade bei der behördlichen Kinder- und Jugendhilfe und muss einer Misshandlungsanzeige nachgehen, finden Hausbesuche in der Regel vereinbart statt, das heißt, sie kommen für die Klienten nicht überraschend und sie können sich darauf vorbereiten.

Beim Hausbesuch ist die Klientin der Hausherr, und sie kann uns als Gast behandeln. Dabei werden gleich Rituale des Empfangens, des Hereinbittens, das Zeigen der Wohnung, das Anbieten eines Platzes und eines Getränks aufgenommen. Der Hausbesuch bietet den Klientinnen eine Gelegenheit, sich ihrerseits als Gastgeber zu zeigen, es ist ihr Heimspiel.

<small>Gast bei Klientinnen/Klienten</small>

Bei Hausbesuchen haben bis zu einem gewissen Grad die Klientinnen und Klienten die Chance, das Setting zu bestimmen. Sie inszenieren, wie man sitzt, wer am Gespräch teilnimmt, und sie haben in der Regel auch eine Botschaft, die sie uns übermitteln wollen. Gleichzeitig hat der Hausbesuch auch eine schwierige Seite für die Klientin oder den Klienten. Möglicherweise will man bestimmte Aspekte der eigenen Wohnung nicht herzeigen oder man befürchtet eine Dynamik in der Familie, die man nur schwer kontrollieren kann. Der Hausbesuch kann dann als Invasion in die eigene Privatsphäre empfunden werden. Insofern ist für manche Klientinnen und Klienten ein Termin außerhalb ihrer eigenen Wohnung sogar angenehmer.

Der große Vorteil von Hausbesuchen ist, dass man dadurch auch einen tieferen Einblick in die Alltagssituation der Klienten bekommt. Die Vorstellungen, die man schon vorher vom Leben der Klientinnen hatte, werden durch Bilder ihrer Wohnverhältnisse und ihrer Selbstinszenierung im ihnen vertrauten Umfeld korrigiert und ergänzt.

Hausbesuche haben eine hervorgehobene Stellung im Unterstützungsprozess. Sie beeinflussen die weitere Form der Beziehung zwischen Klientin oder Klient und Sozialarbeiterin oder Sozialarbeiter. Positiv dann, wenn die Inszenierung von Respekt, Selbstdarstellung und Interesse gelingt. Negativ, wenn die Fachkraft in den Augen der Klienten respektlos oder abschätzig kontrollierend auftritt.

### Anwaltliches und stellvertretendes Handeln

Damit wären wir auch bei einem anderen Werkzeug, dem stellvertretenden Handeln. Handelt man an Stelle des Klienten (oder in seinem Auftrag), so nützt man den eigenen besseren Status, die besseren Kenntnisse, die Routine im Verhandeln etc. zugunsten der Klientinnen und Klienten. Solche stellvertretenden Handlungen können zum Beispiel sein:
- das Schreiben eines Antrags auf finanzielle Unterstützung,
- Verhandlungen mit dem Vermieter führen,
- Anliegen der Klientin einer Verwandten mitteilen
- usw.

*Vor- und Nachteile stellvertretenden Handelns*

Auch andere Profis handeln stellvertretend, zum Beispiel Rechtsanwälte. Bei der Einzelfallhilfe gilt es trotzdem abzuwägen: Was die Fachkraft stellvertretend für die Klienten erledigt, lernen jene nicht selbst zu tun. Im extremen Fall versuchen die Sozialarbeiterinnen alles selbst zu erledigen. Sie mögen damit vielleicht erfolgreich sein, aber riskieren auch einen sehr unerwünschten Nebeneffekt – die Klientinnen verlassen sich zusehends darauf und werden passiv.

Die erste Wahl ist daher, die Klienten dabei zu unterstützen, selbst zu handeln. Das ist manchmal zeitaufwändiger. Manchmal ist der Weg dorthin aber zu lang. Wo die Klienten auch mit unserer Vorbereitung und Unterstützung kaum eine Chance auf Erfolg haben oder wo wir eine Tür erst öffnen müssen, damit die Klientin durchgehen kann, ist unser stellvertretendes Handeln sinnvoll. So kann es zum Beispiel auch einmal angebracht sein, den Erstkontakt zu einer Verwandten aufzunehmen, die mit der Klientin verkracht ist (s. dazu das Unterkapitel zur Netzwerkarbeit), und sie auf einen Kontakt mit der Klientin oder dem Klienten vorzubereiten. Verhandlungen mit anderen Behörden, manchen Sozialeinrichtungen, Schuldnern oder anderen Personen aus dem Umfeld der Klientinnen und Klienten müssen oft schon deswegen von den Sozialarbeitenden durchgeführt werden, weil sie mitunter deren Glaubwürdigkeit ebenso brauchen wie ihren Überblick über die oft schwierigen Situationen und die manchmal vertrackten Rechtsverhältnisse.

Begleitend ist dabei die regelmäßige Information der Klienten und Klientinnen wichtig, sodass sie nicht den Kontakt zu uns und zur Entwicklung ihres Falles verlieren. In all diesen Fällen ist die begleitende Überlegung angebracht, ob man die Verhandlungsführung nicht auch an die Klienten selbst übergeben kann – man denke an das Bedürfnis nach Kompetenzerfahrung – und sie dabei vorzubereiten, sie zu begleiten und es nachzubesprechen.

*Fallbezogene Öffentlichkeitsarbeit und Erzählungen*

Klientinnen in einer schwierigen Lebenssituation fällt ein Ausbruch aus der Negativspirale mitunter auch deshalb schwer, weil die Geschichten, die über sie in ihrem Umfeld kursieren, eher negativ sind. Fallbezogene Öffentlichkeitsarbeit zu betreiben bedeutet, diesen Geschichten hoffnungsvollere und trotzdem glaubhafte entgegenzusetzen. Die intendierte Wirkung ist, dass dem Klienten wieder eine Chance gegeben, dass Ablehnung neutralisiert oder zumindest abgeschwächt und wo möglich Unterstützung aktiviert wird.

Zu diesen möglichen Unterstützungen zählt auch die Aktivierung von positiver sozialer Kontrolle: Personen dazu ermutigen, das Leben der Klientin oder des Klienten wohlwollend zu beobachten, Kontakt zu halten und im Krisenfall Hilfe zu organisieren.

<small>Wohlwollende Beobachtung</small>

Der Kontakt mit Behörden und Organisationen gehört zu den klassischen Instrumenten der Einzelfallhilfe. Organisationen gehen zwar in der Regel entsprechend ihrer eigenen internen Vorschriften vor, die Organisationsmitarbeiter haben dabei aber einen Ermessensspielraum. Dieser kann zugunsten der Klienten genutzt werden. Die Entscheiderinnen und Entscheider sind Menschen und als solche sind sie von Geschichten berührbar. Gelingt es, ihnen Geschichten zu liefern, mit denen sie ihre großzügige Entscheidung vor sich selbst und ihrer Organisation begründen können, ist ein günstiger Ausgang wesentlich wahrscheinlicher. Noch besser funktioniert das, wenn im Laufe einer längeren Zusammenarbeit auch bereits persönlich freundliche Beziehungen gegenseitiger Unterstützung aufgebaut werden konnten.

Alle dies gelingt umso besser, je mehr die Personen im Feld erkennbar selbst Vorteile daraus ziehen können. Erfolgreiche Feldarbeit in der Einzelfallhilfe unterstützt daher auch diese Personen, die nicht unsere Klienten im Sinne der Einzelfallhilfe sind. Man versucht, deren Sichtweise, Interessen und Bedürfnisse zu erkennen und anzuerkennen, unterstützt sie, wenn möglich, durch Beratung oder auch durch die Vermittlung von Hilfen.

<small>Win-win-Situationen herstellen</small>

Die Öffentlichkeitsarbeit im Feld muss gut durch regelmäßige Absprachen mit der Klientin abgesichert werden. Die Klientin hat ein Recht darauf, zu wissen, welche Erzählungen und welche Informationen wir über sie in ihrem Umfeld verbreiten, sonst hat sie den Eindruck, die Kontrolle zu verlieren. Im schlimmsten Fall zweifelt sie daran, dass wir in ihrem Interesse handeln, und meint, wir verbünden uns zu ihrem Nachteil mit anderen. Die Nachbesprechung von Aktionen im Feld sollte daher auch zeitnah erfolgen – wenn erforderlich per Telefon, bald aber auch in einer Sitzung.

*Beraten*

Beratungsaktivitäten im Feld sind ein ausgezeichnetes Instrument, um indirekte günstige Wirkungen für die Klientinnen und Klienten zu erzielen. Lebensschwierigkeiten der Klienten berühren die Personen in deren Umfeld und bereiten auch ihnen Probleme – zusätzlich zu jenen Schwierigkeiten, die sie ohnehin schon bei der Bewältigung ihres eigenen Alltags haben mögen.

<small>Beratung im Umfeld</small>

Die Beratung im Feld kann sich also auf zwei Themen beziehen: Einerseits auf den Umgang mit der Klientin oder dem Klienten, andererseits auf Probleme der Lebensführung, die nicht in direktem Zusammenhang mit der Beziehung zum Klienten stehen. In beiden Fällen ist die Voraussetzung, dass man sich den Fallbeteiligten mit Offenheit und Interesse nähert und ihnen die Gelegenheit gibt, ihre eigene Situation darzustellen. Das sollte schon bei der ersten Kontaktaufnahme geschehen. Den Gesprächsaufbau gestaltet man daher so, dass man zuerst den Anlass der Kontaktaufnahme erklärt, dann aber genügend Raum und Interesse für die eigene Sichtweise der Person aufwendet. Je besser das gelingt, desto eher wird man auch Ansatzpunkte für konstruktive Lösungen im Sinne unserer Klientinnen finden.

Soweit sich die Beratung auf das Zusammenleben mit unserer Klientin oder unserem Klienten bezieht, gilt es Wege zu finden, wie die Interessen und Bedürfnisse beider Personen gewahrt bleiben können. Oft braucht es etwas, was in der Psychiatrie »Psychoedukation« genannt wird: Wenn man über psychische Krankheiten nichts weiß, dann liegt es nahe, den Kranken Dummheit, Bosheit, Ignoranz oder anderes zu unterstellen. Das Wissen darüber, wie psychische Erkrankungen funktionieren und welche Auswirkungen sie auf Menschen und ihre Fähigkeiten haben, ermöglicht besser zu unterscheiden, wofür ein Kranker verantwortlich gemacht werden kann und was an seinen irritierenden Auftritten der Krankheit zuzurechnen ist. Analog dazu gibt es auch soziale Situationen, die ihre eigene Logik haben und für Menschen, die ihnen nicht direkt ausgesetzt sind, schwer zu begreifen sind. In diesem Fall kann es angebracht sein, den Personen im Umfeld der Klienten zu erklären, welcher Dynamik die Klienten ausgesetzt sind (zum Beispiel durch Traumatisierung, Sucht, einen Trennungsprozess etc.). In einem zweiten Schritt geht es darum, wie sie sich so verhalten können, dass sie sich selbst schützen und gleichzeitig die Lage für die Klientinnen nicht noch verschlechtern. In dem Maße, in dem das gelingt, gewinnt man Vertrauen und kann die Lage der Klienten verbessern.

<small>Hilfe auch für das Umfeld</small>

Die weiteren möglichen Themen der Beratung anderer Fallbeteiligter sind vielfältig. Es kann darum gehen, wie sie in Konfliktsituationen mit der Klientin oder dem Klienten agieren können, wo sie selbst Hilfe oder Entlastung bekommen können, wie sie ihre eigenen Probleme, die nicht mit dem Klienten zusammenhängen, lösen können. Das kann so weit gehen, dass man auch ihnen bei der Realisierung von Ansprüchen oder der Aktivierung von Ressourcen behilflich ist.

Jedenfalls bleibt man dabei der Klientin oder dem Klienten verpflichtet und sollte das nötigenfalls auch klarstellen. Wenn Angehörige oder andere Personen rund um die Klientin mehr als nur punktuelle Beratung benötigen, wird man sie an eine andere Stelle bzw. eine andere Beraterin weiterempfehlen. Man kann für sie nicht in gleichem Maße Verantwortung übernehmen, wie für den Primärklienten.

*Sozialen Tausch und Nachbarschaftshilfe organisieren*

Zu erfolgreicher Einzelfallhilfe gehört eine genaue Kenntnis des lokalen und regionalen sozialen Feldes: Welche Milieus gibt es hier, welche öffentlichen und halböffentlichen Räume und wer bewegt sich dort, welche Personengruppen sind hier engagiert und können eventuell soziale Unterstützung bieten (z. B. Pfarrgemeinden, NGOs, Bürgerinitiativen etc.), welche professionellen sozialen Einrichtungen sind im erreichbaren Umfeld etc. Damit, dass man sich in diesem Feld bewegt und ein Netzwerk aufbaut, schafft man die Basis für nichtinstitutionelle Lösungen und für jene der Nachbarschaftshilfe.

Solche Lösungen können zum Beispiel sein: Nachbarinnen, die regelmäßig bei den Klienten auf einen Tratsch vorbeischauen und sehen, ob alles in Ordnung ist oder akut Hilfe benötigt wird; Nachbarn, die bei Behördenwegen helfen; Personen, die Zuflucht im Falle von eskalierenden Konflikten zu Hause gewähren; solche, die beim beschwerlichen Einkauf helfen oder bei anderen Aufgaben des Alltags.

Die Installation solcher Lösungen kann sehr hilfreich sein und ist auch eine gute Form der Netzwerkarbeit (s. dazu den folgenden Abschnitt).

*Netzwerkarbeit*

Wenn Einzelfallhilfe Arbeit am Verhältnis von Person zu Umwelt (und Umwelt zu Person) ist, und so verstehen wir sie, dann gehört eine Analyse des Beziehungsnetzes, in dem sich die Klienten befinden, zu den Selbstverständlichkeiten. Das kann mit einigen netzwerkbezogenen Fragen geschehen (siehe die Beispiele im Kasten) oder systematisch mit einem sozialdiagnostischen Instrument, mit dem das Egocentered Social Network erhoben wird. Ich empfehle dabei die Netzwerkkarte (Pantuček-Eisenbacher 2019, S. 194–223 oder www.easynwk.com). Im Gegensatz zu anderen Autorinnen und Autoren empfehle ich zusätzlich dringend, nicht voreilig Beziehungen als »unterstützend« oder »belastend« zu bewerten oder bewerten zu lassen. Die allermeisten Beziehungen sind ambivalent, enthalten sowohl stützende als auch beengende Komponenten.

**Fragen nach dem Sozialen Netz**
- »Mit wem haben Sie das schon besprochen?«
- »Sie sollten das mit jemandem aus Ihrer Familie oder aus Ihrem Freundeskreis besprechen. Wer käme da vielleicht infrage?«
- »Es gibt sicher Personen, bei denen Sie sich wohlfühlen ...?«
- »Manchmal hilft streiten ja auch. Finden Sie jemanden zum Streiten?«
- »Ich kenne Menschen, die würde ich am liebsten nicht mehr sehen. Geht es Ihnen auch so?«
- »Wenn sich jetzt einiges in Ihrem Leben ändert, wem werden Sie das erklären müssen?«
- »Manche Menschen reden lieber mit anderen, die ihnen nicht so nahe sind, mit der Friseurin zum Beispiel. Haben Sie auch so jemanden?«

Die Arbeit am Sozialen Netzwerk beinhaltet:
- Bilanzierung: Wie ist das Soziale Netzwerk derzeit aufgestellt, welche Ressourcen sind vorhanden oder könnten eventuell aktiviert werden? Gibt es auch »toxische« Beziehungen, die besser an Bedeutung verlieren sollten?
- Diskussion der Gelegenheiten, das Netz zu verbessern: Was sind die Hindernisse? Was braucht es, um stillgelegte Beziehungen wieder aktivieren zu können?
- Coaching des Klienten oder der Klientin bei ihren Versuchen, Beziehungen wieder aufzunehmen oder zu verbessern.
- Gegebenenfalls den eigenen Einsatz als Vermittler bei der Reparatur von wichtigen Beziehungen.
- Gegebenenfalls die Vermittlung der Klientinnen und Klienten an Angebote, bei denen sie neue Beziehungen aufbauen können.

*Sozialnetzkonferenzen*

Eine besondere Form der Netzwerkarbeit wird unter dem etwas irreführenden Titel »Familienrat« propagiert. Bei der Bewährungshilfe in Österreich heißt das treffender »Sozialnetzkonferenz«. Im Kern geht es dabei darum, jene Personen zusammenzuführen, die mit den Klienten leben, in einer verwandtschaftlichen Beziehung stehen oder sie in anderer Form beobachten und von ihrer Entwicklung betroffen sind, sich vielleicht auch als Nachbarn oder Freundinnen ein Stück mitverantwortlich fühlen oder helfen wollen. Eine Sozialnetzkonferenz (andere Bezeichnungen dafür sind Family Group Conference, Family Group Decision Making, Familienrat, Eigen Kracht-conferencies) bietet die Möglichkeit, Unterstützungspläne weniger organisationslastig zu erstellen und es einer Gruppe von Menschen zu ermöglichen, sich für Lösungen zu engagieren (Budde/Früchtl 2009).

*Individualhilfe und Case Management*

Die Einzelfallhilfe enthält in ihrer Vollform viele Elemente des Organisierens. Sie beschränkt sich nicht auf Beratung, sondern organisiert auch materielle Hilfen und Hilfe durch Dritte. Sie baut Hilfesysteme auf, die über die Beziehung Sozialarbeiter/Klient hinausgehen. Damit enthält sie Elemente des Managements: der Koordination, des Haushaltens mit Mitteln und mit der Zeit der Klientinnen, der Formulierung von Aufgaben und Zielen, der Auswahl von geeigneten Dienstleistungen etc. Das sind Themen, die gemeinhin unter der Überschrift Case Management abgehandelt werden.

Man kann sich hier an die NASW (die US-amerikanische National Association of Social Work) halten: Sie definiert Case Management als einen Spezialfall des Case Work, also als eine besondere Form der Individualhilfe. Damit ist klar: Die Prinzipien der Einzelfallhilfe, ihre grundlegende Ausrichtung und ihr Verständnis der Rolle der Klientinnen und Klienten gilt auch für Social Work Case Management. Ehlers, Müller und Schuster haben 2017 ein Konzept für ein stärkenorientiertes Case Management vorgelegt, die AG Case Management in der Österreichischen Gesellschaft für Soziale Arbeit (ogsa) hat sehr lesenswerte Standards (Goger/Tordy 2019) veröffentlicht.

»Der zentrale Unterschied zwischen dem Case Work, der Einzelfallhilfe bzw. der lebensweltorientierten Individualhilfe und dem Case Management ist die Verantwortung. Während Sozialarbeiter*innen in der Einzelfallhilfe fachliche Verantwortung für ihre unmittelbare eigene Unterstützungsleistung tragen, jedoch nur begrenzt Einfluss auf die Interventionen anderer Professionist*innen nehmen können, sind Case Manager*innen für die einrichtungs- und professionsübergreifende Koordination von Hilfen nicht bloß zuständig, sondern verantwortlich. Diese zeitlich andauernde Prozessverantwortung bildet ein unverzichtbares Wesenselement des Case Managements, weshalb kurzfristige Informations- und Beratungsangebote, wie sie im Entlassungsmanagement oder in reinen Broker-Modellen praktiziert werden, nicht als Case Management bezeichnet werden können.« (Goger/Tordy 2019, S. 10)

Case Management ist ein Handlungsansatz, der in verschiedenen Berufen zu Hause ist, und betont immer die Einheit von verschiedenen Unterstützungsmaßnahmen. Man muss nicht Sozialarbeiter sein, um Case Management als Planung von Maßnahmen einzusetzen. Es benötigt dafür allerdings ein organisatorisches Setting, das die Case Managerinnen und Case Manager in die Lage versetzt, die Hilfen aus verschiedenen Quellen sinnvoll abzurufen und zu koordinieren.

## Fallübergreifende und fallunspezifische Interventionen

Wie inzwischen deutlich geworden sein dürfte, ist die Individualhilfe kein intimes Geschäft zwischen Beraterin und Klientin, sondern verwendet Instrumente und hat Aspekte, die in den sozialen Raum ausgreifen. Man kann die Einzelfallhilfe als zwar individuumzentrierte, aber sozialräumliche Arbeitsweise verstehen. Manche nennen das auch »systemisch« – sie hat den Blick auf die Systeme, in die Klienten eingebunden sind, und versucht deren Funktionieren günstig zu beeinflussen. Bei gelungenen Interventionen gewinnen nicht nur die Klientinnen, sondern auch Personen in deren Umfeld. Auch wenn die Interventionen fallspezifisch veranlasst sind, weisen ihre Wirkungen teilweise über den Fall hinaus.

*Wissen durch Fallgeschichten*

Mit welchen Einzelfällen man arbeitet, ist in der Regel durch die Zuständigkeit der Organisation für ein Klientel mit einem bestimmten Merkmal in einem ebenfalls definierten Gemeinwesen bestimmt: Arbeitslosigkeit, Wohnungslosigkeit, Sucht, Gewalterfahrung in einem Stadtteil, einer Gemeinde etc. Damit erhält man im Rahmen der Beschäftigung mit den betroffenen Menschen auch viele Informationen über die Lebensbedingungen, die Bedarfe und Bedürfnisse von Menschen an diesem Ort und in dieser Lage. Man lernt, welche soziale Infrastruktur in welcher Qualität zur Verfügung steht und welche fehlt. Auch individualisierte Hilfe produziert Wissen über die allgemeinen Bedingungen des Lebens unter erschwerten Bedingungen.

Dieses Wissen zu bündeln und zu verwerten, in sozialpolitische Aktion und die Konzeption und Bereitstellung von fallübergreifenden Dienstleistungen umzusetzen, ist in der Regel die Aufgabe der Organisation, kann unter günstigen Bedingungen aber auch von einzelnen Sozialarbeiterinnen oder Sozialarbeitern unternommen oder angestoßen werden.

*Interventionen ins System*

Varianten von Interventionen ins System können – beispielhaft – so aussehen:

▶ Im Zuge der Fallbearbeitung hat man immer wieder Kontakt mit anderen Organisationen. Das ist eine Gelegenheit für den Aufbau von Netzwerken – das heißt, dass man nicht nur die unmittelbare Erledigung des Anliegens im Blick hat, sondern auch versucht, gute Beziehungen aufzubauen. Das hilft bei künftigen Fällen und ist wertvolles soziales Kapital.

▶ Mit (anonymisierten) Fallgeschichten, die exemplarisch die Probleme von Menschen in besonderen Lebenslagen aufzeigen, kann man die öffentliche und politische Diskussion beeinflussen. Zuletzt wurde diese Methode als »Storytelling« bezeichnet, sie wird nicht nur von der Sozialarbeit, sondern auch von Unternehmen und der Politik angewandt. Gute Geschichten

machen beispielhaft Verhältnisse sichtbar, verbinden sie mit Personen und sprechen nicht nur die Vernunft, sondern auch Gefühle an.
- ▶ Ein wichtiges Mittel der fallübergreifenden Arbeit ist die Beteiligung an lokalen beziehungsweise regionalen Foren mit anderen Sozialorganisationen und Akteuren (zum Beispiel Kommunalpolitikerinnen, Vertretern von Polizei, Schulen, Gesundheitswesen, Zivilgesellschaft etc.). Dort kann über aktuelle Entwicklungen in der Kommune oder Region gesprochen, können Probleme der Kooperation aufgezeigt und Verbündete für Lösungen gesucht und gefunden werden. Gibt es solche Foren noch nicht, dann ist es sehr sinnvoll, sie zu schaffen. Dazu wird man die Hilfe der Organisation benötigen. Eine gute Vorform oder Ergänzung können Austauschforen von Sozialarbeiterinnen und Sozialarbeitern aus verschiedenen Organisationen in der Region sein.
- ▶ Die Arbeit mit den Klientinnen und Klienten hat zur Folge, dass man mit der Zeit sehr genau darüber Bescheid weiß, wie ihre Lebensführung durch ausgrenzende Mechanismen in der Nachbarschaft, im Gemeinwesen und in der Gesellschaft erschwert wird. Es liegt nahe, dieses Wissen in politischen Zusammenhängen und im öffentlichen Diskurs zu teilen und für konstruktive und inklusive Lösungen zu streiten.

Darüberhinausgehend steht noch das ganze Instrumentarium der Gemeinwesenarbeit beziehungsweise des Community Development zur Verfügung. Aus der Rolle des Individualhelfers oder der Individualhelferin lässt sich das allerdings nur sehr eingeschränkt einsetzen.

### Advocacy

Das Sprechen für die Benachteiligten ist Teil der Sozialarbeit, nicht nur für die Organisation, sondern auch für die Sozialarbeitenden. Dieses Sprechen nennt man Advocacy. Dabei kommen wir einer politischen Funktion der Sozialen Arbeit sehr nahe. Sie ist dort wichtig, wo die Betroffenen nicht selbst sprechen können oder es nicht so tun können, dass sie auch gehört werden. Dabei besteht allerdings die Gefahr des Paternalismus: Das »Sprechen für andere« ist immer kontaminiert durch die eigenen Interessen, durch die persönlichen oder durch die der Organisation. Möglicherweise gerät man dadurch unter Beschuss von politischen Gegnern.

Viele Organisationen der Sozialen Arbeit sprechen selbst für die Betroffenen. Einerseits mischen sie sich in die sozialpolitischen Diskussionen ein und haben dort auch eine vielbeachtete Stimme. Auf einer Ebene unterhalb dieses politischen Auftrags sprechen sie auch für die Betroffenen selbst, also für die Klientinnen und Klienten der Einzelfallhilfe. Hier ist die Rolle der Einzelfallhelferin beziehungsweise des Einzelfallhelfers gefragt: Sie vertreten Ansprüche ihrer Klientinnen und Klienten in Auseinandersetzungen mit Behörden, Schulen, in der Wirtschaft. Sie tun das aber nicht als individuelle Helferinnen und Helfer, sondern in der Rolle und dem Status, den sie von ihrer Organisation erhalten haben.

Dieses Sprechen für den Klienten oder die Klientin benötigt eine methodische Absicherung. Sie muss vorbesprochen sein, muss auch durch die Klientinnen und Klienten mitgetragen werden – zum einen dadurch, dass sie diesen Einsatz gutheißen, zum anderen aber auch dadurch, dass sie die Möglichkeiten, die wir ihnen eröffnen, auch ergreifen wollen. In dem Moment also, in dem wir keine allgemeine politische Forderung erheben, sondern für konkrete Klientinnen und Klienten eine Besserstellung erwarten, benötigen wir eine Begleitung in den Sitzungen, vom Vorgespräch bis zu den Nachgesprächen.

Wenn wir den Status, den wir von unserer Organisation haben, nach Absprache für die Rechte unserer Klientinnen und Klienten einsetzen, ist dies ein wesentlicher Teil der Unterstützung, der Einzelfallhilfe.

Es bleibt zwar eine bessere Lösung, wenn die Klientinnen und Klienten für sich selbst sprechen können – und als solche auch gehört werden. Mitunter ist das nicht immer im Interesse von Sozialarbeitenden: Klientinnen und Klienten sagen Dinge, die wir anders gesagt hätten, oder sie sagen Dinge, die wir für wenig produktiv halten. Dann geht es um Verhandlungen – so ist das in Demokratien. Advocacy bedeutet in dieser schwierigen Rolle der Sozialen Arbeit: Nicht alles, was wir für das Beste halten, gefällt auch den Klientinnen und Klienten. Wir bleiben dabei weiterhin in Distanz zu ihnen und werden uns mit ihnen abklären müssen.

Vielleicht sollte ich hier darauf hinweisen, dass Soziale Arbeit immer auch eine Vertreterin des Mainstreams, der Norm ist. Wir sind aus der Sicht mancher Klientinnen und Klienten niemand von ihnen, der selbstverständlich für sie sprechen könnte. Mitunter sind wir sogar Repräsentanten einer gefürchteten oder wenig geachteten »Spezies«.

## Dokumentieren, einschätzen und berichten

### Dokumentieren

Das Dokumentieren der Fallarbeit gehört nicht zu den beliebtesten Arbeiten vieler Kolleginnen und Kollegen. Es wird zuweilen als bloße administrative Arbeit empfunden, die nur von der eigentlich zentralen Arbeit mit den Klientinnen und Klienten abhält. Dabei erfüllt die Dokumentation sehr wichtige Funktionen, ohne die Professionalität in der Einzelfallhilfe nicht denkbar wäre:

- Daten über die Situation der Klienten werden gesammelt und aufgeschrieben. Das zwingt zu einer Genauigkeit, welche erst eine kompetente Hilfe ermöglicht.    *Produktion von Daten*
- Die Zusammenfassung von Gesprächen mit den Klientinnen und Klienten kann, ernsthaft betrieben, ein Akt der Verarbeitung und Reflexion sein – unerlässliche Schritte zu einer professionellen Individualhilfe.
- Die Dokumentation ist die Datenbasis für die Evaluierung von Prozessen der Einzelfallhilfe. Sie ermöglicht die genaue Rekonstruktion von Abläufen.
- Eine gute Dokumentation gibt den Profis Sicherheit für den Fall von Beschwerden und Konflikten.
- Mithilfe einer guten Dokumentation kann die Falldarstellung in mehrprofessionellen Teams geordnet, vollständig und wirksamer erfolgen als wenn sie rein narrativ betrieben wird und sich hauptsächlich am eigenen – wie man weiß unzuverlässigen – Gedächtnis bedient.

Es sei noch angemerkt, dass die Dokumentation im Idealfall – oder zumindest wesentliche Teile daraus – auch den Klientinnen und Klienten zugänglich sein sollte.

Die Form der Dokumentation ist in der Regel von der Organisation vorgegeben, die konsequente Pflege gehört zu den Dienstpflichten. Nicht immer sind die Vorgaben so, dass eine aus sozialarbeiterischer Sicht profunde Dokumentation gewährleistet ist. Die Neigung größerer Organisationen zu bürokratischen Formen spielt da eine Rolle. In solchen Fällen ist es günstig, sich mit Fachkolleginnen und Kollegen beziehungsweise mit Unterstützung von externen Beraterinnen zu überlegen, wie man ohne allzu großen zusätzlichen Aufwand auch noch jene Elemente einbauen kann, die man für eine solide fachliche Situationsanalyse, Reflexion und Evaluation benötigt.

Offen ist die Frage, ob man Vereinbarungen mit den Klientinnen und Klienten und mit Personen aus deren Umfeld verschriftlichen und mit einer Unterschrift der beteiligten Personen versehen sollte. Es gibt hier sehr unterschiedliche Kulturen. Einerseits haben schriftlich fixierte Vereinbarungen ein größeres symbolisches Gewicht. Andererseits betonen schriftliche Vereinbarungen die Machtposition der Sozialarbeiterin, was ein nicht immer erwünschter Effekt ist, vor allem, wenn diese Vereinbarungen ungleichgewichtig sind, das heißt, dass sie den Klienten deutlich mehr abverlangen als den Sozialarbeitern beziehungsweise ihrer Organisation.    *Schriftliche Vereinbarung?*

Ein besonders unerfreuliches Beispiel sind sogenannte »Auflagen«, die Klientinnen oder Klienten erteilt werden. Dabei wird die Verantwortung völlig auf die Klienten abgewälzt und eine Zwangslage für sie zusätzlich zu den ohnehin    *»Auflagen«*

schon vorhandenen lebensweltlichen Zwängen kreiert. Wenn schon Bedingungen formuliert werden müssen, ist zumindest realistisch einzuschätzen, ob diese auch im Interesse der Klientinnen sind und sie in ihrer Situation eine echte Chance haben, sie zu erfüllen, und ausführlich mit ihnen zu besprechen, welche Unterstützung sie dabei benötigen und was eine Alternative wäre. Die bloße Erteilung von Auflagen sollte man Gerichten überlassen.

### Einschätzen und beurteilen

Einschätzen, beurteilen, gewichten und erste Schlussfolgerungen ziehen – das muss man in der Regel schon bei der Dokumentation. Zumal nicht jedes gesprochene Wort Eingang in die Dokumentation findet, muss ausgewählt und verdichtet werden. Die getroffene Auswahl ist bereits Ergebnis einer Einschätzung, was wichtiger und was weniger wichtig ist. Darüber hinaus sind jedoch noch (begründete) Einschätzungen in anderen Zusammenhängen gefragt: bei der Beantragung beziehungsweise Organisation von Hilfeleistungen, bei der kooperativen Diskussion der Ziele mit den Klientinnen und Klienten und manchmal in einer gutachterlichen Form gegenüber Dritten (Gerichten, Behörden etc.).

*Das »Bauchgefühl« reicht nicht*

Auf professionellem Niveau kann man sich dabei nicht nur auf ein »Bauchgefühl« verlassen, das irgendwo zwischen Alltagsverstand und Intuition angesiedelt ist. Solide Einschätzungen und professionelle Urteile sind reflektiert und nachvollziehbar begründet. Sie unterscheiden klar zwischen gesicherten Fakten einerseits, Hörensagen und Vermutungen andererseits. Sie benennen Zweifel und Risiken. Ihre Glaubwürdigkeit gewinnen sie nicht durch Eindeutigkeit, sondern durch das erkennbare Abwägen verschiedener möglicher Deutungen.

*Anforderungen an Gutachten*

Die Anforderungen an Gutachten wurden von Lindemann (1999, S. 58 f.) zusammenfassend formuliert. Die folgende Darstellung orientiert sich daran. Unter »Gutachten« werden hier alle Berichte und Stellungnahmen verstanden, die schriftlich an Dritte mit dem Anspruch einer Darstellung der Lage gehen.

1. Rahmenbedingungen des Gutachtens, die Explorationssituation und damit verbundene Probleme, der Anlass der Begutachtung etc. sind konkret beschrieben. Die Begutachtenden geben Auskunft, wie sie an die im Gutachten zusammengestellten Daten herankamen und als wie glaubhaft die jeweilige Datenquelle eingeschätzt werden kann (z. B.: »Die Aussagen des Partners waren durch die Trennungsauseinandersetzung beeinflusst beziehungsweise beruhten nur auf Hörensagen.«).
2. Im Zusammenhang jeder Aussage ist für die Lesenden nachzuvollziehen, wer genau die Aussage, die Beobachtung, die Wertung vorgenommen hat (z. B.: »Nach Aussagen des Wohnbetreuers sei NN unzuverlässig und halte die vereinbarten Termine nicht ein.«).

3. Die Sachverhalte sind so konkret wie möglich beschrieben (z. B. nicht »es kam zu aggressivem Verhalten von XY«, sondern: »XY habe bei einem Streit darüber, wie man auf die schlechten Schulnoten des gemeinsamen Sohnes reagieren solle, seine Frau angeschrien.«).
4. Bei Aussagen, die Bezug zur objektiven Welt aufnehmen, werden neben der konkreten Beschreibung des Sachverhaltes erklärende Angaben zu Untersuchungsmethode, -instrument und -ergebnis formuliert (z. B.: »Die Klientin schilderte, dass sie von ihrem Konto nichts mehr abheben könne. Bei einer Nachsicht in den Kontounterlagen stellten wir fest, dass sie seit drei Wochen das Konto um 1000 Euro überzogen hatte. In der Kontonachricht wurde die vorläufige Sperre des Kontos am 11.11. ausgesprochen. Einen Zugang zu ihrem Konto könnte sie nach Auskunft der Bank durch den Kundenbetreuer, Herrn XY, bei Einzahlung von 1000 Euro erhalten.«).
5. Bei Aussagen, die Bezug zur sozialen Welt aufnehmen, werden neben der Beschreibung des inkriminierten Verhaltens parallel der damit verbundene Auslegungs- und Interpretationsprozess beschrieben.
6. Aussagen, die Bezug zur subjektiven Welt der Klientinnen und Klienten aufnehmen, sollen möglichst in deren Sprache, soweit möglich als wörtliche, in Anführungszeichen gesetzte Zitate wiedergegeben werden. Die Auswahl darf nicht so selektiv erfolgen, dass ein ungünstiges Licht auf die Klienten fällt, sondern soll dem Verständnis für deren Position dienlich sein.
7. Die kontextuellen Bedingungen und der soziale Kontext sind hinreichend beschrieben, sodass die Dynamiken und die sich daraus ergebenden Zwänge von den Lesenden aus diesem Zusammenhang heraus nachzuvollziehen und zu verstehen sind.
8. Die Berichterstattenden legen ihr bei der Definition problematischer Sachverhalte und Situationen zugrunde gelegtes normatives Bezugssystem offen und begründen, warum die angelegte Norm im konkreten Fall als gerechtfertigt und damit legitim eingeschätzt werden kann.
9. Die Begutachtenden beschreiben ihre persönlichen Wertpräferenzen. Sie benennen ihren Theorienbezug und begründen, wenn sie die Situation der Klientinnen theoretisch deuten.

Ein Großteil dieser Anforderungen ähnelt jenen, die man auch an wissenschaftliche Arbeiten stellt. Die Genauigkeit der Unterscheidung zwischen dem, was objektiv überprüfbar ist und was nicht, die Klarheit bezüglich der Quellen, aus denen man seine Erkenntnisse oder vermeintlichen Erkenntnisse hat, die Bereitschaft, seine Erkenntnisse so darzulegen, dass sie einer Diskussion zugänglich sind – das alles sind Merkmale einer wissenschaftlich sauberen Herangehens-

*Wissenschaftliche Genauigkeit*

weise. Und wenn wir ehrlich sind, müssen wir auch zugeben, dass sie die Merkmale von Professionalität sind. Insofern: Auch wenn es auf den ersten Blick mühsam erscheint, nicht ganz einfach munter entlang der eigenen Einschätzung den Bericht oder das Gutachten schreiben zu können, eben daran erweist sich, wie professionell man seine Aufgabe wahrnimmt. Bei Fallbesprechungen und Fallreflexionen, egal ob mit anderen oder für sich selbst, kann das Einhalten der oben beschriebenen Anforderungen ebenfalls zu differenzierteren und damit adäquateren Ergebnissen führen. Denken Sie noch einmal an die Unterscheidung zwischen »schnellem« und »langsamem« Denken, die wir bereits in einem früheren Kapitel eingeführt und erklärt haben.

Eine strukturelle Besonderheit sozialarbeiterischer Begutachtungstätigkeit liegt darin, dass sie aufgrund des beruflichen Profils nicht jene Neutralität haben kann, wie dies bei anderen Berufsgruppen der Fall ist (bzw. sein sollte). Gutachtenerstellung ist in einem Einzelfallhilfe-Setting immer auch eine fallbezogene Intervention, muss daher in das Gesamtdesign der Fallbearbeitung integriert werden und den allgemeinen Zielen und Regeln von Feldinterventionen entsprechen, zum Beispiel jenem der Transparenz für die Klientinnen und Klienten. Auch wenn Ihnen das unangenehm vorkommen mag: Jedes Ihrer Gutachten, jede Stellungnahme, müssen Sie auch Ihren Klientinnen und Klienten gegenüber vertreten können. Es lohnt sich daher, diese Stellungnahmen ihnen gegenüber von vornherein offenzulegen. Die Kunst liegt darin, dabei die eigene Rolle zu erläutern, auch zu kritischen Einschätzungen zu stehen und die professionelle Beziehung zu den Klientinnen und Klienten zu pflegen.

*Ressourcen aktivieren*

Was mit »sauberen« und differenzierten Gutachten eher selten gelingt, ist Eindeutigkeit. Die braucht man mitunter bei Falldarstellungen, die auf die Aktivierung von Ressourcen zielen. Gutachten für Ressourcen gewährende Organisationen sind ein Sonderfall.

Vom »Bettelbrief« bis zum umfangreichen, von der anzusprechenden Organisation vorstrukturierten Antrag reichen die Formen dieser Expertisen. Die Gestaltungsmöglichkeiten der Fachkräfte werden dabei von den Wünschen der Kommunikationspartner vorbestimmt und eingeengt. Die Formulierungen sind so abzustimmen, dass sie den – häufig formalisierten – Kriterien der Ressourcengewährung entsprechen. In ihrer Berufspraxis haben Sozialarbeiterinnen gehäuft mit dem Verfassen solcher Kurzexpertisen zu tun und oft genug sind sie Meisterinnen in der Aktivierung von Ressourcen. Für die Gestaltung kann es nur wenige allgemein gültige Richtlinien geben, weil in erster Linie pragmatisch vorzugehen ist, also entlang der Wünsche der die Ressourcen bereitstellenden Organisation. Probleme ergeben sich bei dieser Form der fallbezogenen Öffentlichkeitsarbeit eventuell in Bezug auf den Datenschutz – also die Frage, welche Daten weitergegeben werden können, ohne den Klientinnen und Klienten mittelfristig Schaden zuzufügen. Die Abklärung mit ihnen ist für eine solche Entscheidung unabdingbar.

## Über Fälle nachdenken und sie analysieren

### Über den Nutzen der Kasuistik

Das Wort Kasuistik ist vom lateinischen »Casus«, »der Fall«, abgeleitet. Wie bereits dargestellt, ist der Fall jeweils eine konkrete und wirkliche, also nicht bloß erdachte, sondern uns in der beruflichen Realität tatsächlich erscheinende und beschäftigende Situation. »Fälle« gibt es im Rechtswesen, in der Medizin, in der Psychotherapie, aber eben auch in der Sozialarbeit.

»Kasuistik«, das ist die systematische Beschäftigung mit Fällen außerhalb der Fallsituation. Oder, wie es Schmidt et al. (2019, S. 2) definieren: »die zweckgerichtete, handlungsentlastete und verlangsamte Auseinandersetzung mit einem einzelnen Fall bzw. mehreren Fällen aus der pädagogischen [...] Wirklichkeit«. Damit sind bereits wesentliche Merkmale benannt.

<small>Systematische Beschäftigung außerhalb der Fallsituation</small>

Zweckgerichtet ist Kasuistik, weil man mit ihr in aller Regel ein Ziel verfolgt, zum Beispiel ein besseres Verstehen der Situation, ihrer Dynamiken oder auch das Entdecken von bisher verborgenen Handlungsmöglichkeiten. Vielleicht will man auch erkennen, was schiefgelaufen ist, um in Zukunft Fehler zu vermeiden.

Für die Zeit der kasuistischen Beschäftigung mit einem Fall steht man entweder nicht unter Handlungsdruck, weil es nicht der eigene Fall ist, weil es sich um einen bereits abgeschlossenen Fall handelt oder weil man – und das ist ein häufiger und sehr guter Grund – für die Dauer der kasuistischen Beschäftigung damit den eigenen Handlungsdruck »einklammert«, also von ihm absieht, man ihn vorerst einmal beiseiteschiebt oder vergisst.

Das ermöglicht jene Verlangsamung, die charakteristisch für Kasuistik ist. Verlangsamung bedeutet, nicht den schnellsten Weg zu einer Lösung zu suchen. Sich Zeit zu nehmen, um auch Dinge durchzudenken, die nicht so naheliegend erscheinen. Verlangsamen heißt, sich in einen Fall und seine Verzweigungen vertiefen zu können. Wer gern Kriminalromane liest, weiß, dass es eine lustvolle Betätigung sein kann, viele verschiedene Vermutungen anzustellen, ihnen nachzugehen und sie mit dem Bekannten und den Fakten abzustimmen.

<small>Verlangsamung</small>

Wozu sollte man das tun, wo doch ohnehin so wenig Zeit in einem dicht getakteten Berufsalltag zur Verfügung steht? Ist das nicht ein Luxus, den man sich nur selten leisten kann? Und ist es nicht nur belastend, die Fallgeschichte wieder hervorzukramen, anstatt sich auszuruhen? Nun – ich gehe davon aus, dass Sie Ihren Beruf nicht nur aus Gründen des Broterwerbs gewählt haben und dass Sie einen gewissen professionellen Stolz entwickeln. Einen Stolz auf gute und immer bessere Arbeit, verbunden mit einer lustvollen Neugier auf interessante und schwierige Situationen. Kasuistik zu betreiben ist nicht nur sehr spannend, sondern es ist auch unverzichtbar auf dem Weg zu höherer Professionalität und schließlich zur Meisterschaft. Es sei nicht verschwiegen, dass diese Art der Beschäftigung mit Fällen auch schmerzhaft sein kann. Mitunter wird dabei bewusst, wie man sich verrannt hat, was man übersehen und was man falsch gemacht hat. Sollte das einmal so sein, dann seien Sie nicht beleidigt, versuchen Sie sich nicht zu verteidigen. Solche Verirrungen sind ganz normal. Und sie haben einen unschätzbaren Vorteil: Man kann von ihnen lernen und an ihnen wachsen.

*Formate der Kasuistik*

Kasuistik kann in Forschungsteams betrieben werden, in Weiterbildungsveranstaltungen, in Qualitätszirkeln, in der Lehre an der Hochschule. Was uns hier aber besonders interessiert, sind jene Formen der Auseinandersetzung mit Fällen, die in den beruflichen Alltag verwoben sind. Das kann beispielsweise das Gespräch mit einer Kollegin (»Intervision«), die Fallbesprechung mit der fachlichen Leitung, die Fallbesprechung in einem sozialarbeiterischen oder in einem interdisziplinären Team oder in der Supervision oder (ohne Beteiligung anderer Personen) die nachdenkliche Beschäftigung mit einem Fall sein. All diese Formate kommen im beruflichen Alltag vor oder sollten zumindest regelmäßig vorkommen. Sie sind unverzichtbare Bestandteile von Professionalität in der Sozialarbeit.

All diese Formen, sollen sie denn gelingen, haben einige Merkmale gemeinsam:

- Am Anfang steht eine Zusammenfassung, was der Fall ist – beziehungsweise was man derzeit für den Fall hält. Manchmal ist diese Zusammenfassung sehr kurz, ähnelt einer »Fallvignette« und lässt noch sehr viel offen.
- Um der Besprechung eine Chance zu geben, dass als ihr Ergebnis etwas entstehen kann, was man nicht ohnehin schon weiß (oder zu wissen glaubt), braucht es eine Haltung der Ergebnisoffenheit. Es könnte sein, dass ich zu wenig weiß, es könnte sein, dass ich in meiner bisherigen Einschätzung falsch liege.
- Für die Zeit der Besprechung »meines« Falls muss ich einige Schritte aus der Involvierung in den Fall heraus machen. Für die begrenzte Zeit der kasuistischen Beschäftigung mit dem Fall betrachte ich ihn (und damit auch mein Handeln) von außen.

- Ich – als »Fallbringerin« – muss mich während der kasuistischen Beschäftigung mit dem Fall für nichts rechtfertigen, für nichts entschuldigen. Nicht vor mir selbst, nicht vor den anderen.
- Das Ziel ist nicht, Fehler zu erkennen, und vor allem nicht, Schuldige zu suchen. Allerdings kann es sehr wohl sein, dass im Ergebnis der kasuistischen Beschäftigung mit einem Fall einiges, was getan wurde, nun als Fehler, Irrtum oder Irrweg erscheint.

## Katastrophen und Fehler: Vom Misslingen

Wie bei allen Arbeitsprozessen gibt es auch Fehler im Arbeitsprozess der Einzelfallhilfe. In einer Einschätzung des Prozesses beziehungsweise bei einer Fallanalyse im Team, in der Intervision oder der Supervision wird man auf ungünstige Entwicklungen im Fall stoßen und es wird die Frage auftauchen, ob diese ungünstigen Entwicklungen nicht aufgrund eines Fehlers der Sozialarbeitenden zustande gekommen sein können. Manche dieser Fehler können durchaus tragische Auswirkungen haben.

Ungünstige Entwicklungen in einem Fall haben sehr verschiedene Hintergründe. Es kann sich das Umfeld der Klientinnen und Klienten geändert haben und die Klientinnen und Klienten können selbst fragwürdige Entscheidungen getroffen haben. Es kann allerdings auch ein Fehler in der professionellen Vorgehensweise der Einzelfallhelfer entweder daran beteiligt sein oder als Hauptauslöser der ungünstigen Entwicklung bezeichnet werden.

Sollte es bei einem Fall zu ungünstigen Entwicklungen kommen, sollten die Verantwortlichen vorerst mit einem Kollegen oder einer Kollegin den Verlauf des Falls besprechen. Dabei wird man grob einschätzen, wie es zur Entwicklung gekommen ist, und wenn es den Verdacht einer Beteiligung der Organisation oder des Einzelfallhelfenden gibt, wird man sich in einem guten Setting, etwa einem Qualitätszirkel, genauer mit dem Ablauf beschäftigen. *Erste Einschätzung*

Ganz kleine Fehler gibt es in einem Prozess, der nicht genau durchgestylt ist, immer. Die Profis bewegen sich in einem ihnen vorerst relativ unbekannten Terrain, haben nie die volle Information über alle möglichen weiteren Einflüsse im Fall. Sie müssen sich vorsichtig bewegen und es ist wahrscheinlich, dass sie dabei auch einmal einen Schritt machen, der sie in einen Sumpf oder an den Abgrund führt. Man wird sich also in der Gesprächsführung vorsichtig bewegen und sich rechtzeitig zurückziehen, wenn man den Boden unter den Füßen verliert. Manchmal jedoch kann es sein, dass man längere Zeit braucht, um wieder den Kontakt mit den Klientinnen und Klienten herzustellen. Das sind die ganz *Ganz kleine Fehler* kleinen Fehler, die zu einem erfolgreichen Einzelhilfeprozess dazugehören und ein Teil des Suchens nach einer Lösung und eines guten Kontakts mit den Klientinnen und Klienten sind. Das Wesentliche bei den ganz kleinen Fehlern ist, dass sie korrigierbar sind. Man sollte sie nicht vermeiden, bei vielen erweist es sich ja erst im Nachhinein, ob das jetzt eine Türöffnung für ein neues Thema in der Beratung war oder ob es sich um einen Fehler handelt. Und bei einer guten Beziehung, die man mit den Klientinnen und Klienten aufgebaut hat, verzeihen Sie uns diesen Fauxpas.

*Kleine Fehler*  Neben den oben beschriebenen ganz kleinen Fehlern gibt es auch solche kleinen Fehler, die nicht unserem Versuch, sich in einer unübersichtlichen Landschaft weiter fortzubewegen, geschuldet sind. Es sind jene Fehler, die oft in einer überhitzten Arbeitssituation zustande kommen, die unserer Unachtsamkeit entsprungen sind oder aus einer für den Fall ungünstigen Entscheidung der Organisation herrühren. Manche dieser kleinen Fehler können mitunter schwierige Konsequenzen haben, manchmal hindern sie den Fall an einem guten Vorankommen. Solche kleinen Fehler können etwa ein verspätetes Eingreifen sein, die Verweigerung einer Hilfe, eine nicht erfolgte Kontaktaufnahme, eine nicht abgesprochene Weitergabe von Informationen. Auch diese kleinen Fehler sind oft korrigierbar, manchmal allerdings auch nicht.

*Systemische Fehler*  Die systemischen Fehler sind Fehler, die in der Grundstruktur der Organisation ihre (oder zumindest auch eine) Ursache haben. Ein Großteil der Fehler kann als systemischer Fehler beschrieben werden und könnte auch durch systemische Maßnahmen behoben werden.

Bei einer Untersuchung in einer Jugendwohlfahrtseinrichtung haben wir festgestellt, dass vor einer Fremdunterbringung des Kindes von den Sozialarbeitenden zahlreiche Abklärungen zu leisten (mit den Rechtsabteilungen, den Eltern, den Vorgesetzten) und zahlreiche Formulare und Stellungnahmen auszufüllen waren. Das führte in der Regel dazu, dass die Kinder nicht darauf vorbereitet wurden und diese für sie so wesentliche Entscheidung weitgehend ohne sie getroffen wurde. Man konnte das als Fehler den Sozialarbeitenden zuordnen, tatsächlich aber war es ein Fehler des Maßnahmenmanagements des Jugendamtes.

In den Versuchen, eine vernünftige Kultur des Umgangs mit Fehlern in der Einzelfallhilfe zu finden, wird man nicht nach Fehlern von Einzelnen suchen müssen, sondern nach dem, was man in der Organisation tun kann, um Fehler unwahrscheinlich zu machen. Das ist vor allem in Organisationen schwer, die Fehler bisher nicht zugeben wollten, und wenn, dann jeweils einen Schuldigen gesucht haben. Das kennt man von Behörden und leider ist es auch bei manchen Sozialarbeitenden so – sie haben Angst vor Fehlern, weil sie befürchten, dass sie zur Verantwortung gezogen werden.

Mit der Identifizierung eines oder einer »Schuldigen« ist allerdings nichts gewonnen, darauf sollte verzichtet werden. Im Vordergrund steht bei Fallanalysen im beruflichen Alltagskontext am Ende (erst am Ende, nicht früher!) die Frage, was nun getan werden kann – die Frage nach den Handlungsmöglichkeiten. Keine Schuldigen suchen

Man orientiert sich dabei an Teilen der Philosophie des Total Quality Management. In erster Linie gilt dort, dass für einen Fehler nicht ein Mitarbeiter oder eine Mitarbeiterin verantwortlich ist, sondern ein fehlerhafter Prozess in der Organisation. Dementsprechend sind auch sämtliche Mitarbeiter für einen Fehler verantwortlich und alle (zum Beispiel eines Teams) sollten an der Fehleranalyse beteiligt sein. Die Analyse sollte anhand von Fakten geschehen, soweit das geht. In der Regel wird man also einen Fehler im Ablauf verstehen müssen.

Ich kann dazu ein kleines Beispiel aus einer Begutachtung nach einer »Jugendhilfe-Katastrophe« (danke, Werner Freigang) anführen. Der Großvater eines Kindes ging zum Jugendamt, weil ihm einiges am Umgang seiner Tochter beziehungsweise ihres Freundes mit seinem Enkelkind störte. Er wollte seine Tochter und deren Freund nicht »anzeigen«, aber doch eine Beratung über die seiner Meinung nach besorgniserregende Situation des Kindes bekommen. Es wurde mit ihm gesprochen und er wurde wieder nach Hause geschickt. Das Jugendamt aber nahm die deutlichen Hinweise nicht als Anzeige einer möglichen Kindesmisshandlung wahr, sondern wies den Großvater darauf hin, dass er diese Anzeige später noch machen könne. Er tat das nicht, das Jugendamt hat sich nicht mit der Mutter in Verbindung gesetzt und das Kind ist zu Tode gekommen. Ein Prozessfehler

Man könnte der Beraterin oder dem Berater die Schuld an diesem Fehler geben. Tatsächlich hätte diese Anzeige aufgenommen werden sollen und das Jugendamt hätte aktiv werden müssen. Aber gleichzeitig können wir annehmen, dass die Beratenden etwas getan haben, was offensichtlich zu den normalen Vorgehensweisen gehört. Seit einiger Zeit sind die Jugendämter dazu übergegangen, dass es Formulare für eine Gefährdungsmeldung gibt und dass man die Entscheidung, ob etwas beobachtet werden sollte, nach außen verlagert. Nichts anderes wurde von den Beratenden gemacht. In diesem Fall führte das zu einer Katastrophe. In vielen anderen Fällen tut es das wohlmöglich nicht, sondern bleibt ein Fehler, der sich nicht in den Zeitungen wiederfindet.

Da Einzelfallhilfe in vielen Fällen in das Leben der Betroffenen eingreift, benötigt sie eine gute Qualitätssicherung und einen Prozess, der fehlerfreundlich ist. Dass ein einzelner Sozialarbeiter durch eine Fehleinschätzung das Leben Kollegiale Beratung eines Kindes oder das weitere Leben eines Erwachsenen gefährdet, sollte verhindert werden. In der Regel kann man das über kollegiale Beratung absichern. Kollegiale Beratung als Usance in Teams der Sozialen Arbeit ist noch wichtiger als eine regelmäßige Supervision – sie kann kurzfristig einberufen und unmittelbar vor einer Entscheidung durchgeführt werden – und sie sollte auch dokumentiert werden.

*Misserfolge ohne Fehler*
Schließlich gilt es zu trennen, ob ein Misserfolg bei einem Hilfeprozess durch einen Fehler der Sozialarbeitenden zustande gekommen ist oder aufgrund ungünstiger Entwicklungen im Feld oder weil der Klient sich für eine unglückliche Variante entschieden hat. So wie wir festgestellt haben, dass eine günstige Entwicklung nicht (nur) von uns abhängt, ist auch eine ungünstige Entwicklung nicht nur das Ergebnis eines Fehlers des Einzelfallhelfers oder der Einzelfallhelferin.

<small>Ungünstige Entscheidungen</small> Es kann ungünstige Entscheidungen von Beamtinnen geben, eine Forderung der Bank, ein sich verabschiedender Partner, einen Fehler der Klientin, einen weiteren Rückfall des Klienten etc. Besonders enttäuschend ist es, wenn politische Entscheidungen die Lage für die Klientinnen und Klienten deutlich verschlechtern – man denke etwa an manche Entscheidungen im Fremdenrecht.

Misserfolge können die Einzelfallhilfe beenden, in den meisten Fällen tun sie das aber nicht. Sie sind etwas, was man in einer Sitzung bereden muss, man wird möglicherweise noch einiges an Trost für die Klientin oder den Klienten brauchen, aber im Wesentlichen wird man beraten können, wie man mit der neuen Situation umgehen soll. Wie üblich kann es nach einem Misserfolg einige Zeit geben, in der die Klientinnen oder Klienten zuerst noch die Enttäuschung bearbeiten müssen, und manchmal werden sie auch sich selbst oder andere beschuldigen. Nicht immer berichten die Klientinnen oder Klienten darüber, oft erfährt man es von Dritten oder man erkennt bei einer Beratung, dass die Beratenen etwas Wesentliches nicht ansprechen wollen. Dabei wird man auf die Probe gestellt: Gelingt es mir, sie zu einem »Geständnis« zu bewegen, vor allem aber dabei weiterhin positiv zu bleiben und ihnen weiterhin einen Erfolg zuzutrauen? Genau dieses Zutrauen brauchen sie dann.

## Unsere Arbeit und unser Verhältnis zur Welt

Wenn wir Einzelfallhilfe betreiben, haben wir eine verantwortungsvolle Position gegenüber unseren Klientinnen und Klienten eingenommen. Wir sind in ihr Leben eingedrungen, haben einen Teil dieses Lebens auch ein wenig mitgestaltet. Wir haben dabei auch einiges über andere Leben erfahren, als wir sie selbst führen. Wir sind damit zu Personen geworden, die unsere Gesellschaft nicht nur aus einer Perspektive kennen, sondern aus mehreren, vorausgesetzt, dass wir jene Botschaften auch in uns aufnehmen, die uns unsere Klientinnen und Klienten senden.

Wenn wir die Botschaft von Joseph Wresinski (Blunschi-Ackermann 2005) aufgreifen, dass wir von unseren Klientinnen und Klienten lernen sollten, dann sind wir in eine »resonante« Beziehung (Rosa 2016) eingetreten. Wir haben nicht nur unsere Kenntnisse an der Welt erprobt, sondern die Personen haben sich rückgemeldet und uns Kenntnisse über Leiden und Freuden des Lebens gegeben. Wir sind dadurch zu kenntnisreicheren Menschen geworden. Und wir haben den Klientinnen und Klienten die Chance gegeben, uns zu überraschen.

<small>Von den Klientinnen und Klienten lernen</small>

Inwieweit uns das zu einer besseren Lebensführung veranlassen sollte, sehe ich skeptisch. Ärzte rauchen und Sozialarbeiterinnen haben unglückliche Beziehungen und manche ein schwieriges Leben. Die Einzelfallhilfe wird uns also nicht zu besseren Menschen machen. Einige Grundregeln in unserer Haltung zur Welt werden wir aber für eine gute Arbeit brauchen, ganz egal, ob wir sonst revolutionär oder konservativ sind, politisch aktiv oder lieber zurückhaltend.

Zum einen brauchen wir den Mut, um mitunter auch unter vorsichtiger Umgehung mancher Vorschriften das beste (an Inklusion) herauszuholen. Wir sind Sozialarbeiterinnen und Sozialarbeiter. Letztlich ist es unsere Aufgabe, an der Inklusion zu arbeiten, und für unsere Klientinnen und Klienten sollten wir alles herausholen, was möglich ist. Dafür lohnt es sich schon, so manches Risiko einzugehen.

Zum anderen brauchen wir die Freude, selbst in der Gemeinde als sozialarbeiterischer politischer Akteur aufzutreten. Auch hier sollte es unser Versuch sein, die Beteiligung von unseren Klientinnen und Klienten, beziehungsweise deren vernünftigen Platz im Gemeinwesen, zu sichern. Wenn wir davon ausgegangen sind, dass die Soziale Arbeit nicht von vorneherein eine politische Position innehat, hat sie das aber dann, wenn sie die Eigeninteressen ihrer Klientel in der Öffentlichkeit verteidigen muss.

Und schließlich müssen wir, wie so viele, aushalten, dass die Welt nicht so gestaltet ist, wie wir uns das in unseren Träumen vorstellen, und auch nicht so, wie es uns vernünftig erscheinen würde. Als Sozialarbeiter haben wir, wie manche anderen helfenden Berufe auch, das Problem, dass wir unser Mitgefühl nicht nur für unsere Verwandten aufheben müssen, sondern dass wir auch für die Klientinnen und Klienten, für deren Volk und deren Gruppe Hochachtung empfinden und deren Wohlergehen uns ebenso betrifft. Wir sind dafür nicht völlig verantwortlich, aber es geht uns nahe. Dafür benötigen wir einen Modus unseres Denkens, der uns diese Verantwortung tragen lässt, der uns die Nähe zu diesen Menschen garantiert, der uns aber trotzdem unser Leben leben lässt.

Und schließlich brauchen wir noch jene Form der Hochachtung, die wir gegenüber unseren Klientinnen und Klienten benötigen, um sie selbst entscheiden zu lassen. Jene Hochachtung, die uns befähigt, ihnen unser professionell Bestes zu geben. Und es ist eine Hochachtung, die auch für jene Menschen gilt, denen wir nicht gern begegnen. Es ist eine menschliche Hochachtung.

# Literatur

Ahl, Kati (2019): Elterngespräche konstruktiv führen: Systemisches Handwerkszeug. Göttingen: Vandenhoeck & Ruprecht.
Aichhorn, August (1972): Erziehungsberatung und Erziehungshilfe. Reinbek: Rowohlt.
Aichhorn, Thomas (Hg.) (2012): August Aichhorn. Pionier der psychoanalytischen Sozialarbeit. Wien: Loecker.
Aichhorn, Thomas (2014): August Aichhorn.»Der Beginn psychoanalytischer Sozialarbeit«. soziales_kapital, 12/2014, 203–221.
Altgeld, Thomas/Bittlingmayer, Uwe H. (2017): Verwirklichungschancen/Capabilities. https://www.leitbegriffe.bzga.de/alphabetisches-verzeichnis/verwirklichungschancen-capabilities/ (Zugriff am 01.12.2021).
Arlt, Ilse (1921): Die Grundlagen der Fürsorge. Wien: Österreichischer Schulbücher Verlag.
Arlt, Ilse (2010): Wege zu einer Fürsorgewissenschaft. Herausgegeben und mit einem Nachwort versehen von Maria Maiss. Werkausgabe Ilse Arlt Band II. Münster: LIT.
Arnold, Susan (2009): Vertrauen als Konstrukt. Sozialarbeiter und Klient in Beziehung. Marburg: Tectum Wissenschaftsverlag.
ATD Fourth World/Quart Monde (2012): Extreme poverty is violence – Breaking the silence – Searching for peace. Final Report and conclusions of the 2009–2012 Action Research Project and International Colloqium. Vauréal, France: ATD Fourth World.
Bamberger, Günter G. (2015): Lösungsorientierte Beratung: Praxishandbuch (5. Aufl.). Weinheim: Beltz.
Beher, Stefan (2020): Wirklichkeit und Wirksamkeit in der Psychotherapie: Eine Rezension zur »Psychotherapie-Debatte« von Wampold, Imel und Flückiger. https://systemagazin.com/wirklichkeit-und-wirksamkeit-in-der-psychotherapie (Zugriff am 29.09.2021).
Behncke, Nadine (2021): Marktformen: Übersicht, Beispiele & Vor- und Nachteile. https://thinkaboutgeny.com/marktformen (Zugriff am 29.10.2021).
Beywl, Wolfgang/Schepp-Winter, Ellen (1999): Zielfindung und Zielklärung – ein Leitfaden. Materialien zur Qualitätssicherung in der Kinder- und Jugendhilfe. Bonn: Bundesministerium für Familie, Senioren, Frauen und Jugend.
Biestek, Felix (1970): Wesen und Grundsätze der helfenden Beziehung in der sozialen Einzelhilfe. Freiburg im Breisgau: Lambertus.
Binneberg, Karl (1985): Grundlagen der pädagogischen Kasuistik. Überlegungen zur Logik der kasuistischen Forschung. Zeitschrift für Pädagogik, 31 (6), 773–788.
Blumer, Herbert (1973): Soziale Probleme als kollektives Verhalten. In: Heinz, W. R./Schöber, P. (Hg.): Theorien kollektiven Verhaltens. Beiträge zur Analyse sozialer Protestaktionen und Bewegungen. Band 2 (S. 149–165). Darmstadt und Neuwied: Luchterhand.
Blunschi-Ackermann, Marie-Rose (2005): Joseph Wresinski. Wortführer der Ärmsten im theologischen Diskurs. Freiburg, Schweiz: Academic Press Fribourg.
Bourdieu, Pierre (1997): Das Elend der Welt. Zeugnisse und Diagnosen alltäglichen Leidens an der Gesellschaft. Konstanz: Herbert von Halem Verlag.
Bourdieu, Pierre/Waquant, Loïc (2006): Reflexive Anthropologie. Frankfurt am Main: Suhrkamp.
Braches-Chyrek, Rita (2019): Soziale Arbeit – die Methoden und Konzepte. Opladen/Toronto: Verlag Barbara Budrich.

Bratic, Ljubomir/Pantuček, Peter (2004): Sie haben ein Problem. Soziale Arbeit als Form des Regierens. In: Fachhochschule St. Pölten (Hg.): Der gläserne Mensch – Europäisierung (S. 35–50). Wien: Böhlau.

Budde, Wolfgang/Früchtl, Frank (2009): Beraten durch Organisieren: Der Familienrat als Brücke zwischen Fall und Feld. In: Kontext – Zeitschrift für Systemische Therapie und Familientherapie, 40 (1), 32–48.

Burkhard, Amelie (2002): Die Bedeutung des Begriffs »Ambivalenz« im Diskurs und Handlungsfeld von Psychotherapeuten. Arbeitspapier 41. https://d-nb.info/981196349/34/ (Zugriff am 25.08.2021).

Buttner, Peter/Gahleitner, Silke Brigitta/Hochuli-Freund, Ursula/Röh, Dieter (Hg.) (2018): Handbuch Soziale Diagnostik: Perspektiven und Konzepte für die Soziale Arbeit. Freiburg im Breisgau: Lambertus.

Christa, Harald (2010): Grundwissen Sozio-Marketing: Konzeptionelle und strategische Grundlagen für soziale Organisationen. Wiesbaden: VS Verlag für Sozialwissenschaften.

Conen, Marie Luise/Cecchi, Gianfranco (2007): Wie kann ich Ihnen helfen, mich wieder loszuwerden? Therapie und Beratung in Zwangskontexten. Heidelberg: Carl-Auer Verlag.

Dahlvik, Julia/Reinprecht, Christoph (2014): Zirkulation von Vulnerabilität. Wie in Hausbesuchen der Altenpflege soziale Unsicherheit erzeugt und bewältigt wird. ÖZS Österreichische Zeitschrift für Soziologie, 39 (4), 307–323.

Deci, Edward L./Ryan, Richard M. (1993): Die Selbstbestimmungstheorie der Motivation und ihre Bedeutung für die Pädagogik. Zeitschrift für Pädagogik, 39 (2), 223–238.

Deci, Edward L. (1996): Why we do what we do. Understanding Self-Motivation. London: Penguin Books.

Dewe, Bernd/Schwarz, Martin P. (2013): Beratung als professionelle Handlung und pädagogisches Phänomen (2., überarb. u. aktual. Aufl.). Hamburg: Verlag Dr. Kovač.

De Jong, Peter/Berg, Insoo Kim (2014): Lösungen (er-)finden: Das Werkstattbuch der lösungsorientierten Kurztherapie. Dortmund: Verlag modernes lernen.

De Shazer, Steve (2014): Wege der erfolgreichen Kurztherapie. Stuttgart: Klett-Cotta.

Dobelli, Rolf (2017): Wir Schönwetterpiloten. https://www.nzz.ch/feuilleton/die-kunst-des-guten-lebens/die-kunst-des-guten-lebens-auch-korrigieren-ist-eine-kunst-ld.691649 (Zugriff am 29.10.2021).

Dölling, Irene (2011): Pierre Bourdieus Praxeologie – Anregungen für eine kritische Gesellschaftsanalyse. https://leibnizsozietaet.de/wp-content/uploads/2012/11/05_doelling.pdf (Zugriff am 08.12.2021).

Dörner, Dietrich (2003): Die Logik des Mißlingens. Strategisches Denken in komplexen Situationen. Reinbek: Rowohlt.

Duhigg, Charles (2013): Die Macht der Gewohnheit: Warum wir tun, was wir tun. München: Piper Taschenbuch.

Dunbar, Robin (1998): Klatsch und Tratsch. Wie der Mensch zur Sprache fand. Gütersloh: Bertelsmann.

Dworschak, Rosa (1969): Der Verwahrloste und seine Helfer. Aus der Praxis des Sozialarbeiters. München/Basel: Ernst Reinhardt Verlag.

Ehlers, Corinna/Müller, Mathias/Schuster, Frank (2017): Stärkenorientiertes Case Management: Komplexe Fälle in fünf Schritten bearbeiten. Leverkusen: Verlag Barbara Budrich.

Engelmann, Fabian/Halkow, Anja (2008): Der Setting-Ansatz in der Gesundheitsförderung. Genealogie, Konzeption, Praxis, Evidenzbasierung. Berlin: Wissenschaftszentrum Berlin für Sozialforschung (WZB).

Farrelly, Frank/Brandsma, Jeffrey M. (2005): Provokative Therapie. Berlin: Springer.

Fisher, Roger/Ury, William/Patton, Bruce (2015): Das Harvard-Konzept. Die unschlagbare Methode für beste Verhandlungsergebnisse (25. überarb. Aufl.). Frankfurt am Main/New York: Campus.

Forster, Julia/Tschirk, Werner/Voigt, Andreas/Walchhofer, Hans Peter (2021): Kommunikation in Planungsprozessen – Theoretische Grundlagen. https://www.e-genius.at/mooc/smart-cities-teil-3/woche-12-buergerbeteiligung-in-stadtgestaltungsprozessen/1210-kooperative-planungs-modelle/gutartige-und-boesartige-probleme (Zugriff am 04.09.2021).

Franz, Angelika (2019): Adhärenz. https://www.socialnet.de/lexikon/Adhaerenz (Zugriff am 25.08.2021).

Frassine, Ingrid (1990): Beziehungen in der Sozialarbeit. Unveröffentlichtes Manuskript. St. Pölten.

Freigang, Werner/Bräutigam, Barbara/Müller, Mathias (2018): Gruppenpädagogik. Eine Einführung. Weinheim: Beltz Juventa.

Freud, Anna (2011): Psychoanalyse für Pädagogen. Eine Einführung. Bern/Göttingen/Toronto/Seattle: Verlag Hans Huber.

Freud, Sigmund (2015): Das Unbewußte. https://www.projekt-gutenberg.org/freud/jenseits/jenseits.html (Zugriff am 08.12.2021)

Früchtel, Frank/Roth, Erszebet/Vollmar, Jörg/Richter, Sophie (2017): Familienrat und inklusive, versammelnde Methoden des Helfens. Heidelberg: Carl-Auer Verlag.

Fuchs, Peter/Schneider, Dietrich (1995): Das Hauptmann-von-Koepenick-Syndrom. Überlegungen zur Zukunft funktionaler Differenzierung. Soziale Systeme, 1 (2), 203–224.

Fuchs, Peter (2011): »Keine Inklusion ohne Exklusion, keine Exklusion ohne Inklusion«. Interview mit Peter Fuchs. http://www.fen.ch/texte/gast_fuchs_inklusion-exklusion.pdf (Zugriff am 08.12.2021).

Gahleitner, Silke B./Hahn, Gernot/Glemser, Rolf (Hg.) (2013): Psychosoziale Diagnostik. Klinische Sozialarbeit. Beiträge zur psychosozialen Praxis und Forschung Band 5. Köln: Psychiatrie Verlag.

Gaiswinkler, Wolfgang (2010): Soziale Diagnostik der KlientInnen-SozialarbeiterInnen-Kooperation. http://www.netzwerk-ost.at/publikationen/pdf/publikationen_diagnostik.pdf (Zugriff am 15.10.2021).

Gamble, Clive/Gowlett, John/Dunbar, Robin (2016): Evolution, Denken, Kultur: Das soziale Gehirn und die Entstehung des Menschlichen. Heidelberg: Springer Spektrum.

Goger, Karin/Tordy, Christian (2019): Standards für Social Work Case Management. Positionspapier der AG Case Management in der Österreichischen Gesellschaft für Soziale Arbeit (ogsa). https://ogsa.at/wp-content/uploads/2018/12/ogsa_Standards-für-Social-Work-Case-Management.pdf (Zugriff am 01.12.2021).

Groenemeyer, Axel (2001): Soziologische Konstruktionen sozialer Probleme und gesellschaftliche Herausforderungen: eine Einführung. In: Soziale Probleme, 12 (1/2), 5–27.

Grohmann, Petra (2004): Der integrierte Behandlungs- und Rehabilitationsplan konkret. www.ibrp-online.de (Zugriff am 12.10.2004).

Groupe de recherche action-formation Quart Monde Partenaire (2002): Le croisement des pratiques. Quand le Quart Monde et les professionnels se forment ensemble. Paris: Éditions de l'Atelier, Éditions Quart Monde.

Gugutzer, Robert (2012): Verkörperung des Sozialen. Neophänomenologische Grundlagen und soziologisch Analysen. Bielefeld: transcript.

Gugutzer, Robert (2015): Einführung in die Körpersoziologie. Bielefeld: transcript.

Günter, Michael/Bruns, Georg (2010): Psychoanalytische Sozialarbeit. Praxis, Grundlagen, Methoden. Stuttgart: Klett-Cotta.

Hancken, Sabrina Amanda (2020): Beziehungsgestaltung in der Sozialen Arbeit. Göttingen: Vandenhoeck & Ruprecht.

Harari, Youval Noah/Casanave, Daniel/Vandermeulen, David (2020): Sapiens. Der Aufstieg. München: C. H. Beck.

Haselmann, Sigrid (2007): Systemische Beratung und der systemische Ansatz in der Sozialen Arbeit. In: Michel-Schwartze, Brigitta (Hg.): Methodenbuch Soziale Arbeit. Basiswissen für die Praxis (S. 153–206). Wiesbaden: VS.

Hausegger, Trude (Hg.) (2012): Arbeitsmarktbezogene Diagnostik und Wirkungsorientierung. Wien/Köln/Weimar: Böhlau.

Haye, Britta/Kleve, Heiko (2002): Die sechs Schritte helfender Kommunikation. Eine Handreichung für die Praxis und Ausbildung Sozialer Arbeit. https://www.ams-forschungsnetzwerk.at/downloadpub/sechs_schritte_kleve_haye2003.pdf (Zugriff am 08.12.2021).

Heekerens, Hans-Peter (2016): Psychotherapie und Soziale Arbeit. Studien zu einer wechselvollen Beziehungsgeschichte. Coburg: ZKS-Verlag.

Helming, Elisabeth (2009): Neue Haltungen – Wie man Familien begegnen kann. Überarbeitete Version des Vortrags auf der Fachtagung »Zertifiziert – und dann??? – Anregungen zur Weiterentwicklung für Familienzentren und ihre Kooperationspartner«, 24.3.2009, Gelsenkirchen, Diakonie Rheinland-Westfalen-Lippe. https://www.academia.edu/21117628/Neue_Handlungsspielräume_alte_Aufgaben_Berufstätigkeit_und_Lebensqualität_von_Frauen (Zugriff am 11.04.2021).

Hinte, Wolfgang (2009): Eigensinn und Lebensraum – zum Stand der Diskussionen um das Fachkonzept »Sozialraumorientierung«. Vierteljahresschrift für Heilpädagogik und ihre Nachbargebiete, 1/2009, 20–33.

Hosemann, Wilfried/Geiling, Wolfgang (2013): Einführung in die Systemische Sozialarbeit. München/Basel: Ernst Reinhardt Verlag.

IFSW (2018): Statement of Ethnical Principles an Professional Integrity. https://www.ifsw.org/wp-content/uploads/2018/06/13-Ethics-Commission-Consultation-Document-1.pdf (Zugriff am 01.12.2021).

Isebaert, Luc/van Coillie, Gert (2005): Kurzzeittherapie – ein praktisches Handbuch. Die gesundheitsorientierte kognitive Therapie. Stuttgart: Thieme.

Jekeli, Ina (2002): Ambivalenz und Ambivalenztoleranz – Soziologie an der Schnittstelle von Psyche und Sozialität. Osnabrück: Der andere Verlag.

Kähler, Harro Dietrich (2001): Erstgespräche in der sozialen Einzelhilfe. Freiburg im Breisgau: Lambertus.

Kähler, Harro Dietrich (2005): Soziale Arbeit in Zwangskontexten. Wie unerwünschte Hilfe erfolgreich sein kann. München: Reinhardt.

Kähler, Harro/Gregusch, Petra (2014): Erstgespräche in der fallbezogenen Sozialen Arbeit. Freiburg im Breisgau: Lambertus.

Kahnemann, Daniel (2016): Schnelles Denken, langsames Denken. München: Penguin Verlag.

Kant, Immanuel (1784): Beantwortung der Frage: Was ist Aufklärung? In: Berlinische Monatsschrift, 12/1784, 481–494.

Keller, Rainer/Poferls, Angelika (2020): Soziale Probleme. Wissenssoziologische Überlegungen. Soziale Probleme, 31, 141–163.

Keupp, Heiner (2002): Fragmente oder Einheit? – Wie heute Identität geschaffen wird. http://www.ipp-muenchen.de/texte/fragmente_oder_einheit.pdf (Zugriff am 08.12.2021).

Keupp, Heiner (2011): Wie zukunftsfähig ist die Sozialpsychiatrie im globalen Netzwerkkapitalismus? Soziale Psychiatrie. 2/2011, 4–9.

Keupp, Heiner/Mosser, Peter/Busch, Bettina/Hackenschmied, Gerhard/Straus, Florian (2019): Die Odenwaldschule als Leuchtturm der Reformpädagogik und als Ort sexualisierter Gewalt. Eine sozialpsychologische Perspektive. Wiesbaden: Springer.

Kilian, Holger/Brandes, Sven/Köster, Monika (2008): Die Praxis der soziallagenbezogenen Gesundheitsförderung. Handlungsfelder, Akteure und Qualitätsentwicklung. GGW, 8 (2), 17–26.

Kleve, Heiko/Haye, Britta/Hampe-Grosser, Andreas/Müller, Mathias (2021): Systemisches Case Management. Falleinschätzung und Hilfeplanung in der Sozialen Arbeit. Heidelberg: Carl-Auer Verlag.

Klug, Wolfgang/Zobrist, Patrick (2021): Motivierte Klienten trotz Zwangskontext. Tools für die Soziale Arbeit (3., überarb. Aufl.). München: Reinhardt.

Kooperationsverbund Gesundheitliche Chancengleichheit (2015): Kriterien für gute Praxis der soziallagenbezogenen Gesundheitsförderung. Köln/Berlin: Eigenverlag.

Korf, Benedikt/Rothfuß, Eberhard (2016): Nach der Entwicklungsgeographie. In: Freytag, T. et al. (Hg.): Humangeographie kompakt (S. 163–183). Berlin/Heidelberg: Springer.

Körkel, Joachim/Veltrup, Clemens (2003): Motivational Interviewing: Eine Übersicht. In: Suchttherapie, 4/2003, 115–124.

Kuhlmann, Carola (2004): Zur historischen Dimension der Diagnostik am Beispiel von Alice Salomon. In: Heiner, Maja (Hg.): Diagnostik und Diagnosen in der Sozialen Arbeit. Ein Handbuch (S. 11–26). Berlin: Eigenverlag des Deutschen Vereins für öffentliche und private Fürsorge.

Kunze, Katharina (2014): Wenn der Fall zum Vorfall wird. Das Fallnarrativ als Strukturproblem kasuistischer Lehrerinnen- und Lehrerbildung. Beiträge zur Lehrerinnen- und Lehrerbildung, 32/2014, 47–59.

Ladka, Tom (2021): Therapie. http://www.topowiki.de/wiki/Therapie (Zugriff am 29.09.2021).

Lindemann, Karl-Heinz (1999): Gutachten der Sozialarbeit zwischen professioneller Objektivität, Betroffenenbeteiligung und formalisierten diagnostischen Verfahren. In: Peters, Friedhelm (Hg.): Diagnosen – Gutachten – hermeneutisches Fallverstehen. Rekonstruktive Verfahren zur Qualifizierung individueller Hilfeplanung (S. 49–72). Frankfurt am Main: Internationale Gesellschaft für erzieherische Hilfen – Eigenverlag.

Luhmann, Niklas (1975): Interaktion, Organisation, Gesellschaft. Anwendungen der Systemtheorie. In: ders.: Soziologische Aufklärung. Bd. 2: Aufsätze zur Theorie der Gesellschaft (S. 30–37). Opladen: VS.

Lüngen, Sarah (2010): Möglichkeiten und Grenzen von Beratung im aufsuchenden Setting. Masterthese an der FH Neubrandenburg. Neubrandenburg: Hochschule Neubrandenburg.

Meinhold, Marianne (2012): Über Einzelfallhilfe und Case Management. In: Thole, Werner (Hg.): Grundriss Soziale Arbeit (S. 635–647). Wiesbaden: VS.

Merleau-Ponty, Maurice (1966): Phänomenologie der Wahrnehmung. Berlin: de Gruyter.

Merten, Roland/Scherr, Albert (Hg.) (2004): Inklusion und Exklusion in der Sozialen Arbeit. Wiesbaden: VS.

Miller, Scott D./Hubble, Mark A./Chow, Daryl L./Seidel, Jason A. (2013): The Outcome of Psychotherapy: Yesterday, Today, and Tomorrow. Psychotherapy, 50 (1), 88–97.

Miller, William R./Rollnick, Stephen (2015): Motivierende Gesprächsführung. Motivational Interviewing (3. Aufl.). Freiburg im Breisgau: Lambertus.

Monzer, Michael (2018): Case Management Grundlagen (2., überarb. Auf.). Heidelberg: medhochzwei Verlag.

Monzer, Michael (2020): Case Management. https://www.socialnet.de/lexikon/Case-Management (Zugriff am 24.08.2021).

Mühlig, Stephan (2013). Compliance. In: Wirtz, Markus Antonius (Hg.): Dorsch – Lexikon der Psychologie. Göttingen: Hogrefe.

NASW (2021): Code of Ethics. https://www.socialworkers.org/about/ethics/code-of-ethics/code-of-ethics-english (Zugriff am 01.12.2021).

Neuffer, Manfred (1990): Die Kunst des Helfens. Geschichte der Sozialen Einzelhilfe in Deutschland. Weinheim/Basel: Beltz.

Neuffer, Manfred (2009): Die Rezeption der amerikanischen Methoden der Sozialarbeit nach 1945 in Westdeutschland. In: Hamburger, Franz (Hg.): Innovation durch Grenzüberschreitung (S. 131–157). Bremen: Europäischer Hochschulverlag.

Newell, Allan (1967): Heuristic Programming: Ill Structured Problems. https://books.google.at/books?hl=de&lr=&id=3Cy0wVADzkQC&oi=fnd&pg=PA262&dq=newell+Heuristic+Programming:+Ill+Structured+Problems&ots=iAwXMnitzP&sig=dUF2Hb_7Y3UF92S-sUSuvp1iuc#v=onepage&q=newell%20Heuristic%20Programming%3A%20Ill%20Structured%20Problems&f=false (Zugriff am 08.12.2021).

Nussbaum, Martha C. (2010): Die Grenzen der Gerechtigkeit. Behinderung, Nationalität und Spezieszugehörigkeit. Frankfurt am Main: Suhrkamp.
Onken, Henning (2021): Berliner Beratungsstelle gegen Diskriminierung bearbeitet Anzeige. https://www.tagesspiegel.de/berlin/wir-bitten-weisse-menschen-von-einer-bewerbung-abzusehen-berliner-beratungsstelle-gegen-diskriminierung-ueberarbeitet-anzeige/27552548.html (Zugriff am 01.12.2021).
Pantuček, Peter (1998): Lebensweltorientierte Individualhilfe. Eine Einführung für Soziale Berufe. Freiburg im Breisgau: Lambertus.
Pantuček, Peter (2008): Soziales Kapital und Soziale Arbeit. http://www.soziales-kapital.at/index.php/sozialeskapital/article/viewFile/70/88.pdf (Zugriff am 01.12.2021).
Pantuček, Peter (2014): Professionalisierung am Fall der Sozialen Arbeit im Kontext Österreich. In: Schwarz, Martin P./Ferchhoff, Wilfried/Vollbrecht, Ralf (Hg.): Professionalität: Wissen – Kontext. Festschrift für Prof. Dr. Bernd Dewe (S. 788–806). Bad Heilbronn: Verlag Julius Klinkhardt.
Pantuček-Eisenbacher, Peter (2014): Inklusionsdiagnostik. Resonanzen. E-Journal für biopsychosoziale Dialoge in Psychotherapie, Supervision und Beratung, 2 (2), 162–177.
Pantuček-Eisenbacher, Peter (2015): Bedrohte Professionalität? In: Becker-Lenz, Roland/Busse, Stefan/Ehlert, Gudrun/Müller-Hermann, Silke (Hg.): Bedrohte Professionalität. Einschränkungen und aktuelle Herausforderungen für die Soziale Arbeit (S. 29–42). Wiesbaden: Springer VS.
Pantuček-Eisenbacher, Peter (2015): Anmerkungen zu Bernd Dewes Konzeptualisierung von Beratung. neue praxis, 45 (3), 309–317.
Pantuček-Eisenbacher, Peter (2019): Soziale Diagnostik. Verfahren für die Praxis Sozialer Arbeit (4. Aufl.). Göttingen: Vandenhoeck & Ruprecht.
Perner, Achim (2010): Bemerkungen über den Unterschied von psychoanalytischer Sozialarbeit und Psychoanalyse. In: Psychoanalytisches Seminar Zürich (Hg.): Journal für Psychoanalyse 51 (S. 62–70). Zürich: Seismo.
Peters, Helge (2010): Die politische Funktionslosigkeit der Sozialarbeit und die »pathologische« Definition ihrer Adressaten. Soziale Passagen, 2/2010, 113–123.
Peters, Manuel (2009): Zur sozialen Praxis der (Nicht-)Zugehörigkeiten. Die Bedeutung zentraler Theorien von Bourdieu und Goffman für einen Blick auf Migration, Zugehörigkeit und Interkulturelle Pädagogik. Oldenburg: BIS-Verlag der Carl von Ossietzky Universität Oldenburg.
Pfab, Werner (2020): Kompetent beraten in der Sozialarbeit. Bausteine für eine gute Beratungsbeziehung. München: Reinhardt.
Possehl, Kurt (1993): Methoden der Sozialarbeit. Theoretische Grundlagen und 15 Praxisbeispiele aus der Sozialen Einzelhilfe. Frankfurt am Main: Peter Lang.
Possehl, Kurt (2002): Zielvereinbarungen mit KlientInnen in der Sozialen Arbeit. SozialAktuell, 11/2002, 2–6.
Putnam, Robert D. (2000): Bowling Alone: The Collapse and Revival of American Community. New York: Simon & Schuster.
Rechtien, Wolfgang (2018): Beratung. https://www.socialnet.de/lexikon/Beratung (Zugriff am 22.08.2021).
Reutlinger, Christian (2021): Gemeinwesenarbeit und die Gestaltung von Sozialräumen – Anmerkungen zur Krise tradierter Einheiten der Sozialen Arbeit. https://www.sozialraum.de/gemeinwesenarbeit-und-die-gestaltung-von-sozialraeumen.php (Zugriff am 30.10.2021).
Richmond, Mary (1917): Social Diagnosis. New York: Russel Sage Foundation.
Richmond, Mary (1922): What is Social Casework? An Introductory Description. New York: Russel Sage Foundation.
Rieker, Peter/Humm, Jakob/Zahradnik, Franz (2016): Einleitung: Desistance als konzeptioneller Rahmen für die Untersuchung von Reintegrationsprozessen. In: Soziale Probleme, 27, 147–154.
Rittel, Horst W. J. (2013): Thinking Design. Herausgegeben von Wolf D. Reuter und Wolfgang Jonas. Basel: Birkhäuser.

Rüting, Wolfgang (2009): Hausbesuche des Allgemeinen Sozialen Dienstes – bewährter Standard sozialarbeiterischen Handelns. Forum Erziehungshilfen, 15 (1), 12–17.
Roessler, Marianne/Gaiswinkler, Wolfgang/Hurch, Nepomuk (2014): KlientInnen am Steuerrad: Soziale Arbeit, die wirkt. Sozialarbeit in Österreich, 2/2014, 10–19.
Rogers, Carl R. (1983): Die klientenzentrierte Gesprächspsychotherapie. Client Centered Therapy. Frankfurt am Main: Fischer TB.
Rogers, Carl R. (1985): Die nicht-direktive Beratung. Frankfurt am Main: Fischer TB.
Rogers, Carl R. (2020): Eine Theorie der Psychotherapie, der Persönlichkeit und der zwischenmenschlichen Beziehungen. München/Basel: Reinhardt.
Rosa, Hartmut (2016): Resonanz. Eine Soziologie der Weltbeziehung. Berlin: Suhrkamp.
Rosenfeld, Jona Michael (2020): Jenseits der Exklusion. Lernen vom Erfolg – Auf dem Weg zur Gegenseitigkeit. Opladen/Berlin/Toronto: Barbara Budrich Verlag.
Rosenfeld, Jona/Sykes, Israel J. (1998): Toward good enough services for inaptly served families and children: barriers and opportunities. European Journal of Social Work, 1 (3), 285–300.
Ryan, Richard M./Deci, Edward L. (2017): Self-determination theory: basic psychological needs in motivation, development and wellness. New York: Guilford Press.
Salomon, Alice (1926): Soziale Diagnose. Berlin: Heymann.
Schegloff, Emmanuel A. (1982): Discourse as an interactional achievement: some uses of ›uh huh‹ and other things that come between sentences. In: Tannen, D. (Hg.): Analyzing discourse: text and talk (S. 71–93). Washington, DC: Georgetown University Press.
Schenk, Christine/Korf, Benedikt (2021): Die State Builiding-Missionen des Westens sind gut gemeint, aber sie scheitern regelmäßig an ihrem moralisch überhöhten Anspruch. https://www.nzz.ch/feuilleton/der-westen-scheiterte-in-afghanistan-am-moralischen-anspruch-ld.1641828 (Zugriff am 02.12.2021).
Scherr, Albert (2001): Soziale Arbeit und die nicht beliebige Konstruktion sozialer Probleme in der funktional differenzierten Gesellschaft. Soziale Probleme, 12 (1/2), 73–94.
Scherr, Albert (2004): Exklusionsindividualität, Lebensführung und Soziale Arbeit. In: Merten, Roland/Scherr, Albert (Hg.): Inklusion und Exklusion in der Sozialen Arbeit (S. 55–74). Wiesbaden: VS Verlag der Wissenschaften.
Schetsche, Michael (2000): Wissenssoziologie sozialer Probleme: Grundlegung einer relativistischen Problemtheorie. Wiesbaden: Westdeutscher Verlag.
Schlippe, Arist von/Schweitzer, Jochen (2016): Lehrbuch der systemischen Therapie und Beratung I. Das Grundlagenwissen. Göttingen: Vandenhoeck & Ruprecht.
Schmidt, Richard et al. (2019): Vorschlag für eine Systematisierung kasuistischer Lehr- Lernformate in der universitären Lehrer*innenbildung. https://blogs.urz.uni-halle.de/fallarchiv2/files/2019/02/KALEI_AK-Kasuistik_Systematisierung-von-Kasuistik.pdf (Zugriff am 21.07.2020).
Schröder, Carsten (2013): Schamgenerierende und beschämende Momente in der professionellen Beziehung. Soziale Passagen, 5 (1), 3–16.
Schütz, Alfred/Luckmann, Thomas (2017): Strukturen der Lebenswelt. Stuttgart: utb.
Schütze, Fritz (1992): Sozialarbeit als »bescheidene« Profession. In: Dewe, Berndt/Ferchhoff, Willi/Radtke, Frank-Olaf (Hg.): Erziehen als Profession: zur Logik professionellen Handelns in pädagogischen Feldern (S. 132–170). Opladen: Leske/Budrich.
Schütze, Fritz (2021): Professionalität und Professionalisierung in pädagogischen Handlungsfeldern: Soziale Arbeit. Opladen/Toronto: Verlag Barbara Budrich (utb).
Schwarze, Claudia/Schmidt, Alexander F. (2008): Zwangskontexte. In: Hermer, M./Röhrle, B. (Hg.): Handbuch der therapeutischen Beziehung – Band II: Spezieller Teil (S. 1477–1507). Tübingen: DGVT.
Schweitzer, Jochen/Schlippe, Arist von (2015): Lehrbuch der systemischen Therapie und Beratung II. Das störungsspezifische Wissen. Göttingen: Vandenhoeck & Ruprecht.

Schwing, Rainer/Fryszer, Andreas (2018): Systemisches Handwerk. Werkzeug für die Praxis (9., unveränd. Aufl.). Göttingen: Vandenhoeck & Ruprecht.

Seithe, Mechthild/Heinz, Matthias (2014): Ambulante Hilfe zur Erziehung und Sozialraumorientierung. Plädoyer für ein umstrittenes Konzept der Kinder- und Jugendhilfe in Zeiten der Nützlichkeitsideologie. Opladen: Verlag Barbara Budrich.

Simon, Titus/Wendt, Peter-Ulrich (2019): Lehrbuch Soziale Gruppenarbeit: Eine Einführung (Studienmodule Soziale Arbeit). Weinheim: Beltz Juventa.

Sloterdijk, Peter (2000): Die Verachtung der Massen, Versuch über Kulturkämpfe in der modernen Gesellschaft. Wiesbaden: VS Verlag für Sozialwissenschaften.

Stangl, Werner (2021): Online–Lexikon für Psychologie und Pädagogik. https://lexikon.stangl.eu (Zugriff am 23.08.2021).

Stangl, Werner (2021): Gewohnheit. https://lexikon.stangl.eu/6140/gewohnheit/ (Zugriff am 27.08.2021).

Staub-Bernasconi, Silvia (2006): Soziale Arbeit: Dienstleistung oder Menschenrechtsprofession. Zürich.

Steiner, Edmund (2014): Kasuistik – ein Fall für angehende und praktizierende Lehrpersonen. Beiträge zur Lehrerinnen- und Lehrerbildung, 32 (1), 6–20.

Stiggelbout, A. M. et al. (2007): How important is the opinion of significant others to cancer patients' adjuvant chemotherapy decision-making? Supportive Care in Cancer, 15 (3), 319–325.

Strigun, Isabelle (2021): Handout »Gewohnheiten«. https://www.in-konstellation.de/wp-content/uploads/2020/09/Gewohnheiten_Isabelle-Strigun.pdf (Zugriff am 27.10.2021).

Thiersch, Hans (1992/2014): Lebensweltorientierte Soziale Arbeit. Aufgaben der Praxis im sozialen Wandel. Weinheim/München: Beltz Juventa.

Traue, Boris (2010): Das Subjekt der Beratung. Zur Soziologie einer Psycho-Technik. Bielefeld: transcript.

Trenkle, Bernhard (2017): Dazu fällt mir eine Geschichte ein: Direkt-indirekte Botschaften für Therapie, Beratung und über den Gartenzaun. Heidelberg: Carl-Auer Verlag.

Waldenfels, Bernhard (2000): Das leibliche Selbst. Frankfurt am Main: Suhrkamp Verlag.

Wampold, Bruce E./Imel, Zac E./Flückiger, Christoph (2018): Die Psychotherapie-Debatte. Was Psychotherapie wirksam macht. Göttingen: Hogrefe.

Weinberger, Sabine (2013): Klientenzentrierte Gesprächsführung: Lern- und Praxisanleitung für psychosoziale Berufe (14., überarb. Aufl.). Weinheim: Beltz Juventa.

Weiß, Susanne (2014): Luhmann: Funktional-strukturelle Systemtheorie. https://soziologieblog.hypotheses.org/4931 (Zugriff am 23.10.2021).

Wendt, Wolf Rainer (2016): Geschichte der Sozialen Arbeit 2: Die Profession im Wandel ihrer Verhältnisse (2. Aufl.). Wiesbaden: Springer VS.

Wendt, Wolf-Rainer (2021): Einzelfallhilfe. In: Amthor, Ralph-Christian/Goldberg, Brigitta/Hansbauer, Peter/Landes, Benjamin/Wintergerst, Theresia (Hg.): Wörterbuch Sozialer Arbeit (9., vollständig überarb. u. aktual. Aufl., S. 210–212). Weinheim/Basel: Beltz Juventa.

Wimmer, Adelheid/Buchacher, Walter/Kamp, Gerhard/Wimmer, Josef (2020): Das Beratungsgespräch. Skills und Tools für die Fachberatung (2. Aufl.). Wien: Linde.

Wirtschaft und Schule (Hg.) (o. J.): Wirtschaftslexikon. Stichwort Sozialkapital. https://www.wirtschaftundschule.de/wirtschaftslexikon/s/sozialkapital/ (Zugriff am 23.10.2021).

Zobrist, Patrick (Hg.) (2012): Werkstattheft Soziale Arbeit mit Pflichtklientinnen und Pflichtklienten. Theoretische Positionen – methodische Beiträge – neue Perspektiven. Luzern: Hochschule Luzern.

# Glossar

Im Glossar finden Sie Wörter, die in der sozialen Einzelfallhilfe eine methodische Bedeutung haben. Ihre Bedeutung unterscheidet sich oft vom alltäglichen Gebrauch dieser Begriffe. Sie finden hier zumeist keine fixen Definitionen, sondern einen kurzen Hinweis auf die Bedeutung des Wortes im methodischen Kontext der Sozialen Arbeit.

*Adhärenz*
Treue der Patientin oder des Klienten in Bezug auf eine gemeinsam mit den Helfern ausgehandelte Therapie oder Vorgehensweise. Siehe auch Non-Adhärenz.

*Anamnese*
Erhebung der Vorgeschichte der jetzigen Situation. Teil der Problembeschreibung und der Diagnose.

*Ansprechen von Gefühlen*
Gesprächstechnik, bei der die emotionale Komponente eines Geschehens, einer Situation oder einer Erzählung zum Thema gemacht wird (z. B.: »Ich kann mir vorstellen, dass Sie das sehr geärgert hat!«).

*Auflage*
Versuch, Klientinnen oder Klienten durch eine direktive Weisung zu einer Änderung ihrer Lebensverhältnisse zu bringen. Geläufig bei Gerichtsverfahren. In der Einzelfallhilfe nur dort angebracht, wo es eine entsprechende Unterstützung für die Klientinnen oder Klienten bei der Bewältigung der Auflage gibt.

*Auftrag*
In der Sozialarbeit unterscheidet man die Aufträge, die man von der Organisation einerseits und von den Klientinnen andererseits erhält – das ist das Doppelte Mandat. Manchmal wird noch der Auftrag der Profession hinzugefügt (Triple-Mandat). Abgesehen von diesen allgemeinen Aufträgen, muss der Auftrag je Fall genauer geklärt werden.

*Aushandlung*

Gesprächstechnik, um mit den Klientinnen und Klienten auf eine Vereinbarung zu kommen, die sowohl deren Wünschen als auch jenen der Sozialarbeitenden beziehungsweise ihrer Organisation entspricht.

*Autonomie*

Wesentlicher Motivator einer Person – neben Sozialer Einbindung und Kompetenzerfahrung. Beschluss, die wesentlichen Dinge des Lebens auf eigene Entscheidung zu tun.

*Beratung*

Beratung ist ein Kernbereich der Hilfe. Sie findet als informierende Beratung statt, als eine diagnostische, orientierende Beratung, als Verhandlung über mögliche Lösungsversuche etc. Beratung ist in der Einzelhilfe in der Regel mit Aktionen im Feld verbunden und enthält dann Elemente von Verhandlung und Planung.

*Bedürfnisse*

Bedürfnisse umschreiben die Wünsche des Menschen, seien sie nun aus der physischen Natur erwachsen oder geistige Bedürfnisse. Es gibt unterschiedliche Bedürfnistheorien, die einen Einfluss auf die Soziale Arbeit haben.

*Beziehung*

In der Einzelhilfe entsteht die Beziehung im Interaktionssystem. Sie ist eine professionelle und asymmetrische Beziehung.

*Beziehungsarbeit*

Beziehungsarbeit ist der Versuch, im Zuge der professionellen Beziehung das Interesse für die Klientinnen und Klienten aufrechtzuerhalten und den Kontakt zu ihnen auch unter schwierigen Bedingungen zu halten.

*Case Management*

Fallmanagement, vorwiegend im Gesundheitswesen, wobei in der Regel unterschiedliche Versorgungs- und Betreuungseinrichtungen auf die Bedürfnisse eines Klienten beziehungsweise einer Klientin koordiniert werden sollen.

*Case Work*

Traditionelle englischsprachige Bezeichnung der Individualhilfe.

*Cheerleading*
Lob und Anerkennen des Erfolges im Gespräch mit den Klienten und Klientinnen.

*Code of Ethics*
Ethikcodes von Professionen. In der Sozialen Arbeit: Allgemeiner Ethikcode der IFSW, Code of Ethics der Sozialarbeit der Vereinigten Staaten.

*Compliance*
Bereitschaft von Patienten oder Klientinnen zur Mitwirkung bei therapeutischen Maßnahmen.

*Contracting*
Vertragsabschluss mit den Klientinnen und Klienten oder mit anderen Akteuren im Fallfeld.

*Desistance*
Mit »Desistance« ist das Abstandhalten von kriminellem Vorgehen gemeint. Damit wird die Beendigung einer kriminellen Karriere in den Blick genommen – und welche Faktoren sie begünstigen.

*Diagnostik, soziale*
Diagnostik der sozialen Einbindung von Menschen auf der horizontalen Ebene (Familie, Partner) und der vertikalen Ebene (Einbindung in Gesellschaft), Einschätzung von Situationen, Biografien und Abläufen im sozialen Feld.

*Exklusion*
Siehe Inklusion/Exklusion.

*Exploration*
Phase der Gesprächsführung, in der die Klientinnen und Klienten ihre Problemlage deutlich machen und dann im Dialog mit den Sozialarbeitenden den Kontext erklären.

*Fall*
Der Fall konstituiert sich dadurch, dass Sozialarbeitende in einem organisatorischen Setting den Fall eröffnen. Er wird durch das Problem konstituiert. Problem, Fall und Fallraum ändern sich im Laufe der Einzelfallhilfe gewöhnlich.

*Fallbringer*

Person, die einen Fall in ein Supervisionsgespräch oder ein Teamgespräch einbringt.

*Fallbeteiligter*

Personen, die in einem Fall der Einzelfallhilfe beteiligt sind: Als Klientin, als Angehörige, als Freundinnen und Freunde, als Profis. Jeder ist am Fall beteiligt, der vom genannten Problem oder dessen Lösung betroffen ist.

*Fallraum*

Klientin, Sozialarbeiter, die wichtigen Personen im Leben der Klienten, Firmen und Organisationen, die vom Problem betroffen sind, und die beteiligten Sozialorganisationen.

*Feld*

Der Fallraum, für den Klienten sein Lebensraum.

*Feldinterventionen*

Interventionen außerhalb des Klientin-Sozialarbeiterin-Interaktionssystems – bei Organisationen, Verwandten, Helfern etc.

*Haushalt*

Die Wohnung oder die Heimsituation, in der die Klientin oder der Klient beziehungsweise andere Fallbeteiligte allein oder mit anderen Personen leben. Der Haushalt ist gleichzeitig ein wichtiges lebensweltliches Interaktionssystem.

*Informieren*

Teil der Beratung – die Klientinnen und Klienten haben ein Recht darauf, über ihre Rechte angemessen informiert zu werden.

*Inklusion/Exklusion*

In der Soziologie: Einschluss/Ausschluss in die oder aus der Gesellschaft beziehungsweise ein/einem Teilsystem. Gesellschaftliche Bewegung zur Inklusion von Behinderten in ein normales Leben.

*Inklusion, stellvertretende*

Einrichtungen des Sozialwesens, die mangelnde Inklusion durch eine stellvertretende Inklusion beantworten (z. B. Heim). Die stellvertretende Inklusion ist gleichzeitig eine Bestätigung der Exklusion.

*Inklusion, unterstützte*
Inklusion in normale Lebensverhältnisse, die durch eine Unterstützung zustande gekommen ist (zum Beispiel eine Hilfe, um sich ein Taxi leisten zu können).

*Intake*
Vereinbarte Form, wie der Klient oder die Klientin in die Einzelfallhilfe oder in eine andere Maßnahme kommt. Ein Intake erfordert immer den Ablauf von einigen Standardabläufen.

*Intervention*
Allgemeiner Begriff der sozialarbeiterischen Versuche, den Fall zu lösen. Interventionen sind Aktionen, die den Fall beeinflussen – die Klientin oder den Klienten, Personen aus seinem Umfeld, Organisationen, Dinge, Status etc.

*Interventionsraum*
Der Interventionsraum ist jener Teil des Fallfeldes, innerhalb dessen die Sozialarbeitenden ihre Interventionen setzen.

*Kasuistik*
Fallanalyse und Falldiskussion.

*Klientin*
Person, zu deren Nutzen die Sozialarbeitenden in der Individualhilfe tätig sind. Die Person nimmt die Klientenrolle ein – und formuliert ein Problem, anhand dessen man den Fall aufbauen kann. Oder sie akzeptiert ein Problem, das andere für sie formuliert haben.

*Klient, potenzieller*
Person als mögliche Adressatin von Hilfe, die aber die Klientenrolle (noch) nicht angenommen hat.

*Konfrontieren*
Gesprächstechnik, bei der Eindrücke oder Informationen, die für Klientinnen möglicherweise unangenehm sind, ausgesprochen werden.

*Kontext*
Der Zusammenhang, in dem ein Fall beziehungsweise ein Problem steht.

*Kontextfragen*

Fragen, vor allem in der Phase der Exploration, die den Zusammenhang eines präsentierten Problems klären sollen.

*Kontextualisierung*

Den Fall beziehungsweise das Problem verstehen, indem man es in seinem Kontext, seinen Zusammenhängen sieht. Dementsprechend kann auf ein Problem erst geantwortet werden, wenn man seinen Kontext erkundet hat.

*Kontrolle, soziale*

Gesellschaftliche Mechanismen, die angepasstes und regelkonformes Verhalten garantieren sollen – von moralischen Forderungen bis hin zum Gesetz, von der verwandtschaftlichen Rüge bis hin zum Strafrecht.

*KSI*

Klientin-Sozialarbeiterin-Interaktionssystem. Das eigentliche Steuerungssystem bei der Individualhilfe.

*Kurzberatung*

Kurze Einzelfallhilfe-Form, in der Sozialarbeitende nicht selbständig im Feld der Klientinnen agieren.

*Kurzintervention*

Kurze Einzelfallhilfe-Form, mit kurzen Interventionen im Feld und raschem Rückzug der Sozialarbeitenden.

*Lebenswelt*

Jener Begriff, mit dem das vorwissenschaftliche Bewusstsein von der Welt bezeichnet wird. Jede Person ist an einem bestimmten Platz und Ort in die Welt gestellt und betrachtet die Welt aus jener Perspektive. Eine lebensweltorientierte Soziale Arbeit begibt sich in diese Lebenswelten der Klientinnen und versucht den Eigensinn der Klienten zu verstehen.

*Loben*

Man kann in der Beratung die Klienten und Klientinnen loben und so ihr Selbstbewusstsein stärken. Loben ist auch eine gute Intervention bei Widerstand.

*Lösung*

Man braucht das Problem zur Einzelfallhilfe, also brauchen wir auch die Lösung. Die Lösung ist die Auflösung des Problems. Es kann allerdings sein, dass die Lösung ihrerseits wieder neue Probleme entstehen lässt.

*Mandat, doppeltes*

Sozialarbeit hat ein Mandat seitens der Gesellschaft, die sie finanziert. Sozialarbeit sucht sich aber auch das Mandat seitens der Klienten. In diesem Fall spricht man vom »doppelten Mandat«, das unterschiedliche Erwartungen beinhaltet. Neuerdings spricht man auch vom Triple-Mandat: Sozialarbeiterinnen sind zusätzlich ihrer Profession verpflichtet.

*Motivation*

Motivation erklärt, weshalb Menschen ein bestimmtes Verhalten einleiten, fortsetzen und beenden. In der Sozialarbeit geht es dabei vor allem um jene Motivation, die eine Veränderung bringt.

*Nachgehende Arbeit*

Nachgehende Arbeit ist eine Form der Einzelfallhilfe, in der man nicht darauf wartet, dass die Klientin zur Sprechstunde kommt, sondern man ihr in ihre Lebenswelt nachfolgt – sei es durch Telefon, social media oder real.

*Non-Adhärenz*

Mangelnde Bereitschaft der Klientinnen und Klienten, bei einer gemeinsam vereinbarten Strategie mitzuwirken.

*Normalisieren*

Normalisieren ist eine Gesprächstechnik, bei der man Klientinnen oder Klienten erklärt, dass zum Beispiel die Ängste, über die sie berichten, eine normale Reaktion auf die Situation sind. Normalisieren hilft ihnen, zwischen dem »Normalen« und eigenen gefährlichen Erlebnissen zu unterscheiden, zwischen dem Allgemeinen und dem Besonderen.

*Öffentlichkeitsarbeit, fallbezogene*

Fallbezogene Arbeit im Feld, die andere Personen zu einer günstigen Haltung zu den Klientinnen oder Klienten veranlassen soll. In der Regel werden dazu Erzählungen (Narrationen) angewandt.

*Ordnen*

Versuche der Ordnung des Unübersichtlichen: Die Ordnung von Problemen, die Ordnung von Beziehungen in der Netzwerkanalyse, die Ordnung von Dokumenten etc. Ordnen ist ein Teil der Hilfe, die in der sozialen Einzelhilfe gegeben werden kann.

*Pflichtklientschaft*

Klientschaft, zu der man von einem Gesetz, einer Vorschrift, einem Richter gezwungen wird.

*Primärklientin*

Person, die bei Eröffnung des Falles als erste in Kontakt mit den Sozialarbeitenden kommt. Sie ist nicht notwendigerweise später der Klient im Individualhilfeprozess.

*Problem*

Ein Problem besteht aus einer unerwünschten Situation, aus einem Ziel und aus einem Hindernis auf dem Weg zum Ziel. Um dieses Hindernis zu überwinden, muss man Energie aufwenden. Jeder Einzelhilfe-Prozess braucht mindestens ein Problem.

*Problem, präsentiertes*

Einstiegsproblem, das die Klientin oder der Klient am Beginn des Interviews einbringt (Eröffnungsproblem).

*Problem, verborgenes*

Noch nicht in der Beratung erwähntes Problem, möglicherweise bedeutend.

*Prozessziele*

Jene Ziele, die sich auf den künftigen Prozess der Einzelfallhilfe beziehen, zum Beispiel regelmäßige Sitzungen, Besprechen von schwierigen Themen, Aufbau von Motivation etc.

*Reaktanz*

Reaktanz ist der Widerstand der Klientinnen und Klienten gegen eine Änderung.

*Rolle*

Erwartungen, die mit einer Position verknüpft sind. Diese Erwartungen können bei verschiedenen Bezugsgruppen unterschiedlich sein. In der Einzelfallhilfe gibt es grundsätzlich zwei Rollen, die Sozialarbeitende und die Klientin beziehungsweise den Klienten.

*Setting*

a) Zeitliche und räumliche Anordnung von Personen bei einem sozialarbeiterischen Gespräch (zur Verfügung stehende Zeit; Raum, in dem das Gespräch stattfindet; Vorhandensein und Anordnung der Möbel und anderer Dinge; Lichtverhältnisse; Einsehbarkeit etc.). Man kann auch sagen, die »Inszenierung« des Gesprächs.
b) Anordnung von Personen und Organisationen, damit verbundenen Vorgaben, Zwängen und Möglichkeiten.

*Sitzung*

Kern des Individualhilfeprozesses und Steuerung dessen. In einer Sitzung wird die bisherige Vorgangsweise resümiert, man bespricht die jetzige Situation und entscheidet über die Pläne für die Zukunft. Die Sitzungen sind davor und danach von Smalltalk gerahmt. Für die Sitzung sollte normalerweise der Ausschluss von Dritten beachtet werden.

*Spiegeln*

Gesprächstechnik, bei der die Fachkraft Haltung, Tonfall sowie Inhalt wahrnimmt und analog ebenfalls einnimmt beziehungsweise einfach und ohne Wertung wiederholt. Das Ziel ist, die Person in ihrem Gedanken- und Sprachfluss nicht zu irritieren und so die Fortsetzung der Erzählung, der Überlegung etc. zu ermöglichen.

*Stellvertretendes Handeln*

Handeln für den Klientinnen oder Klienten, zum Beispiel dort, wo ihnen die Fähigkeiten fehlen, oder um Ausgleich für deren untergeordnete Stellung zu erreichen.

*Szenarientechnik*

Besprechung von möglichen Zukunftsszenarien in der Sitzung, einerseits um sich darauf vorzubereiten, oder aber um Entscheidungen zu treffen.

*Themenentwicklung*

Entwicklung der Themen in der Beratung. Teilweise durch die Klientin, teilweise durch die Sozialarbeiterin gesteuert. Laufende Frage für den Sozialarbeiter in der Beratung: Haben wir bereits die wichtigsten Themen berührt oder bleibt wesentliches noch unerwähnt und hindert uns?

*Verlangsamen*

Wichtige Gesprächstechnik, die vorschnelle Entscheidungen verhindern soll.

*Vitality*

Energie, die Personen für ihr Leben beziehungsweise für Änderungen aufbringen können.

*Widerstand*

Siehe Reaktanz.

*Zwangskontext*

Möglicher Zwang für die Klientin, sodass sie sich der Einzelfallhilfe unterziehen muss, beziehungsweise Androhung einer künftigen Zwangshandlung.

# Register

Akzeptanz 47
Alltag 21, 29, 30, 33, 117
Arbeitsbündnis 33
Autonomie 28, 42

Bedürfnisse 43
Begehren 38, 39
Beratung 63, 67, 132, 133
Beziehung 22, 26, 31, 40

Daten 29, 118, 139
Diagnostik 76, 118, 119, 152, 153, 154, 155, 156, 161
Digitalisierung 49
Dokumentation 138, 139, 140
Dynamik 132

Einbindung 28, 30, 102, 103, 113, 126
Einschätzen 140
Ekel 39
Emotionen 38
Erzählung 115, 131
Exklusion 21, 28, 44, 46, 120
Exploration 26, 28, 58, 62, 93

Fallbeteiligte 52
Fallraum 52, 54
Familie 40, 42, 43, 81, 129, 134
Freiwilligkeit 25, 27, 100
Funktionssysteme 28, 43, 58

Gesellschaft 21, 22, 32, 33, 43, 59, 89, 96, 100, 104, 137
Gesprächssituation 24

Individualisieren 21, 47, 88, 118
Individualisierung 12, 20, 40, 43
Information 65, 74, 115, 130
Infrastruktur 28, 43, 136
Inklusion 28, 29, 30, 46, 120

Inklusionschart 28, 119, 121
Inszenierung 25, 49, 71, 129
Interaktion 22, 39, 58, 68
Interaktionssystem 22, 25, 34, 54
Interventionen 25, 42, 54, 62, 67, 82, 98, 127, 128, 136
Interventionsraum 54

Kompetenzerfahrung 28, 102, 103, 130
Kontrolle 74, 100, 126, 127, 131
Kontrollierte emotionale Anteilnahme 47
Körper 34, 35, 36
Kunde 23
Kurzberatung 63

Lebensfeld 127
Lebensführung 25, 28, 33, 43, 46, 62, 76, 132, 137, 149
Lebenslagen 18, 20, 136
Lebensphasen 20
Lebenssicherung 28, 120
Lebenssituation 12, 17, 21, 22, 23, 25, 44, 48, 50, 54, 57, 67, 76, 83, 86, 91, 101, 103, 115, 117, 118
Lebenswelt 22, 33, 34, 63
Lösung 26, 52, 75, 76, 78, 80, 81, 95, 101, 103, 133, 134

Markt 23
Menschenrechte 19
Motivation 38, 94, 100, 102, 124

Netzwerk 126, 128, 133
Nicht-richtende Haltung 48

Öffentlichkeitsarbeit 131
Organisation 30, 31, 32, 33, 48, 53

Potenzielle Klientinnen 27
Präsentiertes Problem 75

Präsenz 128
Primärklienten 27, 133
Problemkontext 54, 75
Professionalität 80, 138, 142, 144
Psychoedukation 132

Referenzsystem 54
Reflexion 139
Ressourcen 25, 31, 33, 44, 95, 106, 109, 119, 127, 133, 142
Rolle 23, 33, 52, 53, 54, 75, 96, 98, 99, 126, 135, 138, 142

Scham 38
Schematische Hilfe 21, 67
Selbstberatung 50
Selbstbestimmung 48
Setting 68, 70, 73, 106, 129, 142, 145

Sitzung 68, 72, 74, 88
Soziales Kapital 31
Status 23, 31, 127, 138
Stellvertretendes Handeln 130
Symbolisches Kapital 31

Takt 37, 118
Teilhabemöglichkeiten 29, 120
Thematisierung 38
Themenentwicklung 74

Unterstützungsprozess 26, 43, 48, 103, 115, 129

Vereinbarungen 42, 57, 63, 73, 74, 126, 139
Vertraulichkeit 48, 59, 90

Zielgerichteter Ausdruck von Gefühlen 47
Zwang 16, 25, 26, 41, 84, 98, 100, 112